中国科学院院士传记

陈俊武传

张文欣 著

U0809710

中国石化出版社

图书在版编目(CIP)数据

陈俊武传 / 张文欣著. —北京：中国石化出版社，2017.12(2019.12重印)
(中国科学院院士传记)
ISBN 978-7-5114-4745-6

Ⅰ. ①陈… Ⅱ. ①张… Ⅲ. ①陈俊武-传记
Ⅳ. ①K826.16

中国版本图书馆CIP数据核字(2017)第293571号

未经本社书面授权，本书任何部分不得被复制、抄袭，或者以任何形式或任何方式传播。版权所有，侵权必究。

中国石化出版社出版发行
地址:北京市东城区安定门外大街58号
邮编:100011 电话:(010)57512500
发行部电话:(010)57512575
http://www.sinopec-press.com
E-mail:press@sinopec.com
北京科信印刷有限公司印刷
全国各地新华书店经销
*
700×1000毫米16开本4彩页22印张280千字
2019年12月第1版第6次印刷
定价:68.00元

陈俊武院士近照

1986 年 4 月洛阳石化工程公司经理陈俊武（前中）和党委书记王世钧（右）
陪同中央政治局原常委（时任国家计委主任）宋平（前左三）来公司视察

2016 年 6 月全国人大常委会原副委员长、原中国石化总公司总经理
盛华仁（左）在中国科学院院士大会期间与陈俊武交谈

1982 年陈俊武（前左三）与龙显烈（前左二）、陈道一（前右二）等在兰州炼油厂 50 万吨 / 年同轴催化裂化装置开工现场

1983 年陈俊武（左四）与侯祥麟（左三）、朱康福（右一）、闵恩泽（右二）、朱亚杰（右三）等出席伦敦第 11 届世界石油大会

1998年4月陈俊武（前左七）陪同侯祥麟院士（前左六）
出席第二期催化裂化高级研修班结业仪式

2011年9月陈俊武（右二）与金国干（左一）验收煤炭间接液化
国家工程实验室，中科合成油公司总经理李永旺（左二）陪同

2014 年 8 月“DMTO 甲醇制烯烃技术”申报 2014 年度国家科技发明一等奖，陈俊武和开发团队出席国家科技部组织的专家答辩后合影

2015 年 5 月陈俊武在中国科学院香山气候变化专题会议上作“中国低碳经济的前景及与气候变化的关系”的学术报告

2016 年 10 月在中石化洛阳工程有限公司成立 60 周年大会上，公司党委书记王国良（右）和总经理周成平（左）给陈俊武颁发特别贡献奖奖杯

2000 年 3 月 17 日 73 岁生日时，陈俊武夫妇与女儿在洛阳家中

序

三十多年前，我便与陈俊武同志相识。几十年来，尤其是我在中国石化总公司、国家经贸委和全国人大工作期间，与他有过无数次的交往，我对这位著名的科学家由衷敬佩。1994 年 3 月，在中国石化召开的第六次科技进步会议上，我当时作为中国石化总公司的总经理、党组书记，向闵恩泽和陈俊武两位院士颁发中国石化重大贡献奖，号召全行业科技工作者开展向两位院士学习的活动。此事虽然已经过去了 20 多年，却仍然历历在目。

俊武同志不仅是我国著名的炼油工程技术专家、催化裂化工程技术奠基人，而且也是我国著名的现代煤化工技术专家，先后获得过全国优秀共产党员、全国五一劳动奖章等荣誉称号。在近七十年的职业生涯中，他带领他的团队在催化裂化技术领域创造了多项领先技术(如同轴式催化裂化技术，上世纪 80 年代成功应用于兰州炼油厂并获国家科技进步一等奖)，为中国炼油工业技术进步做出了开创性贡献；曾两度进入煤制油领域，耄耋之年与中国科学院大连化学物理研究所合作，成功地开发出了甲醇制低碳烯烃(DMTO)技术，并实现了产业化推广应用；他关注温室气体排放和低碳经济，为国家碳排放政策提供了关键的决策建议；他以著书育人为己任，编写了多部重要学术专著，举办了三期中国石化催化裂化高级研修班，许多学员已成为石化行业技术进步和发展的栋梁。他高尚的情操和人格魅力，赢得了石油石化行业、科技界和社会的高度尊敬和爱戴。

石油石化行业是国民经济的基础性产业，更是一个国家发达程度的标志。新中国成立以来，我国石油石化行业在十分薄弱的基础上探索实践、开拓进取，目前中国石化和中国石油已持续多年跻身世界500强前列，成为国家规模化、支柱性产业；以“爱我中华、振兴石化”为己任，培养出了以陈俊武为代表的一支技术精湛、作风过硬的科技人才队伍。可以说，正是因为有了这样一大批的科学家，才实现了我们石油石化行业在多个技术领域的“弯道超车”，使我国经济发展、国家能源战略安全、民族尊严有了坚实、可靠的保障。他们是我们行业的旗帜，他们的精神更是我们国家的宝贵财富。

认真阅读了中国石化同事转来的《陈俊武传》书稿，加深了我对俊武同志的印象。这本书记述了这位石油化工前辈逐步成长为国家大师和行业泰斗的人生历程：从小时候喜欢化学、立志产业报国、刻苦攻读，到一路风雨、追梦石化，从刻苦创新、催开“五朵金花”，到勇挑重担、推动企业重组改制，从与煤化工结缘到著书育人、春风桃李，内容全面，资料翔实，十九个章节各自成篇，又环环相扣，具有较强的真实性和艺术性，是一部走近陈俊武、认识陈俊武、学习陈俊武的佳作。

掩卷深思，我认为俊武同志身上体现的四种精神值得我们学习和发扬光大。一是忠诚爱国、信念坚定、矢志不渝、振兴石化的产业报国精神；二是勇于超越、大胆探索、敢为人先、引领未来的自主创新精神；三是深入实际、实事求是、尊崇科学、精益求精的严谨治学精神；四是胸襟坦荡、平易近人、淡泊名利、甘为人梯的乐于奉献精神。陈俊武同志的这四种精神不仅浓缩了石油石化行业精细严谨等优良作风，而且对我们建设习近平新时代中国特色社会主义，进一步振兴石油化工具有很强的借鉴意义。石化行业不管是业已退休的老同志，正值风华之年的中年同志，还是刚刚入职的青年朋友，不同年龄段的科技人员和职工都可以从这本传记中获得启示和教育。

值此传记出版之际，我衷心祝愿俊武同志身体健康，永葆青春，在创新道路上继续奋进！

盛华仁

2018 年 1 月 8 日

陈俊武简介

陈俊武，汉族，1927 年 3 月出生于北京，祖籍福建省长乐县，石油炼制和煤化工著名专家。1948 年毕业于北京大学工学院化工系，教授级高级工程师，历任抚顺设计院和洛阳石化工程公司工艺室副主任、工艺室主任、副总工程师、总工程师、院长、公司经理、技术委员会主任，中国石化集团公司科学技术委员会委员等职务。1990 年获第一批中华人民共和国工程建设设计大师(即全国工程勘察设计大师)称号，同年被评为国家千名有卓越贡献的专家；1991 年当选为中国科学院学部委员(即中国科学院院士)；1995 年被授予全国优秀科技工作者称号；1995 年获何梁何利基金科学与技术进步奖；1998 年获河南省科技功臣称号。

1962—1965 年，陈俊武设计了誉为“五朵金花”之一的中国第一套 60 万吨/年流化催化裂化装置，使中国的炼油工业技术水平有了飞跃式发展和提高；1966—1968 年，指导了国内第一套 120 万吨/年流化催化裂化装置工程设计，开创了国内大型流态化工业测试工作的理论和方法；主持工程设计的兰州炼油厂 50 万吨/年同轴式提升管催化裂化工艺技术，1984 年获全国优秀设计金奖，1985 年获国家科技进步一等奖；1987 年由他担任国家“六五”催化裂化攻关课题组长开发的大庆常压渣油催化裂化技术获得国家科技进步一等奖；指导设计的上海高桥石化 100 万吨/年快速床-高速床两段再生新型催化裂化装置，1995年获中国石化总公司优秀设计一等奖，1996年获国家优秀设计奖；指导设计的世界首套以煤基甲醇为原料的180万吨甲醇/年制烯烃（DMTO）装置，2010年顺利投产，“甲醇制取低碳烯烃（DMTO）技术”获2014年度国家技术发明一等奖。

陈俊武被誉为中国炼油催化裂化工程技术的奠基人，在催化裂化领域开发了一系列反应-再生工程技术，为中国催化裂化工程技术的进步做出了开创性贡献。在炼油工艺的理论领域首先提出了用元素平衡（尤其是氢元素）进行催化裂化物料平衡的理论和设计方法；指导了不同炼油工艺过程石油基团转化规律的研究。

陈俊武先后担任华东理工大学、郑州大学等多所高等院校兼职教授、名誉教授；从1992年开始，在中国石化管理干部学院先后举办了三期催化裂化高级研修班，为中国的炼油行业培养了一批高水平的科研、设计专家。

陈俊武发表论文100多篇，获准授权发明专利30多项，出版专著多部，尤其是1995年出版的《催化裂化工艺与工程》已经两次修订出版，是催化裂化领域的重要技术专著，先后获中国石化集团公司科技进步一等奖、第八届全国优秀科技图书二等奖；2009年出版的《石油替代综论》专著则是新能源领域的重要参考书；2012年出版了与减少温室气体排放密切相关的《中国中长期碳减排战略目标研究》专著。

陈俊武1956年4月加入中国共产党，1956年获石油工业部先进工作者荣誉称号；1959年出席全国群英会并获全国劳动模范称号；1985年获全国总工会五一劳动奖章；1976年、1983年和2002年先后任河南省第四、第五和第九届政协委员会委员；1992年当选为中国共产党第十四次全国代表大会代表；2001年被授予“全国优秀共产党员”称号。

目　录

第一章

书香门第
家世渊源

1 院士回乡

福建长乐的鹤上镇，地处海滨，毗邻福州，是个富庶的鱼米之乡，也是个山清水秀充溢着诗意的所在。鹤上，原名鹤峰，明朝初年，因新辟一湖于纵横两港道间，登鹤峰山俯瞰，犹如“上”字，乃改称鹤上。

2007 年 9 月 14 日上午，鹤上镇云路村，乡亲们像过节一样聚集在村口，他们在迎接一个从未见过面的亲人——80 岁高龄的中国科学院院士陈俊武。

陈俊武祖籍鹤上镇云路村，但他以前只是从长辈和亲戚的讲述中了解些许关于故乡家世的掌故，80 年来，这是他第一次踏上故乡的土地。

当陈俊武和女儿陈欣在长乐市副市长林建秀及长乐镇书记、镇长的陪同下来到村口的时候，鞭炮齐鸣，鼓乐喧天，乡亲们迎上前去，执手问候，簇拥着他步入礼堂。

礼堂里已升起祭祀所用的炉火，香烟袅袅。陈俊武眼睛潮润，双手微微颤抖，他恭敬执香，行礼鞠躬。礼堂里一片肃穆，只有那一缕缕淡淡飘散着的白烟，就像是游子对故乡祖籍绵长的思念。

简单的拜谒仪式之后，陈俊武在陈氏宗亲的带领下，凭借着父辈们的讲述留给他的些许回忆来到老家所在地上店。他竟然找到了经历沧桑岁月的古井，被烧毁的“疆恕堂”和多处祖屋遗址的痕迹。他参观了云路村的村容村貌、陈氏祠堂、村里的企业、敬老院、云路小学，又在乡亲们的陪同下徒步登上后山寻找祖墓。在青山绿树环绕之间，古塚犹在，石碑尚存，漫漶剥蚀的碑刻文字，记录着祖辈的业绩和历史的风云。

陈俊武这次回乡，是在受聘为长乐市社会经济发展顾问和长乐市科技顾问团成员，长乐市政府多次发出邀请后终于成行的。

这些天来，陈俊武一直被炽热浓烈的故乡情谊笼罩着，感动着。

2007 年 9 月 11 日深夜，陈俊武在女儿陈欣的陪同下，从湖南飞抵故乡长乐漳港机场，市政府林建秀、陈增国副市长及鹤上云路村乡亲代表专门到机场迎接。

从 9 月 11 日至 16 日，在短短六天的时间里，陈俊武故乡之行的日程安排得丰富密集。他先后参加了由福建省科协、福州市科协主办，长乐市承办的“福建省、福州市全国科普日”长乐主会场活动，长乐高鲁天文馆的揭牌开馆仪式，实地察看了滨海、金峰工业区，与当地党政领导和企业家们座谈，为家乡的经济发展和重点工业项目建设出谋献策。

陈俊武还先后参观了长乐博物馆、冰心文学馆、人民会堂、八旗博物馆、琴江满族村、郑和航海馆、龙泉寺、显应宫。人们发现，陈俊武院士虽已年过八旬，却精神矍铄，步履矫健，所到之处，他都是兴味盎然，流连忘返。回到故乡，他似乎又找到了孩童时期在母亲面前欢愉和温暖的感觉。

每到一地，陈俊武和女儿陈欣都是不停地拍照，他要将这五彩缤纷的故乡美景永远定格在自己的记忆里。他赞叹长乐经济文化发展所取得的巨大成就，说：“家乡真是太美了，简直就是一颗滨海明珠！”

长乐文化积淀深厚，特别在近现代，更是人才辈出。著名作家、文学家冰心、郑振铎，著名电影导演陈怀恺、陈凯歌父子，著名数学家陈景润等，祖籍都是长乐。现在的两院院士中，仅福州长乐籍的就有五人。早在 1996 年，福州市就编印了介绍福州籍院士事迹的《院士风采》一书，其中曾收入了介绍陈俊武业绩的文章。2003

年，长乐市又专门修建了院士馆，用图文并茂的形式展示长乐籍院士的业绩。在院士馆自己的展区前，陈俊武深为家乡人关注外地游子的情谊感动，也由衷赞叹家乡对科技文化的重视。

这一天，陈俊武还专程来到马尾船政文化博物馆，向工作人员咨询他的爷爷陈琦当年在马尾船政局任职文教的详细事迹。

故乡之行，使他感受到血浓于水的乡情和亲情，也使他更理解了家族文化传承的重要作用。一代代，一步步，每个人都是从遥远的历史和家族的传承中走来，既延续着生命，也累积和传递着文化的基因，因此他也更迫切地想了解祖辈的足迹和生平事迹。

2 长乐陈氏疆恕堂

长乐境内，“陈”为第一大姓，有近20万人。其中三大支脉分别为双江陈、玉溪陈、南阳陈，其中玉溪陈为双江陈的分支。陈氏始祖籍源自河南省固始县，五代后唐时期入闽。固始古称颍川，因此陈氏祠堂楹联多为“颍水家声远，双江世泽长”。

陈俊武的先祖陈际伍，在鹤上镇云路村辟疆恕堂，世代耕读传家，遂成当地望族。后世子孙中的陈鉴和陈升扬，分别在乾隆和道光年间中举。从陈升扬开始，陈家迁居福州光禄坊早题巷。

陈升扬之子陈莼，是陈俊武的曾祖。陈莼，字喜人，自幼聪慧，为咸丰年间贡生，学识过人，深得沈葆桢的赏识。沈葆桢，字幼丹，福州人，是晚清时期的重要大臣，洋务运动的主要推动者，也是中国近代造船、航运、海军建设事业的奠基人之一。沈葆桢曾任福建船政大臣，主办福州船政局，修建马尾造船厂，创办马尾海军学校。他当时已认识到西方科学技术具有强大的社会功能，必须改变重视经学鄙视技艺的传统育才思想，学习西方科学技术。他对中国传统科技表述的“格物致知”之学极为重视，曾亲自在船厂衙门两旁题写楹联：“且漫道见所未见，闻所未闻，即此格致关头，认真下手处；何以能精益求精，密益求密，须从鬼神屋漏，仔细扪心来”。

陈莼得到沈葆桢的赏识，足见他们之间在理念上的契合与共鸣。向来以读经书赴科考为传统的“疆恕堂”陈家，从陈莼这里，开启了另一扇重视科学技术的大门。陈莼一生未曾入仕从政，先后在两家书院执任教席，一直以教书育人为业。他还擅医术，遵悬壶济世的古训，对贫苦病人分文不取，行医所得，仅供自己饮酒之资。

陈莼有二子一女，长子陈琦，字伯韩，即是陈俊武的祖父。陈琦最初仍遵循前辈的道路，刻苦攻读，赴考应试，却数次落榜。中国的科举制度，虽在选才用人上有一定可取之处，但实在也存在许多弊端。清朝晚期，随着洋务运动的兴起，一些在科考中失意的青年人，不再走皓首穷经考取功名的华山一条道，开始与近代学堂衔接。

陈琦落第之后不久，就到马尾船政局任职，后来在船政学堂教授国文。

马尾地处福州闽江入海口处，是个历史悠久的天然海港。1866年，沈葆桢在马尾设船政局，创办船政学堂。船政学堂分为“前学堂”和“后学堂”两部，前学堂教授造船和设计，后学堂教授航海、轮机和驾驶。学堂聘用英、法两国教师任教，使用原版外文教材并用外语授课，科目包括英文、法文和数学、几何、微积分、物理、机械、天文、地理和航海理论等专业知识，而中文经史则为必修课目。其毕业生中成绩优异者更会被派往西欧各国深造。

船政学堂后来也被称为水师学堂，这里毕业的学生中有不少成为北洋海军的高级将领，也有在中国近代多个领域卓有建树的著名人物，如翻译《天演论》的严复、有“中国铁路之父”之称的詹天佑等。马尾船政学堂是近代中国第一所工程技术类专业院校、中国首家海军及航海学院，也被誉为中国海军的摇篮。

陈琦任职于马尾船政学堂，不知是否因其父陈莼和沈葆桢交好有关，这位在船政学堂教授中国文史的先生，耳濡目染外语教学环境和近代科技知识，成为疆恕堂陈家和西方文化及近现代工业文明密切接触的第一人。

陈琦 1929 年在福州逝世。当年陈俊武尚为二岁幼童，懵懂无知；成年之后，他还为未能和祖父见面感到深深的遗憾。

3 状元林鸿年

陈俊武的母亲林静叙虽为家庭妇女，一生相夫教子，未曾任过社会职务，但也读书识字，能背诵许多诗词文章。

林静叙的曾祖父林鸿年，字勿村，生于清嘉庆九年(1804 年)，从小就勤奋好学，二十五岁中举，并于道光九年进京参加会试，可惜落第而回。他在回家的路上赋诗自励："状元二字消难去，我亦摩挲铁砚来"，回家之后林鸿年更加用功，于道光十六年(1836 年)再次进京参加会试。开榜之日，高中丙申恩科一甲一名进士，果然摘得状元之冠，授职翰林院修撰，时年三十二岁。

1838 年，清廷敕令林鸿年为册封琉球国正使，在琉球主持册封世子尚育嗣位大典。林鸿年在琉球逗留期间，行为端肃，廉洁自守，婉拒琉球国王赠予清朝使者的"宴金"，还将所余出使经费 240 万贯如数馈赠琉球国王，藉以赈恤当地贫民，获得琉球举国上下的赞颂。回国之后，林鸿年将此行经过和见闻，写入《使琉球录》一书。

回国后，林鸿年得到了清廷的极大信任。先后升任山东乡试副考官、国史馆协修、文渊阁校理、方略馆纂修、广东琼州知府、护理雷琼道、云南临安府知府、云南按察使、云南布政使、云南巡抚等职。尽管林鸿年一路实打实干，但毕竟只是个文人，而不是个政客。在云南巡抚任上，遭倾轧攻讦，同治五年，被革职查办。

林鸿年回到故乡时，正值闽浙总督左宗棠在福州开设正谊书院，便延聘林鸿年为该院山长。林鸿年文学功底深厚，执教严格，“训士以器识为先，尤重根底之学”，讲求义理，强调经世致用。在他的悉心教导之下，正谊书院人才辈出，曾为清末代帝师的陈宝琛、翻译家林纾、方志学家陈衍等皆为其席前高足。林鸿年执正谊书院 19 年，出自他门下的出类拔萃的人才达百余人。

光绪四年，福建巡抚丁日昌以林鸿年“掌教闽中，著有成效”上奏，诏交吏部从优议叙。光绪八年，吏部以“经术湛深，品行峻洁”回奏，并请特赏三品卿衔。光绪十一年十二月，林鸿年病故，有诗集《松风仙馆诗抄》传世。他还曾和相距 45 年的五科状元同书一幅扇面，传流至今，成为一件绝无仅有的珍贵文物。

林鸿年生 5 子，四子林符石生 3 子 4 女，其第三子林彤如生 4 女 1 子，长女林静叙即为陈俊武的生母。

林鸿年弟子中的陈宝琛，后来也力推洋务，重视新学，和疆恕堂陈家发生交集。

4 新学之路

在清末民初的政治风云中，陈宝琛也是个有重要影响的人物，官至内阁学士兼礼部侍郎，成为末代皇帝溥仪的老师。陈宝琛提倡“崇实学以励人才”，主张学习外国先进的科学文化技术，光绪二十四年(1898年)，创办了以学日文为主兼学汉文的福州东文学堂，是福建在“戊戌变法”期间首设的新式中等专业学堂。后来升格为福建优级师范学堂，是福建第一所培养中小学师资的师范学校，这是福建师范大学的前身。

当时，科举制度仍未废除，但陈俊武的祖父陈琦，这位曾汲汲于功名的落第秀才，深感国势颓萎必须走维新图强的道路。再加上在船政学堂的耳濡目染，决心引导孩子们走上新学之路。他先后将自己的几个儿子都送入东文学堂学习外文和现代科学文化知识。

陈俊武的父亲陈训昶，在东文学堂毕业后，东渡扶桑，到日本早稻田大学留学。当时留日学生所学多为军事政法，陈训昶却选择了农林科技专业，他想要走的，是科技实业救国的道路。

陈俊武的父亲陈训昶

清末民初，赴日留学在中国成为一种社会潮流。除了数十年来新学的影响，还有中日甲午战争的失败和1905年科举制度的废除，都更促使这一潮流的形成。一部分青年学子甚至把出国留学作为实现救国的主要途径："惟游学外国者，为今日救吾国唯一之方针"，"学子互相约集……买舟东去，不远千里，如潮涌来"。

晚清政府面对维新图强的浪潮，在有识之士的推动下，也出台了一些鼓励赴日留学的办法。1903年，清政府向全国转发了张之洞拟定的《鼓励游学毕业生章程》。其中规定：留日归国学生凡由日本普通中学毕业并得有优秀文凭者，给予拔贡出身，分别录用；凡由高等学堂毕业并得有优等文凭者，给予举人出身，分别录用；凡由大学堂毕业者，给予进士出身，分别录用；凡由国家大学堂毕业，持有学士文凭者，给予翰林出身，持有博士文凭者，除给予翰林出身外再给予翰林进阶，并分别录用为官。

当时留日学生虽人数众多，但真正进入正规大学者只是少数，而能入早稻田大学这种名校的，更是凤毛麟角。1906年清政府举行归国留学生考试，参加考试的100人中，留日生占80%以上，但考中的却极少。陈训昶考中被录用，福州老家一时盛传：他是被点了"洋翰林"。

陈训昶留学归来不久，已是民国初年，因日本在山东有较大的影响，留日学生归来后在山东就业的很多。所谓呼朋引类，陈训昶受一些同学的邀请，也来到山东就职，曾任山东省政府农林厅的技正，一度还出任东岗山农业场场长。

技正是北洋政府设置的技术官吏的职衔，相当于高级工程师。技正之上为技监，之下为技佐。根据北京北洋政府1912年11月颁布的《技术官官俸法》，技正分1—12级，月薪为440—220元。这样的薪俸水平和当时的大学教授基本相当甚至还要高一些。比如北京大学文科学长陈独秀月薪300元，教授周作人月薪240元，图书馆长李大钊月薪仅有120元。

民国初年，北洋政府统治时期，时局动荡，社会混乱。山东执政者也如走马灯一样经常变换。这些分属不同派系的北洋军阀，一旦主政，就要更换政府各部门要职，吏治腐败，横征暴敛，再加上日本和德国在山东的利益争夺，齐鲁大地几无宁日。1925 年前后，陈训昶离开济南，来到北京定居，在北京北洋政府农林部门仍然担任技正之职。他的哥哥和一个弟弟，也在祖父的引导下接受了新学教育，出国留学，学成后先后北上谋职，在金融部门工作。

到了陈俊武的父辈，源自长乐鹤上镇云路村的疆恕堂陈家，已完成了从经史子集科考功名到用近代科技实业救国的文化过渡和转型。

第二章

刻苦攻读 京华云烟

1 少年时代

1927年3月17日，北京东斜街的一个大四合院里，洋溢着一片喜悦的气氛。陈家又一个男孩降生了，按照家族的排序，他是老八，但对于陈训昶来说，这个男孩却是他的第一个也是唯一的儿子。

这个男孩就是陈俊武。

陈训昶来到北京以后，和兄弟亲戚同住在西单和西四之间的东斜街58号，这是一处中间相连的双四合院。大哥一家住西院北屋，三弟一家住西院西厢房，排行老二的陈训昶住在两院之间的三间北房，东院南北房住的是姻亲王家表哥。按陈俊武的称谓，这个大院里住的另外几家分别是自己的大伯、三叔和表伯。

陈俊武的三个姐姐先后在父亲任职山东时出生，后来母亲患肺结核病，虽经治疗脱离危险，但身体虚弱，需长期调养，多年没有生育。陈俊武的出生，给全家带来了节日般的喜庆和欢乐。陈训昶中年得子，更是喜不自胜，这个宝贝儿子从此受到全家上下特殊的关爱。

这个四合院虽不是王府豪宅，但也布局严整，宽敞明亮，院中还植有花草树木。大院中四个家庭，也都是至亲骨肉，大大小小几十口人，热闹融洽。可惜这样一个所在，并没有给幼年的陈俊武带来多少乐趣，留在他记忆中的，只是一个孤独的天地。

1927年，是中国时局最为动荡不安的年头。北伐战争进展顺利，北洋军阀政府岌岌可危，第一次国共合作面临分裂，北京城里，各种传言风声搅得人们心神不宁。陈家大院里，大人们也都是早出晚归，为了生计而忙碌。陈家三兄弟中，除了当技正的老二陈训昶，大哥也曾留学日本，他和三弟学的都是财经。虽说都有职事可做，也都是以知识和智力劳动谋生，并无多少闲暇的时光，正所谓“长安米贵，居大不易”。

陈、林两家虽然都是书香世家，父亲和母亲对幼时的陈俊武却并没有施于更为严格的家庭教育，也教读书，也教识字，更多的时候是顺其自然。

在家里，姐姐们比他大十来岁，早已经上学；堂兄弟六人，除一人外都和他年龄悬殊。小孩子爱玩，不过要有年龄相仿的玩伴才有趣。孤寂的陈俊武，从屋里到院里，从东院到西院，好奇的眼睛探究着周围的世界。春草渐绿，秋叶变黄，墙角的蟋蟀抖须唱歌，鸽群响着鸽哨从天空掠过，为什么？为什么？他的小脑瓜装满了各种各样的问题。

童年陈俊武(前排左一)在北平和姐弟们

这种环境养成了陈俊武喜欢安静独处、喜欢思考，而不爱热闹跑动的习惯和性格。北京那么多热闹好玩的去处，可陈俊武除了随母亲去过几个亲戚家，一直长到 10 岁，还没有去过天桥、前门、大栅栏这些地方。

1932 年秋天，五岁半的陈俊武被父亲送入洁民小学上学。

就在前一年，日本侵略者发动了“九一八”事变，侵占了我国东北三省。抗日救亡的呼声遍布神州，但国民党政府却实行“攘外必先安内”、消极抗日积极反共的政策，致使华北、平津局势逐步恶化。1937 年 7 月，“七七”卢沟桥事变，日本军国主义蓄谋已久的全面侵华战争开始，以国共合作为基础的民族统一战线形成，中国的抗日战争拉开序幕。

“七七”事变后不久，正在清华大学读书的大姐陈舜瑶和一批热血青年，毅然中断学业，走上抗日救亡的道路，南下南京、长沙等地宣传抗日，听说后来又去了延安。上小学的陈俊武尚不能理解动荡复杂的社会局势，却能感受到大院中越来越沉重的气氛。父亲常常皱着眉头坐在屋子里叹气。

1938 年，陈俊武小学毕业，该上中学了。这时北京城已被日本占领，在学校也大力推行奴化教育，强迫学生必须学习日文。而具有留学日本背景的陈训昶却作出了一个决定：让陈俊武上教会学校，因为这些学校可以学英文而不必学日文。也许，在当时的情境下，这种选择表明了他对侵略者的抗拒，也包含了对儿子未来道路的期望。

教会学校是中国特定历史时期的产物。始于十九世纪下半叶，是西方列强国家为传教而设，最初多为启蒙性质的初级教育。后来学校数量增多，规模扩大，办学性质也渐次向正规的中等和高等教育过渡，不过学校仍强制学生学习宗教知识，参加宗教活动。清末民初，这些教会学校都是私人办学，没有在中国政府注册。

1925 年，中国各地爆发反对帝国主义的“五卅”运动以后，民国政府先后发布法令，要求教会学校到中国各地教育行政部门注册立案，方可取得合法地位。并明确要求教会学校取消宗教课程，限制宗教活动，不准外籍人担任中国境内教会学校校长，等等。以后的教会学校逐渐“中国化”，由于教会学校有良好的师资和设备条件，管理严格，尽管收费较高，但还是受到家境较好的人家青睐。

1938年秋季，陈俊武入崇德中学上一年级。崇德中学即现在北京市第三十一中学的前身，位于西城区西绒线胡同33号。崇德中学是英国基督教圣公会主办，始建于1911年，也是当时的名校之一。崇德中学的历届毕业生中出了不少名人大家，如诺贝尔物理学奖获得者杨振宁、中国"两弹"元勋邓稼先、著名建筑学家梁思成、著名电影表演艺术家孙道临、著名法学家江平等，还有当时民国要人外交家顾维钧、黄埔名将关麟征的儿子都在这里读过书。邓稼先也只比陈俊武高两届。

原北平崇德中学(现在为北京市第三十一中学)

崇德中学要求学生入学前必须具有一定的英语基础，而陈俊武在小学期间从未正规学过英语，只是在家中受大姐舜瑶和后来上北京师范大学西语系的二姐舜琼的熏陶，只会说一些英语单词和简单的对话。可上第一节英语课，老师就是直接用英语朗读和讲解《天方夜谭》(另译为《一千零一夜》)中的故事——阿里巴巴和四十大盗。陈俊武听得一头雾水，如同天书，不知老师说些什么。

这对学习成绩一直名列前茅，自尊心极强的陈俊武是个沉重的打击，回到家里，对父母言说上英语课的情形，忍不住失声大哭，说："我不学英语了，不去崇德上学了！"

父亲递给他一条毛巾，让他自己擦干眼泪，安慰他一番，又严肃地说：“人的一生会遇到难题无数，如果一遇到困难就害怕退缩，就会一事无成。你是个聪明的孩子，只要努力，我相信你一定可以学好的。”

陈俊武带着父亲的鼓励，硬着头皮在英语课堂上坚持下来，上课用心听讲，再加上课前课后的预习和复习，几个月过去，他就跟上教学进度了。

崇德中学管理极为严格，老师的管教包括体罚。有个别同学迟到，第一次罚站，第二次打板子。老师当着全班同学的面，用长竹板抽打受罚学生的手心，且不许啼哭叫喊。听着噼啪的响声，看到被惩罚同学脸上的痛苦表情，陈俊武对这种教育方式感到恐惧。还有在大操场上的体育课，也不是陈俊武的长项，他在小学没上过正规的体育课，在家里也不好运动，在足球场上，他就常常被边缘化。

1939 年，日本和英国关系紧张，崇德中学被北平日伪当局勒令停办。父亲安排陈俊武转入另一所教会学校——辅仁大学附中读初二。

辅仁附中邻近西直门，后来的地名改作“官园”，离家里并不太远。学校最初是由美国神父管理，后来又换为德国人。这个中学的自由度很高，信教自由，课堂授课内容不涉及宗教。每周有“公教瞻礼”的宗教活动，但不信教的学生可以不参加，还能够自由活动。为了应付日伪当局的检查，课程表上每周有五节日语课，但实际上课堂上学的都是英语。

崇德中学和辅仁中学严格的英语训练，给陈俊武打下了良好的英语基础，在中学阶段，他就可以用英文阅读和对话。

处处用心的陈俊武也逐渐形成了自己独特的学习方法和习惯。他反对那种“死读书，读死书，读书死”的死记硬背的学习，而是掌握要点，领会精神，融会贯通，活学活用。他经常提前自学次日上课的内容，做完作业。第二天上课时就十分轻松，因而在课堂上也常常能对老师讲解的独到精妙之处会心领悟，这时候，他心中就感到一种愉悦。这种来自学习中的快乐，也成为他强烈的求知欲望的不竭的动力。所谓“学而时习之，不亦乐乎”“学而不厌”，其中的乐趣也许只有进入这种境界才能体会。

陈俊武个子不高，却爱坐在教室的后排，因为这有利于他单独的思考。不过，这个习惯也给他带来一些小麻烦，因为他当时眼睛已经高度近视，看不清黑板上的字，他认为关键的地方，就离开座位跑到前面去看，有时候，一节课要去好几次。

初中阶段的学生，正是精力充沛兴趣广泛的时期，课余时间，他们会玩各种游戏，其中有体力的也有智力的。同学们发现，在各种智力游戏中，陈俊武都是获胜者。最令人佩服的是他的心算本领。多位数的加减和三位数的乘法、两位数的除法，他都能运算自如。也有同学慕名找他，给他一道一道地出题，但他都能很快报出正确的答案，屡试不爽，于是“神童”的外号不胫而走。

更为神奇的是，这种心算的本领并没有老师传授，是他自己琢磨出来的，最早可以上溯到他上小学的时候。善于思考，善于发现总结数字之间的关系和规律，是他创造心算法的诀窍。这种禀赋和观察思考的方法，使他终生获益。

上高中时，数学课开始接触到高等数学中的概率计算，陈俊武对此尤感兴趣。在日常生活中，他经常会尝试运用概率计算去找出其中的规律。比如，同学们玩划线游戏，他发现从几个上位起点沿划线下行，平行线无十字交叉，就能达到各自的下位。打扑克牌，他也从中得到“同花顺”和“一条龙”的概率。上化学课学习有机化学部分，他对同样的分子，结构却不同的同分异构物甚感兴趣，竟然悄悄开始分析癸烷以上烷烃的同分异构物的数目。如果溯源探流，这里也许是陈俊武后来从事化学工程事业最早的源头。

在崇德中学和辅仁中学上学期间，陈俊武成绩优秀，在考试中基本上都是第一名，因此经常享受免交学费的待遇。高二下学期，在一次化学试验中陈俊武不慎被灼热的苛性钠溶液烫伤右脚，请假在家养伤20多天。按照学校有关学生请假天数规定，陈俊武高三年级就不能再享受免学费待遇。这本来是正常也是平常的一件事，但在养伤期间经常来看望他的几个小学同学却在一旁怂恿："不免费就不去他那里上，换学校，你这样的优等生到哪里都受欢迎！"少年意气，陈俊武果然赌气在上高三时离开了辅仁中学，改去另一个教会学校盛新中学。

很多年后，陈俊武回忆起这段经历，还觉得这实在是个幼稚之举。所幸这次草率的转学对他的学业未造成多大影响，以后也顺利地考入了大学。

盛新中学地处地安门西大街南侧的校场胡同，是法国天主教爱遣使会于1917年修建设立，原来只有女中，1923年增设男中。盛新中学独特的建筑风格给陈俊武留下了很深的印象，教学楼和礼堂都是砖木结构，灰瓦坡屋顶，红砖清水墙嵌以石料装饰，比例严谨，工艺精致，礼堂的外形很像法国的古城堡。

1944年，陈俊武分别参加了两所大学的入学考试（当时大学单独招生，考试时间也不统一），同时考取了北京大学工学院应用化学系和北京师范大学医学院药学系。当时陈俊武正痴迷于药学，兴趣浓厚，但考虑到毕业以后的就业出路，最后选取了北大工学院。

2 北大岁月

1944年的北京大学工学院，位于清端王府旧址，现在的平安里西大街北边，中国少年儿童活动中心所在地。工学院始创于清光绪廿九年（1903年），初名京师高等实业学堂，宣统元年（1909年）迁至端王府。以后随着政局变换，院名和学制也几经变更，1929 年定名为北平大学工学院。1937 年“七七”事变后，北平沦陷，工学院西迁。日伪统治时期，1938 年将北平大学工、农、医学院与北京大学文、理、法学院合并，成立北京大学。当年在北京的教育界多位教授，身心虽受日本人的压迫，仍能忍辱负重，为滞留在敌占区的青年学子传授知识，为国家和民族培养和储备人才。这是一个特殊的历史时期，也是一段特殊的沧桑岁月。

工学院应用化学系，这一届共录取 17 名学生，17 岁的陈俊武考试成绩名列第二。

报考应用化学系，投身化学工程事业，其实也是陈俊武从小的夙愿。陈俊武在读初二的时候第一次接触到化学，就一下子被迷住了。百余种元素构成了丰富多彩的物质世界，每一种物质又由神奇的分子、原子构成，分解、化合又可以组成新的物质。这一方奥妙无穷的新奇天地正适合他“穷天地之奥秘”的志趣和性格，当时他就暗自立下志愿：研究化学，造福国家和人民！

大一的课程多选用国外原文教材，各科的习题量也很大，一些同学对学习颇感吃力。但陈俊武却觉得轻松自如，游刃有余。在大学一年级，除了正常的学业，他还在课余进行着一项“秘密工程”：对药学的学习和研究。

北海公园附近的北京图书馆，离东斜街陈俊武家大约有两三公里的路程。上高中时，陈俊武在课余时间常常来到这里的阅览室看书。高中二年级的暑假，陈俊武在这里初次看到了一本药学书籍。药学中化学和药理双重的神秘性和他强烈的求知欲与好奇心立即谐振共鸣，他“一见钟情”，从此“坠入爱河”，开始了对药学近于痴迷的学习和研究。

使陈俊武对药学感兴趣的还有自己家庭的背景。在旧中国，肺结核是一种常见病多发病，由于缺乏特效药物，一旦罹患即为难以治愈的沉疴顽疾，不少人因此被夺去了生命。在他的家族中，多人都曾患过此症。母亲患肺结核多年，所幸后来治愈。但他活泼可爱的小妹莹莹，患病后竟在 14 岁的豆蔻年华逝去。大院中他的几个堂哥、堂姐也因为肺结核先后被夺去了生命。

陈俊武的父亲这些年也身体衰弱，经常患病，从他上高中开始，就一直缠绵病榻，卧床不起。他患的不是结核病，但多方治疗却总不见效。

而药学研究，正是要寻找发明为人类战胜病魔、解除各种疾患的药物。陈俊武悄悄立下志愿：将来一定要研制出治疗那些所谓不治之症的“特效药“，给所有在绝望的病痛中的人们带来福音。

陈俊武从此每天都要步行两三公里路，到北海公园西侧的北京图书馆去看书。有时候，也去更远一些的静生生物研究所图书馆借阅。冒着酷暑严寒，迎着风霜雨雪，天天如此，日日不辍。他还学会一种快速记录的方法，摘抄内容，回家后再加以整理。几个月过去，他居然已粗知药学的轮廓。他注意到化学家赵承嘏先生发表的研究药物的文章，对于植物如何与医药结合尤感兴趣。比如治疗疟疾的特效药物奎宁，是从金鸡纳树的树皮里提炼制取的，俗名就叫金鸡纳霜。从植物到药物，是复杂的化学方法和过程。他给自己定的宏大目标，就是要找出能够治疗某种疾病的植物，再用化学的方法来提炼制取相应的药物。

北京图书馆成为他课外求知的乐园。学然后知不足，汗牛充栋般的药学典籍像魔鬼一样诱惑着他。中文的、英文的、日文的，西药的、中药的，由此及彼，由表及里，由药物学而及有机化学、生物化学……他贪婪地将能找到的书籍杂志咀嚼吸收，蚕食净尽。从中学到大学，从 15 岁到 19 岁，对药学的课外学习，他整整坚持了四年。没有导师，没有同道，一个花季少年在青春岁月中默默地孤独前行，点燃他的热情的，只有心中那个宏大的目标和强烈的求知欲。

学习药学几个月后，陈俊武就将读书笔记分类整理，十六开纸写满密密麻麻的蝇头小字，最后总计达54页，十余万字。他将这卷文字命名为《药学精华》，每页之首按正规杂志格式设计，某卷某号，出版日期，并且标明“不定期刊”字样，一丝不苟，几可乱真。其实，这份期刊的编者、出版者和读者都只是陈俊武自己。

陈俊武不仅编杂志，也“著书”。这几年中他写的小册子有《药用植物成分的研究》《中西药植成分志》《中国药用植物一览》《生活素的化学》等，总计达240页，30余万字。这些小册子内容丰富，结构严谨，章节井然有序，插图、目录、封面设计、编著者姓名样样俱全，有的前面还加了序言。如他在《药用植物之研究》的序言中写道：“近年国内对于自然科学及应用科学之提倡，不遗余力。中学之中，已将物理、化学和生物视为重要之课程，俾使青年学子得以认识其重要进而切磋之，则对于我国之前途，利莫大焉……”当然，这套被陈俊武命名为《药学小丛书》的小册子，并非正式出版，甚至连铅印也不是，仅仅是他的“手抄本”，是苦学者陈俊武自己制造的浪漫和幽默。

陈俊武高中和大学初期自编的药物学“期刊”(1944—1946年)

1945年8月，日本宣布投降，中国人民艰苦的抗日战争坚持了十四年之久终于取得了最后胜利。北京的各所大学进入复原、调整的动荡过渡时期，端王府工学院开始改称临时大学，到1946年又成为北洋大学北平部，由陈荩民先生任院长，原应用化学系也正式改为“化学工程学系”。北洋大学本部在天津，来授课的教授皆认真严谨。系主任方子勤教授开“化工原理”必修课，后来又先后由曹本熹和汪德熙两位先生讲授。这几位教授上课时多用英语，对学生习题作业也要求严格，一丝不苟。

至1947年暑假，南京政府教育部作出决定，端王府工学院正式并入北京大学，成为北京大学工学院，由马大猷博士任院长。新学期开学典礼，时任北大校长的胡适先生致辞，其中说到：“端王府工学院不是我们的，也不是他们的，而是咱们的”，一时引起全场笑声。一句包容智慧的话，释解纷争，安抚师生，受到大家的称赞。

大四新学期开始，教授阵容加强，除了北大本部的几位教授，另请北平工业试验所的几位主管莅校执教。所长顾毓珍博士讲授化工原理，纤维研究室主任张永惠博士教造纸，电化研究室主任羡书锦教授讲授电化学，贾伊箴教授讲授工业管理和制革，等等。

从大学二年级开始，陈俊武虽然有时还会去医学院听课，但已经从对药学的迷恋中走出来，开始把学习的兴趣逐渐转移到自己所学的专业——化学工程上来。

专业改名为化学工程系也使陈俊武感到振奋。当时所谓的应用化学实质是造纸、制革等轻化工产业的总称，也包括化学分析，这和现代化工相距甚远。陈俊武将来的理想是要从事现代化工，包括燃料化学和化学工程。

化学工程是20世纪20年代才兴起的新学科，主要研究化学工业生产过程中的工程理论。新的领域，新的知识，这使陈俊武感到新鲜，同时他也预感到这个学科所学，正是将来振兴民族工业实用的知识。

他犹如一只被花香引诱着的蜜蜂，又扑进了新的花蕊。

陈俊武仍不满足于讲义和教科书，他仍然坚持着课外自学。对药学长期的自学钻研，拓宽了他的化学知识领域，英、日文的阅读能力大为提高，并且已摸索出高效率查阅期刊资料的方法。他从资料中得知，美国麻省理工学院是化学工程学科的发源地，化学工程的启蒙者如 Walker、Lewis 等名教授在该校任教，最早的化工原理教材就是他们编著的，在全世界广泛使用。该校 McAdams 和 Guilliland 先生分别撰写了传热和传质专著，增加了化学反应工程的内容。堂姐舜翘从日本留学回来，带有小竹无二雄的化学工程套书，也被陈俊武借来系统阅读。陈俊武暗下决心，一定要把这些化学工程中统称为“三传一反”(传热、传质、传动量、化学反应过程)的内容弄懂吃透。

这是一次更自觉、更刻苦、更痴迷的投入。书本、杂志、字典、笔记是亲爱的伴侣，课堂、实验室、图书馆是芳草如茵的伊甸园。除了课堂上的学习，他经常游弋于书海，钩沉于卷帙，白天听课读书，晚上整理笔记，沉醉其中，常不觉东方之既白。

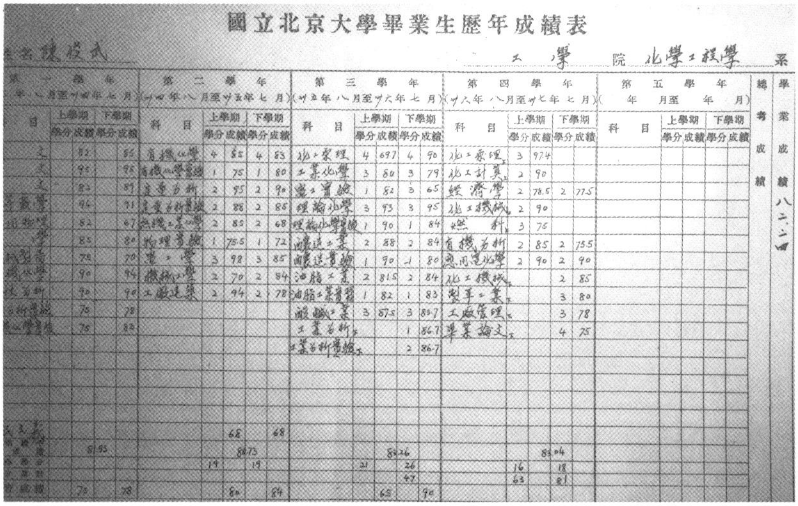
國立北京大學畢業生歷年成績表

姓名 陳俊武　　工學院 化學工程學系

第一學年（[illegible]年八月至卅四年七月）

科目	上學期學分	上學期成績	下學期學分	下學期成績
[illegible]		82		85
[illegible]		95		96
[illegible]		82		87
[illegible]		94		91
[illegible]		82		67
[illegible]		85		80
[illegible]		75		70
[illegible]		90		94
[illegible]		90		90
[illegible]		75		78
[illegible]		75		83

第二學年（卅四年八月至卅五年七月）

科目	上學期學分	上學期成績	下學期學分	下學期成績
有機化學	4	85	4	83
有機化學實驗	1	75	1	80
定量分析	2	95	2	90
定量分析實驗	2	88	2	85
無機工業化學	2	85	2	68
物理實驗	1	75.5	1	72
電工學	3	98	3	85
機械工學	2	70	2	84
工廠建築	2	94	2	78

第三學年（卅五年八月至卅六年七月）

科目	上學期學分	上學期成績	下學期學分	下學期成績
化工原理	4	69.7	4	90
工業化學	3	80	3	79
電工實驗	1	82	3	65
理論化學	3	93	3	95
理論化學實驗	1	90	1	84
釀造工業	2	88	2	84
釀造實驗	1	90	1	80
油脂工業	2	81.5	2	84
油脂工業實習	1	82	1	83
酸鹼工業	3	87.5	3	83.7
工業分析			1	86.7
工業分析實驗			2	86.7

第四學年（卅六年八月至卅七年七月）

科目	上學期學分	上學期成績	下學期學分	下學期成績
化工原理	3	97.4		
化工計算	2	90		
經濟學	2	78.5	2	77.5
化工機械	2	90		
燃料	3	75		
有機分析	2	85	2	75.5
應用電化學	2	90	2	90
化工機械			2	85
製革工業			3	80
工廠管理			3	78
畢業論文			4	75

第五學年（　年　月至　年　月）

總考成績

畢業成績 八二·二四

陈俊武就读北京大学工学院四年的学业成绩册

那时的大学校园里，也不乏浪漫的情调，交游玩乐，谈女朋友，这样的学生也不少。陈俊武四年的大学生活，却把青春的岁月全部溶进了一张张书页和笔记。

1948 年春，陈俊武在北大最后一个学期的几则日记，真实记录了他刻苦读书的情形和心境：

3 月 12 日："'吾生也有涯，而知也无涯，以有涯随无涯，殆矣'。陡然想到这句话，心中为之一颤。学问浩如烟海，一望无际。仅化学、化工一项，就有着多少吨的文献，以一个人的精力，哪能看遍呢？我现在虽然可算是入了门，但是离登堂入室还远呢。以我这种好强的个性预测，恐将终生沉沦于书海……"

3 月 29 日："科学的真理把我诱惑得太苦了。我把如锦的年华都投入了无底的深渊，痴心的求知使我与人群隔绝，使我成为孤独者。生命的意义全寄托在没有生命的分子、原子上了。"

4 月 1 日："年年岁岁花相似，岁岁年年人不同。在花丛里流连的结果，不仍是红颜一例和春老吗？外面的春天与我何干！最重要的，是要让内心充满了芬芳的气氛，旖旎的春光，我要使平凡的日子变得不平凡……"

毕业前夕，陈俊武把自己几年来心血结晶的学习笔记整理装订，分成 18 类，各包以封皮，以《化学工程与我——俊武求知旅程之一段》为总题，重叠置于书架上，量一量，竟有 20 公分厚！

陈俊武在北大期间的刻苦攻读，构筑了化学工程方面坚实深厚的理论功底和知识体系，而且视野开阔，已经接触和了解了世界化工科学的前沿信息。更重要的是，他在这一知识积累阶段，磨砺了意志，训练了方法，培育了为科学事业、为国家、为民族的献身精神。这对他一生的道路都产生了重要的影响。从这时候起，他已经具备了一种素质：将来无论进入任何一个领域，他都可能成为这个领域最卓越的专家。

陈俊武对学习的痴迷和专注，似乎给人一种不闻世事的感觉，其实不然，他读大学的四年，正是他家境变故，生活拮据的困难时期，也正是时局动荡的社会变革时期，而他自己，也是个"家事国事天下事，事事关心"的热血青年，他在这种环境中坚持学习，正表明了他对知识的重视渴求，同时也是一种面对时艰自己心理定力的修为和历练。

陈俊武的父亲初到北京时，是在北洋政府的农林部任职，后来国民政府定都南京，再加上政局动荡，动来动去就把他的职位弄丢了。为了谋生，他后来找了一份法院文书的差事，平时主要是抄写公文卷宗之类，薪水比以前少了许多，况且也并非所学。日本人占领时期，他心情更加压抑苦闷，积郁成疾，后来逐渐就卧床不起。1946 年，陈俊武读大学二年级的时候，他的父亲逝世，享年 62 岁。

家庭失去了经济来源，主要靠以前的积蓄和典当度日，生活水平急剧下降。年近六旬的母亲开始亲自操持家务，粗粮窝窝头、稀粥和咸菜成为家里的主餐。当年陈俊武选择上北京大学工学院化工系，除了志趣和理想，其中还有家庭的因素。一因北大是公费，学生每月可领到一袋面粉，这正可补家中无米之炊；二因工科学生将来就业谋职相对容易，能更早扛起家庭的担子。

为了节省住宿和伙食费，陈俊武读大学期间，食宿都在家里。从端王府工学院到东斜街的家里，近三公里，走一趟要四千多步，半个小时，一天四趟，他一走走了四年。四年走读，陈俊武也练就了深厚的走路功夫。他脚跟稳，步子轻，跨幅大，频率快，一般人要小跑才能跟上。

抗日战争胜利之后，全国人民都期盼和平安定，国共两党也在重庆签订了双十协定。但国民党反动派很快就撕毁协定，挑起内战，大举向解放区进攻。这种倒行逆施激起了全国人民的反对，国统区内“反饥饿反内战”的学生运动风起云涌，北京大学的进步学生运动更是一浪高过一浪。当时学校里有共产党的地下活动，也有国民党三青团在学生中的渗透，不同政治倾向的学生之间的辩论、摩擦时有发生。

但工学院化工系陈俊武他们班里比较平静，也比较团结，政治气氛似乎相对淡薄。

其实，班里的同学们都不知道，陈俊武的家族早已被“赤化”。

陈俊武的大姐陈舜瑶 1938 年就到了延安，后来和同为清华同学、又一起奔赴延安的宋平结为夫妻。宋平在抗日战争时期曾在八路军驻重庆办事处工作，任周恩来的政治秘书。后来，已是中共高级干部的宋平、陈舜瑶夫妇参与叶剑英领导的军调部工作回到北平，陈俊武和他们在家里有过短暂的相见。

可以说，陈俊武生活在一个红色家族中。他大伯的大女儿，堂姐陈舜英 1912 年生，就读于北平大学工学院，是 1935 年在山西太原参加革命，1937 年加入中国共产党的老干部，解放后先后在湖北、广西、河南任高级领导职务。他大伯的二女儿，堂姐陈舜玉也是一位 1937 年就入党的老革命，抗日战争时期曾担任山西抗日根据地的中共县长。大伯的另两个女儿，七姐舜超和九妹舜珍也先后去了解放区。他三叔的两个儿子，陈俊武的三哥和五哥也早已去了解放区。在白色恐怖的环境中，陈家人都严格地保守着这些秘密，避而不谈政治国事，但陈家大院里的政治倾向却是不言而喻的。

在学校不谈政治的陈俊武，回家后常到一个姓王的表伯那里，偷偷收听新华社的广播。

1948 年春天的日记中，也有陈俊武对当时北大校园的气氛和他自己的心情的记述：

2 月 26 日：晚看北大、清华及其他大学的演唱会，有《生产大合唱》《白毛女》等。音乐演奏的铿锵之声犹袅袅在耳，绕梁三日，信不虚也。“新春乐”把人们从落后的旧时代的迷梦中唤醒，它是民主的洪流，它是时代的号角，它启示了我们前进的路途。最后，让我引用《生产大合唱》中的一句开场白：“这是一个充满了希望的日子，这个日子充满了希望！”

夜 12 时，戒严。

3 月 29 日：晚在沙滩民主广场举行盛大的营火会，为“平津各大学化工系学生联欢会”，其间有大合唱《团结就是力量》《光明赞》。

沙滩一带警宪布岗，断绝行人。警备司令部所根据的理由是查禁学联会，在所谓“青年节”的今天居然发生了如此迫害集会青年的行动，真是行宪的一个绝大讽刺。

4月9日：师大昨夜血案，特务架走并殴伤学生多名。这年头儿，反动者的心愈来愈毒辣，索性撕下假面具露出狰狞的面目，像恶狗似的逢人便咬了。

工学院、二宿、三宿门前标语快报红绿纸张贴满了墙，行人伫足而观。

就在同一时候，南京城里聚集了二千“国大代表”，恬不知耻地自称为“来自民间”，他们狠命地吃、喝、叫嚣，制造笑料。用搜刮来的民脂民膏，苛捐杂税，导演出四不像的“民主闹剧”。

在这些日记中，陈俊武吐露心声，明确表达了自己的政治态度。但是有明确政治倾向的陈俊武并没有热衷参加校园里的政治活动，他不想做一个职业革命家，他更想做一个用科学技术为国家和民族作出贡献的科学家。

陈俊武是班务会的干事之一，还一度担任过班长。班务活动中的各种信件、报告、公函多由他代笔。他曾倡导发起成立全国大学1948班化工联合会，编印《化联通讯》，给各大学寄发。从大三开始，他们班多次组织到工厂参观。在往届校友的帮助下，他们先后到北平、天津、塘沽、秦皇岛、抚顺等地参观考察。永利碱厂、久大精盐厂、天津化学公司总厂、汉沽电解厂以及北平工业试验所试验纸厂等处，都留下了他们的足迹。1948年春，全班同学又结队到唐山炼钢厂、开滦煤矿、秦皇岛耀华玻璃厂等处参观。这种参观考察，使他们实地观察到化工生产的各种设备和生产过程，和自己所学的理论知识对照印证，获益甚多。在耀华玻璃厂，学长吴公慈多才多艺，性格豪爽，临别给学弟学妹们赠言：“接近工人，不耻下问，骄傲最要不得！”陈俊武对这句话印象深刻，大有启发，多年以后仍记忆犹新。

毕业前夕，班务会又组织编印了纪念册，为了节省经费，全为手刻蜡版，插图照片也用晒印蓝图的方法取得。纪念册内容丰富，图文并茂，人手一册，留下了北大岁月的珍贵纪念。

陈俊武在日记中自豪地说："翻开端王府工学院的历史，我们班的组织力，竟是空前的强大。我相信，在全国各学府中，像我们这样一个脚踏实地集体合作而有如此辉煌灿烂表现的班务会，一定是非常少有的。"

1948 年春，北大校园里，即将毕业的 48 届大学生们显得焦虑不安。那时大学毕业谋职本来就不易，再加上国民党政府专制腐败，挑起内战，镇压民主，致使神州遍地战火，民不聊生，大小工矿企业多是凋敝衰败，哪还顾得上要大学生？毕业即失业，这就是当时大多数大学毕业生面临的困境。

陈俊武当年报考北大工科，就是觉得毕业后谋职就业相对容易，希望将来有一个理想的能用其所学的职业，一展才华，为社会造福，也为家庭分忧。当时中国工业基础十分薄弱，化工方面的厂子多属制造日用品的轻工业，如造纸、制革、制糖、制碱之类。1946 年，他们班同学赴东北抚顺参观，陈俊武第一次看到了一座日本人留下的页岩油炼厂。工厂宏大的气势和先进的设备给他留下了深刻的印象。其中尤其让他感兴趣的是一种煤炼油的设备，使用的是德国的技术，规模也不大，日本人叫石炭液化厂。陈俊武当时就暗下决心：挽弓当挽强，石油工业才是英雄用武之地！将来毕业后就投身石油工业，最好是能到抚顺。

从 3 月开始，陈俊武就先后给抚顺炼油厂、玉门油矿联系，但答复是"人员满额""恕不接纳"。

他有个姨父当时在南京政府的资源委员会任职，答应帮他在永利公司联系工作。永利化学工业公司的总经理即是著名化学家、侯氏制碱法的创始人侯德榜先生，但永利公司旗下的南京化肥厂明确拒绝，新建的湖南株洲化肥厂开出了空头支票，却遥遥无期。紧接着他又给台湾高雄炼油厂去信，盼了许久，回函表示“歉难聘用”。

求职和前途的无着使陈俊武陷入了深深的苦闷之中。他知道，职业的选择对自己的前途有着决定性的影响。如果被迫改了行，这一生简直就不堪设想。从小学到大学，16 年岁月，日积月累辛苦备尝，他用自己青春的心血和汗水为代价，收获了丰富的知识，他把这些知识看得和生命一样珍贵，他不忍丢弃。

就在这时，突然有个好消息传来：台湾铁路局可以要人。原来台湾铁路局局长郎钟铼也是北大校友，听说北大毕业生就业无着，慷慨援手，一下子要了十几个人，化工系要了 2 个。系里初拟让陈俊武和另一个同学去台湾。

去，还是不去？陈俊武又面临着一个重大的抉择。去台湾铁路局虽用非所学，但毕竟是一个养家糊口的职业，父亲去世之后，奉养母亲支撑家庭的担子就落在了他的肩上。和大姐她们分别之后，音讯隔绝，现在战火连天，也不知她们如今在哪里。

从端王府到家里，要经过西四大街的十字路口。如今这个路口就像是一个巨大的问号横亘在他的面前。他在 5 月 6 日的日记中写道：“站在人生旅途的分岐路口，我抱头痛哭了。何去而何从兮，悲吾生生弗辰！”

就在这个当口，陈家大院里的一些微妙变化为他选择的天平上加上了一个砝码。陈俊武的一个堂哥，抗战胜利后曾任政府的接收官员，算是有钱有势的人物。这时候正筹备结婚，却嫌自家住房不够宽绰，提出要把陈俊武家的三间住房买去一间，打通改造。陈俊武觉得若只剩二间房实在太窄狭了。另外，自家这些年日子困窘，在大院里也有些寄人篱下、仰人鼻息的感觉，总有些不舒服的味道。何不借此机会，自己暂时去台湾就职，等以后看时局的发展再说。母亲也是个很要强的人，听了儿子的想法，觉得很有道理，完全赞同。

经过几天反复的思考，陈俊武终于下了决心：报名去台湾。先去铁路局作跳板，然后争取去高雄炼油厂，不得已而求其次，台湾还有几个糖厂呢。另外，从小学到大学，孜孜于寒窗苦读的陈俊武从来没有独自在社会上闯荡过，也没有出过远门，对外部世界的感知甚少，这也是他心中的一个遗憾。借此机会也正好可以开阔眼界，认识社会，对自己也是个历练。听说台湾风景秀丽，风俗与大陆殊异，此去也可实地考察游览一番。

说实在话，这个决定包含了当时当地的诸多因素，既是不得已而为之的无奈之举，也有热爱专业的化工大学生的理性思考，同时还有一点青春年华的浪漫情调。

第三章

归去来兮 寄旅台湾

1 辗转赴台路

从1948年5月开始，陈俊武和母亲就开始了赴台的准备。首先要处理家具杂物，当时正是通货膨胀严重的时期，法币贬值，北平收旧货的小贩又故意压价，家中不少珍贵的什物都只好匆匆贱卖。一只大皮箱只卖350万元，买进一个手提包却要用480万元，一袋面粉需520万元。清理之后，只留下十件行李。如果计算，这次仓促处置家具财产，大约损失80%，虽不算“荡产”，也可谓“倾家”。

6月下旬顺利通过了毕业考试，7月14日动身出发。临行之前，陈俊武最后一次去端王府校园第一宿舍和几位同学话别，很多长辈亲戚也到家里为他们母子送行。在这个大院里，他生于斯，长于斯，生活了20多年，现在就要告别了，还有许多曾经朝夕相处的亲人以后也要天各一方，陈俊武不禁鼻子发酸，热泪盈眶。

同班同学王文钊热情笃厚，亲自陪同他乘火车到天津，同行的还有他五姨父家的孩子、在清华大学读书的表弟杨桢。买船票，取行李，在王文钊的帮助下，7月16日，陈俊武一行顺利登上开往上海的元培号轮船。

经过三天的航程，途经风平浪静的渤海和巨浪滔天的黑水洋，7月19日抵达上海，住进陈俊武的表伯林仲易家。林伯母热情好客，朴素诚恳，使陈家母子感到温暖。林家住在愚园路，孩子们在香港、台湾等地工作，家庭条件较好。这是陈俊武第一次来上海，只见高楼林立，霓虹炫目，街上人流熙熙攘攘，繁华的景象让他感到新鲜和惊讶。

21日，他们从上海坐火车到达南京，来到武夷路五姨家中，杨桢正是五姨的儿子。陈俊武的母亲在家中是长女，下面有三个同胞妹妹，按家族排行分别为四、五、九。五姨父当时在南京政府的资源委员会供职，但看他沉默寡言的样子，陈俊武也不好再提求职的事。表弟杨桢聪明好学，动手能力也强，多才多艺，给陈俊武很多启发。新中国成立后杨桢曾留学苏联，后来在原子能研究院工作，还获得全国科技发明三等奖，这是后话。

安顿了母亲之后，陈俊武又返回上海，再住进林伯母家。林伯母陪同他到商场买了一个蚊帐，竟花了1600万元。买一张到台湾基隆的船票，也是1600万元。算一算，这一趟旅行的费用竟高达亿元之巨，陈俊武不由得暗自心疼，这都是用家里珍贵的闽式漆皮箱、樟木箱和狐皮大衣折低价换来的啊。

7月28日，陈俊武终于登上了开往台湾的招商局景兴号客船。船舱里挤满了人，空气污浊，饮水和厕所的条件也极为简陋。陈俊武在底舱的一个地铺上捱过了难熬的三天，30日早晨到达基隆港，这也是他第一次经历恶劣生存条件下的考验。

2　在台湾的日子

1948年7月31日，陈俊武正式到台湾铁路局报到，被分配到材料处上班。见过处长之后，又被安排到料务课杨课长手下，而具体的顶头上司则是恽股长。工作并不繁重，就是抄写每月的材料计划，开领料通知单，画登记表这类琐碎的杂事。偶尔也到外地出差，到林场验收木材。

工作倒是轻松，薪水也可以过得去，但这种“混日子”的工作使陈俊武感到空虚和不安。他四处托人找门路，总想敲开高雄炼油厂或糖厂的大门，但一次次的努力均成泡影。

陈俊武的母系家族在台湾有多位亲戚，祖父也曾在台湾当过私塾先生，也有一些所谓世交故旧。初到台湾，遵照母亲的建议，他在空闲时间也去拜访了几家。好在同住在铁路局公寓里的还有几个北大的同学，下班之后可以在一起聊天、吃饭，打发无聊的时光。

在陈俊武的心里，铁路局的工作只能是临时的过渡，将来从事化工专业的目标坚定不移。在漂泊动荡之中，他仍然坚持着学习。他给自己制定了严格的学习计划，每天闲暇的时间多用来看书。离他居处的地方不远，有个美国新闻处，书籍杂志很多，其中竟发现还有《化学工程》这样的刊物，下班之后，他经常到这里阅读书报杂志。他还常去附近的东亚书店浏览购买最新影印出版的化学或药学专业书籍。

台北街头，也是他经常漫步的地方。他会沿着昆明路、成都路和延平北路，一次次地踅着一个大圆圈。路边高大的棕榈和椰树绿影婆娑，在高楼和低矮的房舍之间，杂树在荒芜的园地里纠结丛生。繁华地带，店铺酒吧林立，人流熙熙攘攘，晚上更是一片灯红酒绿。但也可以看到蜷缩街头的衣衫褴褛的乞丐和隐约可见的日本

1949 年陈俊武(右二)在台湾日月潭

殖民统治时期留下的痕迹。台湾当时整体的印象，还是比较落后和贫穷，铁路局管辖的铁路，也仅仅是窄轨，车站的格局大都较小。

到台湾不久，陈俊武结识了一位名叫葛桥的朋友。葛桥系上海交通大学毕业，也在材料处工作，思想倾向进步，两人常在私下议论分析时局的变化。在葛桥那里，他还看到了不少进步书报。《中国四大家族》《官僚资本论》《历史唯物论》等等，后来竟然还找到一册毛泽东的《将革命进行到底》。他如获至宝，躲在宿舍里偷偷阅读。

1948 年下半年，中国大陆上好像正进行着一场巨大而激烈的特殊的“化学反应”。在人民解放军的进军号角和民主运动的呐喊声中，国民党反动统治正急剧“裂解”崩溃，人民革命力量迅速“凝聚”壮大，正所谓“风雨苍黄，天翻地覆”。

陈俊武没有料到，时局在短短几个月里能发生如此巨大的变化，否则，他可能就不会到台湾来了。其实，在当时，就连许多政治家们，对这半年多形势的飞速发展也估计不足。

随着大陆局势的明朗化，台湾的气氛骤然紧张，种种迹象表明，这里有可能成为国民党最后退守盘踞的基地。陈俊武惕然而惊，他意识到了局势的严重性，开始作回到大陆的计划。

但是，就在这个紧张的关头，他的母亲事先没有和他打招呼通气，突然来到了台湾。

原来，陈俊武来台之后，母亲一直在南京五姨家里寄住。1948 年底，五姨父被调去金门的铝矿工作，为了方便，决定带五姨回福州居住。最初母亲是想要和他们一起去福州的，但有的亲戚劝说她：“你去福州干什么？姐妹间再亲近，也只是亲戚。俊武在台湾，你应该跟儿子在一起才是正理。”母亲觉得这话有道理，因时间紧迫，也来不及和儿子通信商量，就立即决定动身来到台湾。

母亲来台湾后，和多位久违的亲戚见面，显得分外高兴，但却为正在悄悄准备回大陆的陈俊武增加了压力。

葛桥已于 1949 年 3 月回到上海，陈俊武本来打算和同学巢立人一起回大陆，并且预订了去上海的船票。当时物价飞涨，再加上时局紧张，船票昂贵。为了积蓄路费，陈俊武又勉强在铁路局多混了几个月的薪水。4 月，好不容易买到了赴沪的船票，定于 24 日启程。但由于国共谈判最后破裂，4 月 21 日，解放军百万雄师跨过长江，随即南京解放。惊慌中的台湾当局立即宣布赴沪船只停航。

去上海的计划泡汤，巢立人立即改道青岛而去，但陈俊武却要扶奉母亲，麻烦得多，只好另想办法。

这时他也收到了几经辗转捎来的大姐的来信。大姐和姐夫如今都在东北解放区，几经周折，才打听到他的下落。大姐责备他，怎么跑到台湾去了呢？要他克服困难赶快离开台湾回大陆。陈俊武感激大姐的关心，心里却还有几分不服气：我在最困窘的时候，你们能帮得上我吗？

母亲来台，还带来了不少行李，行动很不方便。几经权衡，陈俊武决定就近先回福州。但紧接着台湾当局又颁布戒严令，必须有证明原籍在福州者，才可以买船票，其他船只一律禁止出入港口，违者严惩。

陈俊武焦急万分，恨不得立刻插翅飞过海峡回到大陆。他找到在金融界任高官的表哥林楠，希望他能帮助想想办法。林表哥表示帮不了这个忙，却另外给他建议，不要回大陆，他可以介绍陈俊武到台湾的大学里当助教。陈俊武一口回绝，他此时回大陆的决心已坚如磐石。

但此时只有偷渡这一条冒险的路可走了。母亲来台，本来是打算和儿子长期在这里生活的，谁知刚来就要再返回福州，并且还要偷渡，开始并不同意。陈俊武为说服母亲，可谓软硬兼施，煞费苦心。另外还要打消许多亲戚们的担忧和劝阻，比如海上风浪大啊，海盗袭击危险啊，最主要的还有军事禁令，等等。看陈俊武主意坚定，一位叫王旋宇的表哥，答应出面帮助想办法找船。

3　偷渡回大陆

回大陆的准备工作是秘密进行的。陈俊武避开铁路局的上司和同事，避开特务宪兵的巡查，还要避开几个刚刚从大陆跑到台湾来的北大同学。

旋宇表哥多方打听，提出可以到基隆港那边找去福建的小货船，听说那里检查较为宽松。从 5 月 9 日到 14 日，在一周的时间里，陈俊武从台北到基隆往返多次，几经周折，终于找到一艘运糖去福州的名叫济兴号的小木船。

起初船主因担心危险并不答应，陈俊武和表哥苦苦请求，还许诺到福州后加倍付给他酬金，这才勉强应承。

5 月 18 日，陈俊武和母亲悄悄来到基隆港，谁知船主说货物还没有装完，到第二天才能开船。为了不被人发现，陈俊武为母亲安顿了藏身之处，自己又赶回台北。这天晚上，他照例还和几个同学同事在街头散步，不露声色，谈笑如常。

5 月 19 日，陈俊武又来到基隆港，在一个偏僻的港湾处，表哥王旋宇帮助找了两个民工，把 7 件笨重的行李放上小船。

傍晚时分，在暮色苍茫中，济兴号悄悄驶出了群山环抱的基隆港。

灯光闪烁，黑影幢幢的港口渐渐远去，探照灯的光柱也被墨黑的海水吸收净尽。他望着愈来愈远的海岸的轮廓，心里默默地说："再见了，宝岛台湾！"

一直忐忑不安的陈俊武松了一口气，情不自禁伸臂扩胸，像一只刚刚飞出笼子的小鸟抖动自由的翅膀。

小船颠簸起来。船主厉声喝道：“不要乱动！”

100 多个吨位的木船在波涛汹涌的大海里就像漂着一片小小的树叶。小船满载着几百麻袋砂糖，使船舷深深陷入水中。海浪时不时把浪花溅进船舱。陈俊武的心忽悠又提上来，如果途中遇上大风浪，后果真的不堪设想……

就在几个月前的 1 月 27 日，中联公司所属 2400 多吨位的太平号轮船从上海驶往基隆的途中，为逃避宵禁，于夜间航行没开航行灯，再加上严重超载，在舟山群岛海域和建元轮相撞，两船沉没，900 多人罹难。死者中有不少国民党的高官和家属，还有许多富豪和社会名流。当时这个事件震动了全球，被称为中国的“泰坦尼克号”事件。

黑幽幽的海面闪着绿色的荧光。哗哗作响的海浪一排接一排向前奔涌。低沉的马达声像老牛的喘息。陈俊武和母亲在低矮闷热而又潮湿的船舱中，度过了一个提心吊胆的夜晚。

白天的日子更为难熬。烈日烤炙，饥肠辘辘，焦渴难忍，用来充饥解渴的只有几根香蕉。还要时时担心撞上海盗或是国民党海军的船只……一只只白色的海鸥却全然不理会这些，只顾在小船上空一次次掠过，嘎嘎叫着，像唱着欢迎的歌。

20 日傍晚，前方渐渐凸起了海岸的轮廓。入夜，当明月在海上升起的时候，小船终于停靠在福州马尾港的海面上。

已经事先得到消息的舅舅从福州赶来接应，找了一条小船把陈俊武母子和行李转送到码头。第二天，他们转乘汽艇沿闽江溯流而上，开往福州。

这一天天气晴朗，阳光照射着清澈的闽江水面，浮光跃金，一片明丽。哦，我可爱的故乡，我回来了！陈俊武虽然在台湾只有不足 10 个月，却依然像阔别家乡多年的游子归来般激情难抑，此时，他双眼湿润，心中却是一片阳光。

第四章

追梦石油 长路漫漫

1 华林坊状元第

陈俊武和母亲回到福州，住进母亲的祖居故宅——华林坊状元第。

福州是东南沿海的重镇名城，特别是近代以来更是人文荟萃，名人辈出。其中最著名的是三坊七巷，这里自晋、唐时期开始，经多个朝代逐渐形成一片古建筑群，历代为贵族士大夫的聚居之地。

华林坊的状元第是陈俊武母亲的曾祖林鸿年中状元之后修建的宅第，虽不在三坊七巷，但当年也是一个人尽皆知的显赫去处。并且，当年林鸿年主持正谊书院，学生中多为三坊七巷的世家子弟，其中就有陈宝琛等人。华林坊和三坊七巷世代渊源，交谊深厚，其中最为人称道的是“三林”。

上世纪初，福州到日本的留学生中，一些热血青年加入了以推翻满清统治为目标的“同盟会”。在同盟会期间，有三个同姓同龄的青年关系密切，形影不离，时称“三林”。这三位分别是林觉民、林尹民和林文。林觉民、林尹民是堂兄弟，林则徐的后代，住三坊七巷；林文则是林鸿年的孙辈，是陈俊武母亲的伯父，住华林坊。

林文擅诗，诗风沉郁，曾以满纸忧愁抒写反清情怀：“落叶闻归雁，江声起暮鸦。秋风千万户，不见汉人家。”

1911 年 4 月 27 日，被称为辛亥革命序幕的广州起义爆发，敢死队员中就有“三林”。起义失败，林文、林尹民中弹牺牲，林觉民受伤被捕，英勇就义，留下了一封被称为侠骨柔情感人泣下的“与妻书”。三林牺牲时都年仅 24 岁，林文、林尹文皆未婚无嗣。

如今，广州黄花岗七十二烈士的纪念碑上，“三林”的名字赫然在目。

华林坊状元第大宅，原为相连的四进院落，高阶回廊，虽然气派犹在，但年久失修，已是一片苍凉。如今状元第已成了大杂院，前面几进住了很多人家，林家的后人只居住在最后边一个院落里。

早已失偶的四姨、年近四十却仍然无业单身的舅父，还有耳聋的十姨一家是这里经常的住户。不久前，又住进了从南京归来的五姨夫妇。陈俊武母子被安顿在一个十多平方的房间里。

这时候福州尚在国民党军队的控制之中，不过人民解放军旌旗所向，势如破竹，福州的解放只是迟早的事。在等待解放的日子，是陈俊武相对悠闲的一段时光。林家这几位兄弟姐妹，在战乱的岁月中竟能在老宅团聚，都颇为珍惜这难得的机会，每天都是聊天，打麻将，热闹得很。

喜欢安静的陈俊武就常常独自在室内看书，或是到附近的鼓楼大街上去仔细阅读张贴在报栏的报纸。北边不远处和贡院相邻的地方，还有一个齐天大圣庙，敬奉的竟然是大闹天宫的孙悟空，这也让陈俊武感到惊奇。

福州毕竟是老家祖籍之地，他在这里也见到了很多从未谋面的亲人。母亲还带他去看望了七姑婆、四叔母，他们住在仓前山的富人区，住宅都很考究。旋宇表哥的父亲，表伯王嘘和和大堂舅沈耀缨政治观点不同，两人一见面常常辩论，这是让陈俊武觉得有趣的场面。能和陈俊武谈天的是十姨的几个女儿，小表妹还常让表哥教她学英语。

在这一团温暖愉快的亲情洋溢的气氛中，实际上的日子却相当困窘艰苦，支撑大家开销的是已经赋闲在家的五姨父。平日的饭菜都极为简单寡味。菜食一般都是一碟海蛤蜊，一碟空心菜，偶然加点廉价的鲟鱼或咸带鱼，或者海蜇皮。母亲过意不去，也曾去变卖一些首饰之类作为补贴。陈俊武常常不到吃饭的时候就饥肠辘辘了。

8 月 17 日福州解放，好像基本上没有什么大的战斗，国民党军队放弃福州退守厦门。

大姐和姐夫如今都在沈阳工作，多次来信要他们到东北去。东北也正是陈俊武向往的地方，他也很想早一点动身。但当时海面还被国民党的海军封锁，从福州北上只有取道陆路，可陆上交通仍未恢复，陈俊武只好耐下心来等待机会。

2　北上路迢迢

10 月 1 日，中华人民共和国宣告成立，刚刚解放不久的福州也召开了庆祝大会，举行盛大的群众游行。

一直到 10 月中旬，陈俊武终于找到一辆装运货物的卡车，同行的还有一位干练的李先生。此行经过的闽西北一带路况很差，社会秩序尚不稳定，听说还有土匪出没。陈俊武不顾亲人们的劝阻，决定出发北上。

10 月 13 日，陈俊武告别福州的多位亲人，登车上路。他以 3 万五千元，折合 6 克黄金的价格，为母亲买了司机旁边的位置，自己和李先生则蹉伏在车篷下面的货箱上。

道路坎坷不平，左右摇晃上下颠簸，坐在货箱上非常难受，陈俊武紧紧抓着车篷上的铁栏，默默地感受着一次新的体验。

卡车沿着闽江旁边蜿蜒的山路行驶，有时还要经过河石遍布的河床，遇到残破的木桥，就需下车步行。一直到夜里 9 点多钟，他们才赶到古田县城，在一家小旅店过夜。

第二天的行程更为艰难危险。天阴沉沉的，后来又下起了小雨，道路湿滑泥泞。路上不时遇到沟坎或深坑，就需要停车用石块填平。陡峭的山坡上，长满了密密的竹林，白茫茫的浓雾笼罩着峡谷边蜿蜒盘旋的公路。卡车开足了马力，吼叫着爬上一个个高坡，又转着圈下山，刺耳的刹车声响令人心惊。在一个转弯处，路边撒满了纸片和杂物，显然是刚刚出过事故的现场。

一直到下山之后，陈俊武悬着的心才放下来。平地的道路依然难行，在建瓯城外，他们需下车步行涉过一个泥潭，乘小船，过木桥，才进入建瓯城内。在一家简陋的小旅馆里，他们只能在躺椅上半睡半醒地过夜。

从建瓯到建阳，再从建阳到崇安，这一段路程需穿过武夷山。武夷山风景秀丽，苍翠的山峰形态奇异，碧蓝如玉的崇溪水在山谷间流淌，河岸的芦苇芦花正白，随风摇曳。陈俊武对家乡的武夷山早有所闻，却没想到在这趟旅程中和它邂逅。虽然山间的道路依然坎坷泥泞，但山中的风景让他的心境好了许多。

崇安县城的街道全是用石板铺设，旅馆的设备和服务也堪称优良，就餐时菜肴丰盛，还价格低廉，这给陈俊武留下了美好的印象。

从崇安西行不久，就过了闽赣边界，进入江西省了。再往北去不远，就是江西的上饶县。这里是浙赣铁路的过往车站，陈俊武和母亲终于可以和折磨了他们一路的卡车告别了，当然还有对司机和李先生的感谢。

从上饶坐火车东去抵达杭州，然后再转车到上海，住到了九姨的家里。去年7月从这里出发，到现在已过去了1年零3个月，其间竟经历了那么多的风雨坎坷，那么多的危险艰辛。这时候的陈俊武，感慨之余还暗自庆幸，因为在这一年多的时间里，他在这个特殊时期的“社会大学堂”里，确实获得了很多新的知识和感受，这就是人们常说的“阅历”吧。

也许是过于劳累和疲惫，也许还有高度紧张的心情突然松弛下来，陈俊武病倒了。

先是发烧，火烤一样的发烫，接着又是冷，像突然掉进了冰窖，浑身发抖。原来是染上了疟疾。九姨赶快把他送进了医院，陈俊武在冰炭交替的折磨中昏睡了几天，病情才慢慢减轻了。已经58岁的母亲虽然也一样经历风雨劳顿，身体却安然无恙，这让躺在病床上的陈俊武感到庆幸和欣慰。

这场病让陈俊武又在上海多耽搁了10多天，一直到12月初才离沪北上。先到北京稍作停留，又去看望了大哥和三叔，还有一些亲戚和朋友。这时候的北京城已成为新中国的首都，虽然百废待兴，可到处都洋溢着新的气象，人们的心情也都轻松愉快，充满了对未来生活的期望。

12月中旬，陈俊武和母亲终于坐上了从北京开往沈阳的火车。到达沈阳的时候，正是天寒地冻的隆冬，但亲人团聚的气氛却温暖炽热。亲人久别重逢，其中还有那么多的坎坷曲折，自然述说不尽，相对唏嘘。黑暗年代，家国不幸，逝者已矣，生者努力。为建设新中国而努力奋斗吧，这是全家人共同的愿望。

陈俊武与母亲、大姐陈舜瑶和姐夫宋平一家(1953年北京)

陈俊武心中充满了感慨。回望自己一年多来的经历路线，如果计算里程，最少也要超过4000公里，那就是8000华里了。但这岂可仅用“八千里路云和月”来概括？虽然中间有些许冒失和草率，也遇到过令人后怕的风险，最后毕竟平安归来。已经“读万卷书”的陈俊武，却在一个烽火战乱、社会鼎革的岁月里，完成了“行万里路”的实践，这其实是他“无心插柳柳成荫”的重要收获。这一次远行使他多侧面多角度地了解熟悉了社会，提高了自己独立应对处理各种环境事件的能力，也锻炼了自己吃苦耐劳坚毅刚强的品格。这一段经历使他在以后的人生道路上获益多多。

3　追梦石油到抚顺

东北是当时中国重工业最集中的地方，很多化工企业也都在恢复生产，急需各类技术人才。沈阳是东北最大的工业城市，工作和生活条件相比之下也最为优越。陈俊武的不少北大同学和校友也多在一些化工企业工作。当时大姐和姐夫在沈阳分别担任省总工会及省团委领导职务，大家都以为，陈俊武留在沈阳工作，是顺理成章的事，既可发挥自己的特长，也能和母亲家人在一起，生活上会更为舒适愉快。

但是，陈俊武的想法出人意料，他坚持要到抚顺去。

他还惦记着当年他和同学们在抚顺参观过的那个煤制油的工厂，决心投身石油加工工业的梦想也一直萦绕在他的心头。

当年从抚顺返校之后，陈俊武曾写了一篇散记《抚顺行》，他以优美的文笔描写了在抚顺的所见所闻，特别是炼油厂的感受，表达了将来学成之后欲到抚顺投身石油工业的愿望。他在文章结尾写道：“我将永远对抚顺怀着眷恋，抚顺留下了我美丽的梦……”

这一次他跋山涉水千里迢迢而来，心中一直暗藏着一个目标，就是到抚顺的炼油厂去，他要追逐自己的梦想。

陈俊武深深眷恋着的抚顺，和名城沈阳相比，不过是雍容高雅的贵妇人身边丑陋的“灰姑娘”。抚顺是东北最大的煤炭基地，素有“煤都”之称。抚顺煤矿的采掘历史可以追溯到西汉，但大规模的开采是在1905年日俄战争以后。打败了俄国人的日本人强占了中国的抚顺，他们在疯狂掠夺煤炭资源的同时，又建造了机械、炼钢、炼油等各类工厂。浑河岸边的这个荒凉的小镇，随着侵略者不断膨胀的野心畸形发展起来，很快成为东北工业重镇。

1937年才设市的抚顺，年轻而肮脏。煤尘和黑烟覆盖着大地，笼罩着天空，到处都是黑乎乎、灰蒙蒙的，空气中经常飘散着呛人的煤焦油的气味。当年陈俊武和他的同学们到达抚顺的当天，白衬衣领子就黑了一圈……

解放初期的抚顺人造油厂一角

但是，“灰姑娘”却以自己特有的魅力深深诱惑着陈俊武。陈俊武以事业为重的选择得到大姐和姐夫的赞赏，母亲最后也支持了他的决定。

已经担任东北总工会副主席的姐夫给抚顺矿务局的局长写了封介绍信，等不到过新年，12月下旬，陈俊武急匆匆乘火车赶到抚顺，在漫天的雪花中，他坐一辆马车来到矿务局招待所。

第二天，陈俊武早早就来到矿务局机关报到。人事处长是一位女同志，看陈俊武是一介文弱书生的模样，又是北京大学化学专业的，就说："你去重机厂化验室工作吧，工作轻松，环境也干净。"

陈俊武连忙说，自己学的是化工专业，应该到工厂去，具体就是第二化学厂。女处长起初很不理解，觉得这个年轻人怎么这样奇怪，两份工作的优劣差别不是明摆着的嘛！经陈俊武再三解释，最后似乎听懂了他的意思，同意他去那个又脏又破的第二化学厂。

由于第二化学厂在战争岁月遭到严重破坏，部分设备腐蚀、冻坏，只有制氧系统维持生产，其他主体设备尚处于保管状态。一直到 1950 年 1 月，工厂修复的消息传来，在工业处焦急等待的陈俊武才终于来到第二化学厂正式报到。

第五章

才华初露 煤都之恋

1 心有石油千千结

1950年1月，陈俊武来到第二化学厂的时候，看到的仍是荒凉残破的景象。机器设备残缺不全，锈迹斑斑，厂区内还有一片片枯黄的杂草在寒风中瑟瑟发抖。

这爿工厂在建立至今的短短十几年里，管理者数易其手，背后迭印着历史的风云。1928年，日本侵略者在掠夺抚顺的煤炭资源时，发现抚顺煤质优良，适于“液化”制取石油。经过一番研究筹划，于1936年开始兴建石炭液化厂，1939年建成投产，拟采用德国的煤高压液化加氢技术制造汽油和柴油。1945年，日本投降，工厂停产，部分设备被拆毁。1946年3月，国民党政府的资源委员会接收工厂，改称第二化学厂。1948年10月31日，我东北野战军十二纵队独立十师解放抚顺，第二化学厂由抚顺煤矿临时委员会接管，并开始按照专家的评估意见对工厂进行修复。

陈俊武坚持到抚顺，到第二化学厂，盯着的就是“石油”。他的心中，有个深深的石油情结。在北大读书期间，陈俊武就收集研究过中国石油工业现状和历史的资料。

中国是世界上最早发现和使用石油和天然气的国家。《易》有卦辞曰：“上火下泽”，即是说湖泊池沼之上有火焰燃烧。这是全世界关于天然气的最早记载。《汉书·地理志》中记载：“高奴有洧水可燃”，此为1800多年前对石油的最早的文字记载。汉朝的《后汉书》、晋朝的《博物志》、南北朝时的《水经注》都更为具体地描述了石油的性状。宋代大科学家沈括在《梦溪笔谈》中说：“石油至多，生于地中无穷，……此物后必大行”。这是文献中第一次出现“石油”的名称，并一直沿用至今。

但是，腐败反动的统治者践踏和亵渎了我们民族的智慧和历史的辉煌，近代以来，中国逐渐陷入积贫积弱、国势颓萎、任由外国列强欺凌掠夺的境地。

石油在国民经济和国防上占有极为重要的位置，其重要性如同人们身上流动的血液。中国当时的石油资源量和探明石油储量都很少，多年来一直戴着石油资源缺乏的“贫油国”的帽子，石油工业基础也极为薄弱落后。解放前夕，全国只有抗战时期发现的玉门油田和当时已生产的延长油田。全国年产原油包括人造石油在内仅有 12 万吨，中国石油消耗量的百分之九十依靠进口“洋油”。

新中国成立之初，汽油极为匮乏，面对帝国主义国家对中国的封锁，只能从苏联进口一部分，这远远不能满足需求。那时的汽车很少，许多汽车的燃料要用酒精代替，后来又一度改用煤气。北京街头行驶的公共汽车，车顶都背着一个大煤气包，臃肿而丑陋。

石油！石油！新生的共和国急需这些黑色的血液输入生机。

急国家所急，急国家所需，陈俊武决心投身其中的，就是为新中国造血的事业。

2　人造石油厂的新生

为了尽快解决能源短缺的困难，改变我国石油工业落后的状况，解放初期，中央对人造石油的开发投入了很大力量。

1950 年 3 月，东北工业部批准成立抚顺第二化学厂修复委员会，工业处长褚志远任主任，顾敬心任副主任兼总工程师。4 月，中央燃料工业部在第一次全国石油工业会议上，确定了“石油工业要天然油与人造油并重”的建设方针，并将抚顺第二化学厂改称人造石油厂，增加投资，着手进行大规模的修复和扩建。

曾参与前期考察，后又担任总工程师重任的顾敬心，是人造石油厂修复工程中的核心人物。

顾敬心是江苏省南汇县(现属上海市)人，原名裕国，字局仙。1928年毕业于中央大学化学系。1934年获德国柏林工业大学工学博士学位。1937年抗日战争爆发，顾敬心毅然辞去德国拜耳氮肥公司工程师的高薪职位回到祖国。历任昆明同济大学化学系教授兼系主任、昆明黄磷厂厂长兼总工程师、南京中央大学教授、南京国民党政府行政院资源委员会业务委员、糖业组长等职。

顾敬心是一位正直爱国的化工专家。1949年全国解放前夕，顾敬心毅然拒绝了国民党当局一再催促要他去台湾继续任职的邀请，坚决留在大陆。出乎他意料的是，从未和共产党打过交道的他，在上海解放的第二天，就被新政府委任为华东重工业部化工处的工程师，后来还被特邀参加开国大典。

从共产党人身上，顾敬心看到了国家和民族的希望。这次奉调来到东北，他下决心要大干一场。

作为中国化工行业的元老级人物，顾敬心利用他的威望和人脉资源，立即从全国各地选聘了16位工程师，其中有4位是从侯德榜先生的永利合成氨厂挖来的。另外又从中央大学、浙江大学、交通大学、北京大学和清华

1984年陈俊武与石油化工界的老前辈、抚顺设计院首任院长顾敬心(右)在洛阳

大学选聘了20多位优秀毕业生，再加上原厂的部分技术人员，组成了60多人的技术团队。所谓风云际会，经数千里风雨跋涉，奔着“石油”来到抚顺的陈俊武，正好赶上这个时机，成为这个团队中的一员。

1950年7月11日，全厂召开了隆重的人造石油厂修复工程动员大会，提出了1年内完成修建任务，1951年秋季投产的目标。

顾敬心在大会上讲话，豪情激荡，鼓舞人心，他最后的表态别开生面，他说：“这个项目搞不好，我就不刮胡子！”果然，以后日夜忙碌操劳的顾敬心颌下须髯渐长，却从来不刮不理，本来才40多岁正值中年，渐渐变得胡子拉碴，形象更像一位“元老”。

这次人造石油厂修复工程的目标，是改变原来日本人用煤糊进行液相加工的工艺路线，采用抚顺页岩轻油为原料进行加氢，以生产汽油、煤油等产品。

1909年，抚顺在建设煤矿矿井时发现了油母页岩。1920年探明储量约54亿吨。抚顺页岩属于含油率不高的贫矿，但覆盖在煤层之上，是露天采矿的剥离层，炼油后的废页岩又是井下采煤充填的好材料。总体来看，抚顺页岩成本低，炼油成本也低，仍然具有开采和加工价值，因此开发了抚顺式页岩干馏炉生产低品位的页岩油。

人造石油厂在修复工作初期，老工程师们根据个人的经历和专长，分工主管有关车间的修建。年轻的大学生们先是集中在一起，共同学习，相互交流。1950年末，工厂对年轻人们也作了分工。分工采取自报公议的方式，首先由个人提出要求，然后讨论后确定。加氢车间是工厂的核心，自然就成了许多人争取的目标。陈俊武却选择了设备和工艺相对简单的变换车间，他当时的想法是，这样的环境可以挤出更多的时间去其他车间学习。

最初，年轻的技术人员是配合老工人熟悉和检查设备，学习工艺流程中的各种知识。陈俊武很快发现，书本上的内容和现场的资

1951 年陈俊武(后右三)与原抚顺人造油厂的技术人员

料有相当大的差距，自己原有的知识在工作中远远不够。必须利用现场的有利条件向老工人和技术人员虚心请教，充实自己，同时也要对没有学过的其他专业知识，如机械、设备、材料等，抓紧时间学习补课。

1950 年 6 月，就在人造石油厂修复工程开工不久，朝鲜战争爆发。10 月，中国出兵朝鲜，抗美援朝战争开始，东北局势骤然紧张。当时有一种意见是考虑把辽宁省的部分工业设施向北搬迁，靠近苏联，其中也包括刚开始修复的人造石油厂。顾敬心认为大型机械设备很难拆迁，拆迁过程中也会造成很大损失，他表示明确反对。上级最后接受了他的建议，修复工作继续进行。顾敬心大声疾呼，要坚守岗位，不当逃兵！加快修复，早日投产，就是用实际行动爱国，为抗美援朝作贡献。

战争的阴云的确曾经笼罩在东北上空，这对每一个人都是一个考验。厂里也真有一些人找借口开溜。陈俊武一直坚守在自己的工作岗位上。

在变换车间，还有来自浙江大学的李灿昭和来自重庆大学的陈恕美和陈俊武一起工作。他们三人的任务是研究处理修复工作中的一个主要技术问题，即库存变换催化剂(当时叫变换触媒)能否使用。在厂留用日本专家森川清的指点下，他们用紫铜管制作了加热器和反应器，用甲醇分解制造一氧化碳，通过试验证明了库存催化剂活性仍然较好，可以使用。

面对新的课题，勤于动脑思考的陈俊武多次抽空到矿务局图书馆查阅资料。他发现一氧化碳变换的理论——如热力学和动力学都大有可为，对指导催化剂的评估十分必要。同时他也发现了自己的不足，比如李灿昭动手能力就比自己强，在自己有畏难情绪的时候，陈恕美能主动承担技术外调任务，在这些方面都应该向他们学习。认识自己的不足，虚心向周围的人学习，这是陈俊武从踏上工作岗位开始，就给自己定下的人生基调。

1951 年 7 月，全厂修复工程完成，进入开工阶段。水煤气炉首先开工，产出煤气。陈俊武由于在脱硫槽前和工人一起检查“泰森洗涤机”时滞留的时间较长，泄漏的水煤气含一氧化碳，致使陈俊武中毒，出现了头晕恶心的症状。所幸程度较轻，在宿舍休息一夜，第二天他不顾劝阻就又正常上班了。

陈俊武参加了开工的倒班，现场主要是金工程师和几位老工人在操作，变换车间的开工十分顺利。

人造石油厂修复工程全面完成，工厂正式开始生产，这个历经沧桑的老工厂焕发了生机和活力，获得新生，成为新中国第一个人造石油的工厂和基地。

3 革 新 记

正常开工后不久，陈俊武不满足于日复一日地上班下班，他觉得应在工作实践中有所作为。

他在倒班中仔细观察后发现，蒸汽和水煤气的混合主要由蒸汽喷射器完成，喷射器的抽力很大，不需要让全部蒸汽通过。他结合现场情况，在一本书中查找到化工原理中讲解的高速气流理论，这样就可以计算喷射器的抽力。通过计算，陈俊武觉得若充分发挥抽空器的潜力，车间的水煤气鼓风机就在不供电的情况下也可以运行。他利用自己值班的时间，和工人班长商量做操作试验。首先关闭蒸汽旁路，全部靠抽空器，发现鼓风机在停止供电的条件下仍能自动旋转(风机无旁路，不能停运)，车间其他设备也都运转正常。这样停止供电，一台鼓风机一个小时就节省了25度电，两台鼓风机，就是50度，占全车间用电量的一半。

当时全国都在推行增产节约运动，陈俊武的这项技术革新在全厂开了先河，也成为轰动一时的新闻，受到厂里的通报表扬。后来在压缩车间工作的浙江大学毕业的俞培松也搞成功了一项革新，厂里对两个人都给予了物质奖励。当时奖品很特别，每人1匹布(1匹布是10丈，100市尺，合33米)，陈俊武当时又是单身，要这些布做什么呢？他干脆把奖品都让给了那位已经成家的同事。

这是陈俊武在人生之路上的第一次带有创新意义的行动。这次革新取得了成功，在受到领导和同事们赞扬的时候，他却有着自己的反思。他庆幸自己遇到了风气清正激励进步的社会和单位，也遇到了开明的领导。当时车间的负责人是金一英工程师，是从永利公司来的，已有10多年的工作资历。陈俊武因为担心他不同意，事先没有给他汇报就擅自行动，按说是不合规的。但第二天陈俊武找他汇报，请他来车间给他详细说明解释。金主任对他不仅没有责备，还向厂里为他请功。

这次革新成功之后，陈俊武在厂里开始小有名气，不久就被调到生产科，接着又接受了一项新的任务，就是把蒸馏车间切割出来的汽油馏分进行稳定化处理。

蒸馏是石油加工过程中最初的工序，就是通过加热使原料中的馏分油按照沸点的顺序由低到高分离出来，先变成气相，随后再把气相物流冷凝冷却成液相产品，从蒸馏塔里分割出来。这样人们便可以按照沸点的高低把原料油切割成若干部分，得到一系列具有不同沸点范围的产物。因为这些产物大多还不符合对石油成品油的规格要求，所以通常只能叫做"馏分或馏分油"。所谓对汽油馏分稳定化，就是除去其中的液化石油气成分，以便生产闪点合格的汽油产品。

陈俊武首先对蒸馏车间的设备和运转情况进行了细致的观察和了解，他发现蒸馏加热炉炉管按单管程布置，汽化后流动阻力大。正巧不久前他买到一本俄文版《加热炉计算》的小册子。尽管他当时还不懂俄文，但因为熟悉专业，还是大致能看懂炉管内油品边加热边汽化的计算公式。他设想，如果把炉管分为两管程，那么压降就大为降低，处理能力随之提高。他把自己的想法向车间提出建议，车间很快采纳并改造实施，蒸馏车间的加工能力因此而提高了20%。

20世纪50年代初，是一个朝气勃勃的年代，也是一个崇尚先进的时代。两次技术革新的成功，使陈俊武在青年科技人员中脱颖而出，成了厂里的新闻人物，这个钻研肯干爱动脑子的年轻人自然也得到领导的赏识。紧接着，厂里又把汽油稳定化装置的设计任务交给了他。

当时他手中没有标准规范，也没有参考资料，只好边计算边摸索。对液化石油气的处理，使用一般的泵很容易抽空，他觉得只有提高高度才能够解决问题。他花费了很多时间和精力，甚至为此专门建了座十几米高的小楼，把普通的泵放到上面。最后装置建成，效果却并不理想。后来他才了解到，当时的石油工业设备中已有解决这个问题的液化气泵，他不知道。

对这次不成功的设计，领导们并没有表示出多少批评的意思，创新嘛，走走弯路也属正常。但陈俊武却很内疚，很长一段时间，他都在对自己严厉地反思自责。

三次革新实践，是陈俊武从事科技创新的起点。陈俊武没有在赞扬声中飘然陶醉，也没有在挫折面前沮丧不前，他及时清醒地从中总结出了四点经验和教训：深入生产实践，细致观察，发现问题，分析解决；不能满足照搬大学所学，应结合已有基础理论根据需要快速补充专业知识；要开阔眼界，多走出去调查研究，掌握更多的信息；技术工作需多方合作共同努力，个人能力有限，任何项目整体实施绝非个人单枪匹马能够完成。

善于思考和总结的陈俊武，在20多岁人生事业的起步阶段就形成的这种理念，十分及时也十分必要。这可谓他以后一生从事科技创新事业的思想基石，也是他一次次取得成功的秘诀和钥匙，这个理念后来随着岁月的积累不断丰富，但基本的原则和精髓始终没有改变。

4 青春的交响

1952年9月，第二化学厂又改名为石油三厂，并从抚顺矿务局划出，归属东北石油工业管理局。

在石油三厂，陈俊武最初在厂生产科任总值班。1954年，开始担任设计室副主任，负责制订全厂的发展规划和扩建项目机械土建的初步设计。这一年，他27岁。

当时厂里专业技术人员不多，年龄也偏大，还从各车间借调来有工作经验的技术员参与。做工厂有关的工艺设计计算，需要详细物性数据和众多化验分析数据，正规设计院也未必齐全，何况这个从零开始的厂设计室。陈俊武和同事们辛苦工作了一年多，扩建项目未得到上级批准，只开始兴建一套年加工规模为15.5万吨的南蒸馏装置，但这两年的设计实践为陈俊武增加了许多感性的认识，如同大战之前的一次实兵演练。

1954年，陈俊武先后被评为厂级和抚顺市劳动模范，并且于1956年4月光荣入党，成为中国共产党的一名预备党员。

石油三厂地处浑河岸边的郊区，开始因住房紧张，厂里只给已结婚的人分配住房，单身汉们只能住在距离厂区10公里外的市区矿务局南寮单身宿舍。大家上下班都要匆匆赶去乘坐矿区的轨道电车，还要随身带着装午餐的饭盒。这种电车车厢内设备简陋，无座椅，区间经过5站，大约需要20多分钟。

一直到1952年底，工厂附近的单身宿舍楼建成，单身汉们才搬进新居，三个人一个房间。聚在一起的年轻人们也会在紧张的工作之余寻找乐趣，聊天打牌，弹琴唱歌。从周一到周六，每天的晚餐是轮流值班自办伙食，厂方派一个厨师，菜蔬和副食要去街上自主采购。

陈俊武一直是单身宿舍楼这个青年群体中一个普通的成员。

在他事业的起点，已经有了许多荣誉、鲜花和掌声，这对于一个刚参加工作不久的青年人来说，是一份殊荣，也是一种考验。陈俊武没有飘飘然，昏昏然，他很清醒。他要努力争取创造的，是工作事业上的卓越和优秀，而在生活上，他只想做一个普通的人，朴素的人。

他同时仍然保持着自学的劲头和习惯。在生产科担任总值班，分为白班和夜班，任务是去各车间检查值班情况，汇总写值班记录。有事向领导报告，一般不处理具体问题，可利用的时间相对较多。陈俊武利用这一段时间开始下功夫学习俄语。他在书店买到了一本英文版《自学科技俄语》，这是为懂英语的读者快速学习俄语而编的一本书，非常实用。它将俄语的动词词尾变格巧妙地编成英语的口诀，便于记忆。他利用这本书自学一段时间之后，感到收获很大，可以借助相近的科技词汇，粗略看懂俄文科技书了。抚顺市新华书店外文部出售俄语科技书籍，价格也不贵，陈俊武是这里的常客。苏联科技图书的特点是强调实用，计算方法具体详尽，因此书的品种远多于西方。陈俊武对这类书籍很是喜爱。后来，石油部在北京举办俄语学习班，陈俊武被厂里派去学习一段时间，因为有自学的基础，这次专业的进修使他的俄语水平又有了较大的提高。在20世纪50年代中期，陈俊武的俄语已经基本过关，可以看懂俄文专业书籍了。

当时，人造石油厂的朱宝玉工程师毕业于同济大学，掌握德语。陈俊武很想多了解德国人的人造石油技术，也想学习德语。为此他发起组织了业余德语学习班。开始他的积极性很高，后来随着工作担子的加重，业余时间越来越少，就没有坚持到底。那时候，陈俊武已经能够阅读英、日、俄三种外文专业书籍，就没有为学德语再投入更多的时间和精力。

2008年陈俊武(左)与朱宝玉在洛阳

初到第二化学厂工作那两年，陈俊武的大姐和姐夫都在沈阳，母亲也随他们一起生活。每逢星期天，他经常坐火车去看望他们。后来大姐和姐夫调往北京工作，母亲也随他们去了北京，星期天的时间只有自己打发消磨。他不爱去别人家串门造访，一来不想打扰别人，二来也是自己喜欢独处的性格使然。于是，他和单身楼一楼的图书室又深深结缘。人们发现，有一个时期，他大量借阅的书籍不是科技类的专业书，而是文学书籍。

其实，作为出身于书香门第的陈俊武，耳濡目染，自身已经具有较深的文学修养，中国古典四大名著他也都读过。他在中学和大学时代写下的日记和文章，叙述清晰，用词准确，并且还蕴含着淡雅优美的韵味。不过他那时专注于专业，没有时间阅读外国名著之类的"闲书"。

他认为，搞科技的不能是只懂科技，要了解社会，也要懂点文学，这也是人的学识的一部分。否则，在社会交往中就真成了书呆子。他要利用单身生活相对充裕的时间，"补一补文学的课"。

那时候，外国文学中翻译作品最多的是俄罗斯文学。高尔基、托尔斯泰、普希金、契诃夫、屠格涅夫、陀思妥也夫斯基，《战争与和平》《安娜·卡列尼娜》《铁流》《毁灭》《静静的顿河》《猎人笔记》，等等。作家对于俄罗斯优美风景和社会风情的精彩描写，主人公们曲折沉浮的命运，还有蕴含其中的深邃的人生思考，常常使陈俊武沉醉其中。有意思的是，陈俊武还真的和文学有缘，他的两位入党介绍人中，有一个叫严文模，他正是著名现代作家严文井的弟弟。严文井著述颇丰，后来还担任过《人民文学》的主编。

陈俊武阅读的这些名著中不乏关于爱情的经典描写。男大当婚，女大当嫁。窈窕淑女，君子好逑。可是，正值青春年华的陈俊武的爱情在哪里呢？

最初，痴迷于工作和学习的陈俊武真的没有操心这种事，他是打算晚婚的。但到后来，他发现单身宿舍的人越来越少，年龄相仿的同事们多已结婚成家，他真的成了未婚大龄青年。没有家室，的确也有许多不方便。不少同事也在关心他的婚事。那么，就找个对象吧。

但是，在石油三厂，特别是在年轻的科技人员中，女性很少，并且多已结婚。陈俊武基本上也没有什么社会交往，在他的生活圈子里，和年轻女性几乎是绝缘的。

可是，正所谓“千里姻缘一线牵”，婚姻中充满了许多玄妙奥秘和不可知因素的“缘”。这时候，有一根红线正悄悄地把陈俊武和一位姑娘连接起来。

在抚顺矿务局医院，女性医护人员较多。石油三厂有人和医院有联系，曾介绍了一个女医生给自己的同事，双方满意，皆大欢喜。有位同事热情有加，给陈俊武郑重介绍了一位姑娘，说她人品好，工作也好，如何如何。陈俊武答应相处一段试一试。

姑娘姓吴，名叫凝芳，小陈俊武两岁，原籍山西汾阳，是20世纪50年代从重庆护士学校毕业分配到抚顺工作的，现在是矿务局医院的护士长。吴凝芳的父亲是山东齐鲁大学毕业，学财经。她小时候曾在上海读小学，抗日战争时期又跟随父亲在重庆度过，虽在战乱时期，论门第，她也算大家闺秀之列吧。

初次见面，两人互有好感，印象都不错。那时候男女谈对象，女的和男的见面都要再带上自己的闺蜜，叫“电灯泡”。

石油三厂在郊区，矿务局医院在市区，相距十几公里，来往的交通要坐五站摩电轨道车，星期天好不容易约会一次，却总有“电灯泡”在一旁照着。两人的谈话公开透明，没有私密可言，工作啊，学习啊，都是很政治很进步的话，和开会的发言差不多。虽然也都是真心话，但是谈恋爱好像不是这样子啊？这种情形让陈俊武感到迷惑，也觉得别扭。

一直到吴凝芳的闺蜜随未婚夫调到外地，这种一直有“第三者”陪伴的见面方式才结束。两人相处久了，互相的了解也逐渐加深。

按说，陈俊武当时在抚顺已有相当大的名气。他是厂里的革新能手，厂级和市级劳动模范，1956年又被评为石油部的劳动模范，赴北京参加了石油部先进工作者会议，还享受到北戴河疗养休假的荣誉。年纪轻轻，已经担任了厂里的中层领导职务。劳动模范和共产党员，在上世纪 50 年代，这种称号是很多年轻人追求的人生目标，这种荣誉光彩也应该让许多姑娘们敬佩倾慕。

但是吴凝芳似乎并没有表现出特别的热情。她对陈俊武的人品才华从心底佩服赞赏，就是不擅用语言来表达。说拘谨也好，说矜持也好，总之她就是这么个人，朴素、真实。但在工作上吴凝芳却是个很要强的人，认真、敬业，上进心强。时间久了，从理解到接受，陈俊武逐渐也适应了和她相处的方式。如果按化学工程的术语，他们的恋爱算是一直在“常温常压”下进行，没有炽热的高温阶段，也没有太多的波澜起伏。其实，这种男女交往中的拘谨心态，正是那个年代的人们共同的心理特征，很多人都有类似的经历。

1957 年底，陈俊武和吴凝芳结婚。那时候的结婚非常简单，也没有什么特别的仪式，石油三厂的老同事们帮助张罗。同时结婚的有四对新人，大家聚在一起在一个饭店吃了一顿饭，在一块红绸布上签上名字，合影照相，于是大礼观成。

2013 年 7 月陈俊武与老伴吴凝芳在洛阳家中

古语云：三十而立。从 1952 年到 1957 年，从 25 岁到 30 岁，这是陈俊武人生中一个很重要的阶段。陈俊武在追求进步，革新创造，努力学习，奠定事业基础的同时，也以开放的视野和心态，为自己的青春增加了缤纷的色彩。就像一部交响曲，其中既有第一乐章的快板，也有第二乐章的徐缓，既有第四乐章的急速回旋，也有第三乐章的轻松诙谐。对陈俊武来说，这几年演奏的，正是他风华正茂的岁月里的一部青春交响曲。

第六章

一路风雨 设计新篇

1 开篇：抚顺设计院

1956年以前，石油工业部仅在北京、东北和西北地区有少量分散的设计队伍，在北京成立有设计管理局。后来由于其人力有限，不能满足新中国炼油工业建设的需要，石油工业部相继在北京、抚顺、广州等地建立了炼油设计院。1956年4月，石油工业部发文批示，批准建立抚顺固体燃料设计院；10月，石油工业部发文更名为“石油工业部抚顺设计院”，由石油部设计管理局直接领导。

抚顺设计院的主要任务是从事人造石油工业项目的工程设计和炼油技术的开发。人员从原抚顺石油一厂、二厂和三厂以及锦州石油六厂设计室的技术人员中抽调，还有北京设计院的部分有关人员以及拟建的广州设计院的人员。顾敬心受命担任副院长、代理院长，杨洁和徐震担任副院长。

至此，新中国又一支年轻的炼油工程设计队伍诞生了。

陈俊武由石油三厂来到抚顺设计院。顾敬心在石油三厂当领导时已对这个才华出众，又谦虚好学的年轻人颇为赏识。设计院先成立8个专业室，陈俊武担任工艺室副主任，主要负责煤干馏和焦油加氢厂的工程设计。

设计院是“正规军”，但最初办公的地方却像“游击队”，先后借用市工人俱乐部和市工会的地方办公。条件简陋，生活艰苦，但大家干劲十足，陈俊武和北京设计院调来的彭世浩、曹汉昌等人开始讨论抚顺石油二厂和茂名炼油厂的页岩油加氢装置设计方案。

煤干馏和加氢都是煤化工的重要过程和工艺技术。煤干馏是指煤在隔绝空气条件下加热、分解，生成焦炭、煤焦油、粗苯、煤气等产物的过程。加氢就是把煤干馏产出的煤焦油在一定温度和压力下，通过催化剂的催化作用，使其与氢气进行反应变成柴油、汽油等产品。早在1929年，德国就用柏吉斯法将烟煤或褐煤经加氢液化制取液体燃料。抚顺建有我国最早利用煤干馏和加氢技术制造石油的几个石油厂，自然成为人造石油工业的先驱和基地。

建院之初，马卡洛夫等14人组成的苏联专家团来到抚顺，指导和帮助设计工作。

第二次世界大战期间，德国人出于战争的需要，直接法和间接法煤制油技术得到迅速发展，处于世界领先位置。二战以后，南非在美国凯洛格公司帮助下开发的间接法煤制油工业技术也有很大的提高。马卡洛夫介绍，德国作为战败国的战争赔偿中，有一座煤制油工厂的成套设备，苏联将其整体搬迁，在伊尔库斯克附近建设了一座煤直接液化工厂。为了学习借鉴，顾敬心和马卡洛夫商量，想带人去参观一下。马卡洛夫热情答应并从中牵线介绍。

顾敬心带领陈俊武、韩镇涛、张戌隆成行，谁知这个厂的负责人表面上热情接待，但只作一般介绍，就是不让进厂实地考察。这令顾敬心一行大失所望。后来顾敬心虽又去参观了古比雪夫炼油厂，其实也只是乘车走了一圈，如同走马观花，只有个粗浅的轮廓印象。陈俊武等人则直接回国。

1958年陈俊武(右一)与顾敬心(左四)在苏联考察期间与专家座谈

不过，在抚顺的马卡洛夫等几位苏联专家，还是比较热情负责。他们除了对加氢装置设计具体指导，还对国际通行的工程设计程序、设计标准和设计规范都给予教学性质的辅导。苏联的炼油技术当时在国际上并不算先进，总体上还是上世纪40年代的水平，但他们的帮助对陈俊武这些还没有接触过工程设计的年轻人们来说带有启蒙意义，获益匪浅。

1960年以后，中苏关系恶化，苏联撤回在华工作的专家，马卡洛夫一行也回到苏联。陈俊武参与设计的抚顺和茂名两个炼油厂项目，由于涉及矿区开发、页岩油产能和装置建设，工程浩大，未能按原计划实施。

不过，坐落在浑河岸边新华街上的抚顺设计院办公楼和附属设施，如期建设完成。1958年初，全体人员迁入新址办公。中国炼油工程技术大军中的一支劲旅，从这里开始书写历史的开篇。

2 风雨：反右派和大跃进

1957年的春天，乍寒乍暖。开始是党组织发动大家对党提意见，后来风向一转，变成了“反右派”。

抚顺设计院是新建单位，业务繁重，似乎波及的人不多，开始只定了一个“右派”，叫唐广逊，也开了几次批斗会。到1958年，又搞反右“补课”，并且定了指标，按知识分子人数的5%补抓“右派”，定为右派的大多要送到农村去“改造”。设计院是知识分子最集中的地方，一时风声鹤唳，大家的情绪受到很大影响。

1958年，也是轰轰烈烈的“大跃进”运动最热闹的一年。设计院也不能例外，先是写大字报，造声势。当时提的口号是要“超英越美”，为了使钢铁产量翻番，全国全民大炼钢铁。而农村实行人民公社化以后，粮食产量的“卫星”也越放越高。其他行业不管专业特点，也要大跃进，也要翻番。于是，“一番两番不算翻，三番五番是中游”的口号成为口头禅。

“大跃进“的浮夸风也刮进了设计院。为了呼应全民大搞经济建设的“小、土、群”的形式，干馏设计人员奉命去产煤地区推广“煤成堆干馏”和焦油简易加工项目，以形成“遍地开花”的局面，而不管造成多大污染。

另外还提出大搞“超声波反应”“管道化流程”的所谓新技术，以否定“塔、大反应器、高烟囱”为目标，好像超声波无所不能，管道化无所不通。在具体的设计文件处理上，竟然异想天开搞所谓“联动线”，就是在办公室的墙壁上打洞，利用滑轮和绳索快速传递资料文件。

陈俊武对这种明显违背科学精神的风气和做法，内心有强烈的抵触。因为他参与苏联专家指导的大项目设计，没有更深地陷入其中。但迫于形势，他也参加了一些活动。印象最深的一是“火烧眉毛“，二是“设计比武”。

当时设计院的后院建了一座炼焦炉，设计人员业余时间都要参加劳动。陈俊武也多次在晚饭后乘卡车去煤矿拉煤，去砖厂运砖，又装又卸，大冷天，他常常累得浑身大汗。有一次，他在炼焦炉前用钢钎出焦，炉膛火红，焦炭炽热，因离得太近，竟被烧了眉毛。这事被同事们开玩笑，说他为“火烧眉毛”这个成语做了最生动的演示。

大跃进中还盛行大比武，有一次石油部来了一位司局级的领导，要组织北京和抚顺两个设计院“比武”，实际上就是比浮夸，比吹牛。抚顺院派出自己的实力派人物陈俊武作为代表出阵。陈俊武对那些云天雾地的疯话不愿讲也不屑于当众瞎吹，急中生智，就撂了一句大话：

"我设计工厂的速度最快！一天就可以完成全部设计图纸！"

在一片惊愕中，陈俊武当场演示，他拿来一套现成的工厂设计的资料图纸，对其中目录和说明书部分简单做了修改，其他的全部"重复利用"，他解释说，重复利用现有资料是合规的，然后宣布全部设计完成。

这个别开生面的"设计大比武"，现在听起来如同黑色幽默，但当时却赢得一片掌声和喝彩，抚顺院最后胜出。

这一段日子，虽然设计工作还在进行，但这种政治大形势下的胡想蛮干瞎指挥，还是给建院之初的抚顺设计院造成了人力和时间的极大浪费和思想的混乱。

3　初战：大同煤炼油厂的设计

1959年春，国家石油部决定进一步发展煤炼油技术，计划在煤炭资源丰富的山西建设大型人造石油厂。选址和设计任务交给了抚顺设计院，陈俊武和金国干、范永才等人受命赴山西选择建厂场地。最初，他们在朔县的露天煤矿附近勘察寻找。后来山西方面倾向于建在大同，因为大同煤矿发展前景很好，交通也更为方便，最后就在大同市附近确定了炼油厂厂址。

大同厂的煤炼油技术决定从捷克引进。捷克在二战期间被德国占领，德国人曾在这里建成一座褐煤焦油全加氢工厂，二战结束后捷克称这座工厂为"斯大林工厂"。捷克当时是属于东欧的社会主义国家，对中国态度友好，以高价提供了技术资料，并派专家来指导设计，捷克专家们大多来自这个工厂。1959年7月，捷克专家组长马利、工艺专家霍弗尔、总图专家哈定三人先期到达抚顺设计院。

大同煤炼油厂初定为加工大同原煤，经低温干馏的煤焦油经液相和气相一系列高压加氢工序，计划可年产30万吨轻质油品，大量的半焦也作为产品出厂。

陈俊武被任命为大同煤炼油厂的工厂设计师，这也是他第一次领衔承担一个工厂的设计任务。应该说，这也是他的初战，是第一次。

几乎在同时，还有一个第一次也降临在他的头上。就在陈俊武接受任务的时候，他的女儿也刚刚出生。他初为人父，第一次当了“爸爸”。看着襁褓中女儿粉嘟嘟的小脸，他心中突然涌起一股幸福的柔情。可是，出生不久的女儿连续几天高烧不止，生命垂危。

都是“第一次”，都是责任，为了全力投入工作上事业上的“第一次”，他只好忍痛放下家里的这个“第一次”。妻子吴凝芳说：“你走吧，孩子有我呢！”在山西的一个多月里，音讯不通，后来他回到抚顺的时候，心中还颇为忐忑：这孩子不知道还在不在……女儿真是个争气的孩子，她用呀呀笑语迎接了自己“狠心”的爸爸。

第一步是初步设计，涉及许多全厂性问题和工艺装置的细节问题，陈俊武、金国干与霍弗尔先生几乎天天都要见面交流。哈定先生负责给总图把关，他把绘制的图纸放在走廊上大家方便看到的地方。有一次有人不小心把图纸弄脏了，顾敬心院长大发脾气，连夜派人修好，第二天照常挂出来，没有影响工作，捷克专家们都感到惊讶！

1959年是新中国建立十周年。国庆前夕，第一次全国劳动模范和先进生产者代表大会在新落成的人民大会堂召开。陈俊武被层层推选，光荣地出席了这次大会。他知道，这还与他在石油三厂时的工作有关，他认为这个荣誉也是国家和领导们对石油炼制工业工作的肯定和鼓励。

人民大会堂的庄严恢宏和金碧辉煌给他留下了深刻的印象，万人大会，掌声如雷，这使每一个与会者都感到光荣和振奋。五千人同时就餐的宏大场面也让他感到好奇和惊讶，不过也许是因为人太多，吃饭的时候，菜大都放凉了。

1960 年 2 月，初步设计文件经专家审核，提出的书面意见认为：基本满意。又报经上级审查同意后，接下来开始做详细设计，这一程序涉及众多外部条件和内部问题，要求更为详尽细致，还需要多个方面的衔接和认定。

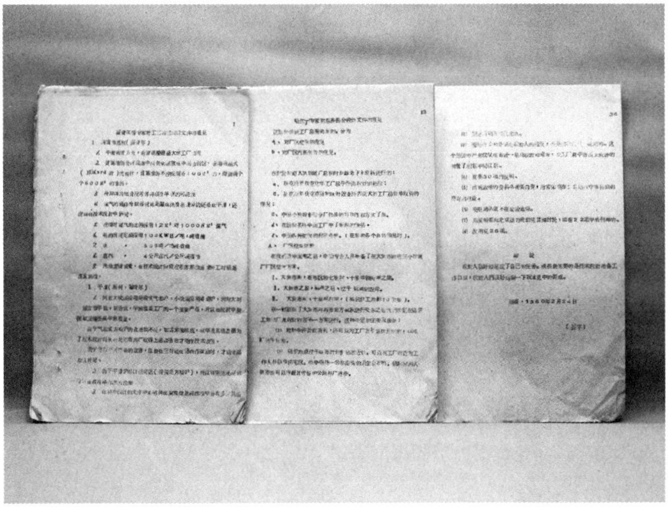

霍费尔（捷克专家）对陈俊武负责的大同煤制油工艺设计评审意见

这一次设计，对陈俊武来说是一个奇特的过程。一方面他对这次初战任务充满激情，倾尽心力投入其中，并始终保持着严谨的作风；另一方面，他作为设计院的中层干部，被要求频繁参加各种政治活动，什么大鸣大放，评比会，比武会，“新三反”，等等，对此他内心厌烦，却又不能明确反对，心中极为苦恼。好在石油部基建司的张仁司长是一位开明的领导，他要求设计人员不要受当时提出的设计要搞所谓“多合一”“一顶几”这些口号的影响，抱着对国家负责的态度，应采用成熟的技术，一是一，二是二。另外，不要请外国专家参加这些政治活动，不要给他们多说“大跃进”中的什么超声波、红外线、管道化这些所谓的新技术，他们要打听，就向他们解释，就说我们中国人很浪漫！

1960 年 11 月，陈俊武主持的详细设计终于完成，内容包括

2700张图纸和15000页文字资料，可谓洋洋大观，这也是我国首套大型煤制油工厂的设计文献。

4 转折：从煤制油到原油炼制

1959年，黑龙江松嫩平原上，一股黑褐色的油流喷向湛蓝的天空，从此改写了中国石油工业的历史。由于大庆油田的发现和随后的勘探开发，1960年以后大庆原油开始生产外运。1963年，中国向全世界自豪地宣布：我国石油可以基本自给。

但是，原油的自给不等于燃料油的自给。石油包括人造石油和天然石油，天然石油也称原油。原油是成分十分复杂的混合物，必须经过炼制加工才能得到汽油、煤油、柴油和其他产品。也就是说，真正作用于生产、交通、国防和人民生活的，是经过加工以后的石油产品而不是原油。

人造石油的成本高，产量低，其效益明显低于原油的炼制加工。因此，当中国有了自己充足的天然原油供给之后，石油部及时作出了战略调整：炼油厂设计建设重点转移到天然原油的炼制加工上。抚顺设计院的任务也转为天然原油炼制的工程设计。

1961年2月，尽管国家计委已批准了大同煤炼油厂的技术设计，但新的形势使原来的格局和技术都有了很大的调整和变化。石油部将该厂收归己有，改为加工石油的炼油厂，接受来自克拉玛依和大庆等处的原油，可生产航空煤油、高档润滑油和石蜡等，年加工规模定为40万—60万吨。基建司要求抚顺设计院编制该炼油厂的总体方案，陈俊武仍为负责人。

陈俊武颇费了一番脑筋，多次请示上级，请教有关同事，众说纷纭中，这个方案最终搁浅，未能实施。

抚顺设计院的建立、规划、机构设置和人员配备，都是围绕人造石油的业务方向，建院以后四年多来的工作也都是人造石油厂项目的设计，现在为了国家的需要，要全部转为天然石油炼厂的设计，这等于是全建制的集体转行。全院上下都感到了沉重的压力。原来主要从事原油炼制设计业务的北京设计院成了老大哥，苏联帮助设计的兰州炼油厂成了样板。面对新的变化和形势，向来不甘人后的陈俊武更是鼓足了劲，争分夺秒，奋起直追。

1961 年 3 月，陈俊武被指派为吉林扶余油田设计年加工规模 5 万吨的小炼油厂。吉林省很重视这个项目。陈俊武带小分队去现场两次，认真做了初步加工方案，并和油田的技术领导反复讨论，说实在话，他自己，也包括当时参与的人心里都没有谱。在当时的条件下，又能到哪里找到这个“谱”呢？那就只好做第一次吃螃蟹的人。

后来，院里来了通知，让陈俊武去“劳动补课”，扶余油田项目让他转交给龙厦才负责。

1958 年“大跃进”和“人民公社化”运动之后，是连续三年的严重自然灾害，当然其中也有严重的政策失误，造成全国性的粮食严重短缺，设计院的正常工作受到影响。为了解决吃粮困难，很多单位都办起了农场，抚顺设计院在沈阳市苏家屯办了农场，各部门都要抽调人去劳动。陈俊武因为参加大项目设计，参加劳动的时间比别人少，这次是专门让他来“补课”。

当时流行的关于“劳动”的概念，存在着很多悖论。毛主席曾说过，我们的教育方针，是培养有社会主义觉悟有文化的劳动者。但在社会实践中，对“有文化”的知识分子们的工作，比如教书、科研、写作之类，似乎不算“劳动”，只有不需要多少文化的体力劳动才是劳动。还有，口头宣传的是“劳动光荣”，但人们一旦犯了错误，不光荣了，就必须去参加带有补课性质的体力劳动。

陈俊武他们这一班8个人，在农场干铲地、除草、间苗这一类农活。他对这类技术含量并不高的活计，真的不在行，笨手笨脚，但他很认真，整天累得满身大汗。

陈俊武本来做好思想准备，要努力在农场干一阵子，好好补补课，谁知只干了5天，院里就派车来到农场，说有新的任务，要他赶快回院里去。

5　出国：从苏联到东欧

这次任务完全出乎陈俊武的意料之外：是让他出国。第二次世界大战后，以苏联为首的一些社会主义国家建立了经济合作组织，简称经互会。除了苏联以外，以东欧的几个国家为主要成员。经互会建立之初，其主要合作方式是发展贸易，进行科技交流。

原来，苏联和东欧8国合作的炼油技术会议近期要在波兰召开，并邀请中国以观察员身份参会。石油部领导认为，我国今后将要建设很多炼油厂，这是一次很好的学习机会，决定让抚顺设计院派人参会。陈俊武的身份是观察员，石油部情报处的洪伯宁是翻译。部里向他介绍，着重要注意的是审查常减压、重油脱蜡、重油加氢和尿素脱蜡装置的定型设计，北京设计院为他们提供了有关的技术资料。

1961年9月初，只有他们两个人组成的中国代表团乘火车出发，途径蒙古，在车厢里度过漫长的6天，才抵达莫斯科。中国驻苏联大使馆接待了他们，并安排商务处向他们交代了应该注意的事项。两天以后，他们又乘火车去华沙，入住中国驻波兰大使馆。

大使馆的院子和房屋宽敞考究，地理位置也优越。9月17日，王炳南大使设晚宴招待当时在波兰的几个中国代表团，陈俊武他们也荣幸地受到邀请。接下来的几天，主要是负责商务活动的莫参赞陪同他们活动，参观华沙市容，还到大音乐家肖邦故居一游。肖邦故居位于距华沙约50公里的一个幽静小村，一排白色的小屋掩映在绿树鲜花之中。这里在二战期间受到严重破坏，肖邦故居纪念馆是二战后重建的。

3天以后，陈俊武一行乘火车到达克拉科夫。

克拉科夫是波兰克拉科夫省首府，距离华沙250公里。它位于维斯瓦河上游两岸，建于公元700年前后，是中欧最古老的城市之一。14世纪至17世纪初曾为波兰首都。克拉科夫历来是波兰最主要的学术和文化中心，市内有许多古典建筑物，弥漫着中世纪的风情，被认为是欧洲最美丽的城市之一。

次日会议开幕，会场悬挂着包括中国在内的8个国家的国旗。会议进行了4天，讨论了年加工规模200万吨和300万吨的常减压装置，年加工规模10万吨和20万吨的溶剂脱蜡装置工程设计，以一般介绍和基本指标为主，很少涉及关键技术问题。苏联代表在会上总是一副盛气凌人的老大哥架势，但陈俊武在会下和波兰、东德、捷克的代表们频繁接触，他们对来自中国的代表都很热情。

会后，各国代表参观了克拉科夫的故宫和大教堂，还乘车去波兰西南部的奥斯维辛集中营参观。

奥斯维辛集中营是纳粹德国在第二次世界大战期间，在波兰南部奥斯维辛市附近修建的40多座集中营的总称。由于有上百万人在这里被德国法西斯杀害，它又被称为“死亡工厂”。这座世界闻名的杀人魔窟中展示的惨绝人寰的景象，让每一个参观者都感到心灵的颤栗，留下永生难以磨灭的惨痛记忆。

这次炼油技术会议结束之后不久，经互会还要召开输油管道会议和炼油装置新技术讨论会，也邀请中国派观察员参加。石油部考虑到陈俊武一行既然已经在东欧，索性让他们在波兰再停留一段时间，等候继续参会。

从 9 月下旬到 10 月上旬，陈俊武利用住在波兰大使馆的这段时间，认真撰写了前一阶段会议和活动的总结报告。

10 月 10 日输油管道会议开始，苏联和波兰、捷克、东德、罗马尼亚、匈牙利六国代表与会。会议主要审议输油操作规程，设备供应和配合协作等问题，真正的技术问题很少涉及。会议期间，曾去参观管道直径为 630 毫米的输油管建设工地，使陈俊武增加了这个行业的知识，觉得颇有收获。

会议的下一阶段在罗马尼亚召开，考虑到涉及设备技术，石油部增派北京设计院的王竹生前来参会。为了节省经费，陈俊武和洪伯宁决定从华沙乘国际列车去布加勒斯特，王竹生乘飞机从北京来和他们会合。这时苏共第 22 次代表大会已经召开，赫鲁晓夫在会上作了秘密政治报告，中共和苏共中央领导人的观点产生了严重的分歧。中国驻罗马尼亚使馆的徐参赞向他们介绍了我方对苏共 22 大的评价，交代如果在会上涉及政治问题，要保持敏感并适当表明立场。

这次会议上苏联代表介绍了新研发的双面辐射加热炉和 S 型塔盘等新设备，引发了与会者的兴趣，发言热烈，未涉及政治问题。波兰代表对苏联开发的接触焦化技术也有很大兴趣。会后安排参观五一石油机械制造厂和 Teleajin 第三炼油厂。该厂有两套年加工能力 50 万吨的常减压蒸馏装置，产品有石蜡、润滑油和沥青。后来又到石油城 Ploesti 的石油设计院参观，见到了年加工 300 万吨的常减压装置模型。

会议结束后，他们三人乘火车到莫斯科。第二天就去苏联石油设备技术展览馆参观，看到了石油储罐和煤气储罐、新型塔盘、空气冷却器、油罐遥测液位计以及油罐车卸车后剩余油快速卸出技术等，也索取到一些样本。

11 月 6 日，陈俊武一行乘火车回国，结束了这次长达两个月的苏联和东欧之旅。因为是顺道，陈俊武14日先回到抚顺，向院领导汇报了这次出国的经过和收获。随后就赶到北京和王竹生一起写出国汇报材料。

这是陈俊武第一次出国参加这样的技术会议，在国外和同行打交道。虽然是观察员身份，但也是全过程与会，开阔了视野，对炼油行业的许多设备和技术增加了许多感性认识。

在自己的人生之路上，从一扇新的窗口，他看到了国门之外的世界和风景。

第七章

呕心沥血 金花灿烂

1 “五朵金花”

新中国成立之初，炼油工业基础极其薄弱，可谓一穷二白，只有一个炼制自产原油的玉门炼油厂和另外两个加工进口原油的大连炼油厂、上海高桥炼油厂。1949 年，全国年原油加工能力只有 12 万吨。上世纪 50 年代，我国从苏联及东欧国家引进炼油设备和技术，建设了年加工量 300 万吨级的新炼油厂，并改造了几个沿海小炼油厂。

对石油重质馏分的加工，在上世纪 40 年代以前多采用热裂化技术，40 年代在热裂化的基础上产生了催化裂化工艺，先是开发了移动床技术，使用小球催化剂，设备庞大，产能较低。50 年代我国建成的兰州炼油厂，就是苏联从美国移植的移动床技术。其实，老大哥的所谓先进技术不过是上世纪 40 年代的水平，和世界先进炼油技术水平相比，差距至少有 15 年之遥。这种落后的设备因为不能对原油进行有效的深度加工，无法从中炼取数量更多、质量更高的轻质石油产品，珍贵的石油资源在我们自己手里被无可奈何地浪费了。并且，随着中苏关系出现裂痕，“老大哥”的带有许多附加条件的援助也将会出现变数，因此，就更需要独立自主研发新技术，逐步摆脱对苏联技术的依赖。

中国石油工业面临着严峻的挑战。

上世纪 50 年代后期，苏联参照美国早已产业化的流动床技术，研发了号称 IA/IM 型的催化裂化装置，但尚未产业化。而美国催化剂密相输送的Ⅳ型两器并列式流化催化裂化技术已成功运行。

石油部已从有关的技术情报中了解到这种处于世界领先位置的Ⅳ型流化催化裂化技术，据说这类装置当时全世界只有 30 多套，但是当时以美国为首的西方国家正对中国实行严密的经济和技术封锁，根本无法从商业渠道引进。

也许是上天的安排，远在万里之遥的加勒比海北部一个岛国的政治风云变幻，为中国人创造了契机。

1959 年 1 月 1 日，古巴传奇英雄菲德尔·卡斯特罗率起义军推翻了巴蒂斯塔独裁政权，建立革命政府。新政权成立初期，美国同古巴的关系并没有完全破裂，当年 4 月，卡斯特罗还访问美国。但是，古巴新政权的革命姿态使得美国把古巴纳入自己势力范围的企图破产。于是美古关系迅速恶化，美国对新生的古巴革命政权采取封锁和敌视政策。

很显然，除了古巴内部的因素，是美国人的傲慢和霸权把古巴加速推向了社会主义的阵营。

1961 年 4 月，美国直接策划和组织雇佣军在吉隆滩入侵，但遭到彻底失败。

随后，卡斯特罗宣布开始社会主义革命，将许多企业收归国有，其中包括一座埃索(Esso)公司下属的贝洛特(Belot)炼油厂。

社会主义的古巴对中国热情友好，1960 年 9 月，中古两国宣布建立外交关系，古巴也成为拉丁美洲第一个与中国建交的国家。不久，古巴邀请中国派专家去考察炼油厂，几乎在陈俊武赴东欧、苏联考察的同时，石油部于 1961 年 10 月派敖明模、何振鹏等专家去古巴考察。他们在炼油厂看到了新型的催化裂化生产装置，也见到了比苏联的 S 型塔盘更先进的“舌型”塔盘，并带回一些技术资料。

11 月下旬，石油部李人俊、孙敬文两位副部长听取了来自古巴和苏联东欧两个方面的考察情况汇报，石油科学研究院和两个设计院有关领导也一起参加。部领导对他们的汇报非常重视，特别是其中关于新型设备的内容，立即责成基建司设计处蓝田方处长制订计划，安排力量迅速开展新型炼油设备的研发工作。

11 月 24 日，蓝田方处长约敖明模和高士共同研究，具体落实催化裂化和常减压两个装置和 8 项指标(装置规模、平面布置、塔、炉、换热器、冷凝器、泵和仪表)的人力分工，决定由陈俊武和李树钧负责催化裂化装置。

石油部领导对发展新技术的重视和雷厉风行的作风使陈俊武感到振奋，接受任务之后立即行动，对敖明模等人带回来的资料和图纸，还有北京设计院的苏联 IA/IM 型的催化裂化装置技术资料全部看了一遍，并做了重点摘录，同时也对美、苏设计的两种装置作了简单的对比。这本来应是一周时间的工作量，他们在三天之内全部完成。

1961 年底，石油部党组对炼油工业制定了“深度加工、吃光榨尽，采用先进技术，使石油产品立足于国内”的技术方针。

从 11 月底到 12 月下旬，石油部连续召开一系列重要会议。首先是孙敬文副部长在石油部二楼会议室主持召开炼油技术座谈会，与会者 70 多人，顾敬心院长也从抚顺赶来参加。接着是有关技术人员 30 多人在北京设计院二楼会议室开会，并按两个组分工和讨论，会上石油科学研究院和兰州炼油厂张皓若分别介绍了催化剂现状。12 月下旬，炼油科研会议在北京香山召开。在这些会议上，石油部领导详细介绍了我国石油工业的形势，指出炼油设备和技术的研发是目前面临的最主要问题。明确提出了对流化催化裂化、铂重整、延迟焦化、尿素脱蜡以及相关的催化剂和添加剂五个方面关键先进技术的重点攻关任务。

这五个项目后来被炼油行业形象地称为“五朵金花”。

这“五朵金花”当时并没有像金花那样璀璨耀眼，而是横亘在中国炼油工业前进道路上的“五座高地”。

2 春天故事

1962 年 1 月 4 日，石油部成立炼油新技术核心领导小组，生产技术司司长孙晓风任组长，北京设计院院长张定一和抚顺设计院院长顾敬心均为成员。4 天之后，孙晓风主持召开了一次重要会议，明确提出，开发新技术设计工作要先行，并决定成立由抚顺设计院和北京设计院技术骨干组成的新技术组，由顾敬心直接领导，在北京开展工作。

石油部调兵遣将，抽调北京设计院的何宇、李树钧，抚顺设计院的陈俊武、张福诒、徐贻璜、谢泰嵩和张戍隆为新技术组成员。张戍隆任顾院长秘书。北京院的杨端蓉负责常减压新技术，李辰配合。北京石油学院的杨国威和苏亿民也参加新技术组工作。

1962 年春节刚过，年味儿还浓浓地笼罩在每个家庭的时候，陈俊武一行就已经离开抚顺，来到北京。

北京设计院办公楼坐落在德胜门外六铺炕，南楼二楼的几间办公室被临时辟做新技术组的办公场所，住宿则是在四楼的一个大房间里。

陈俊武和张福诒被任命为新型催化裂化装置正、副设计师。

陈俊武(左)与张福诒在抚顺二厂 60 万吨/年催化裂化装置投产纪念碑前

流化催化裂化是炼油工业的关键工艺技术。原油经过蒸馏一次加工，只能得到 25%—30%的轻质油品，占 30%的重质馏分油——蜡油只能作为半成品，占 40%的渣油通常被当作燃料油烧掉。也就是说，加工100吨原油，至多只能得到30吨轻质油品。而催化裂化则可以对一次加工后的重馏分油进行二次加工，在催化剂的作用下把分子结构的长链断为短链，把大分子裂解为小分子，这样一下子可以得到约50%的汽油、30%的柴油以及20%的液化气和干气。

千头万绪，设计先行。他们面对的只是何振鹏等人从国外考察带回的一些为数不多的图纸和资料。这好像是一则童话：一群从来没有见过大象的人（连图画也没见过），只得到了一只象耳朵、半截象鼻子，再加上一条象尾巴，却必须要画出一头完整的大象来。

李树钧、张福诒和陈俊武按照反应、分馏和吸收稳定三个工序分工展开。同时进行的还有设备专业的袁宗虞、戴家齐、徐贻璜，他们的重点是催化裂化再生器烟气出口高灵敏度双动滑阀的研发。仪表专业以谢泰嵩为主，后来兰州炼油厂的杜克勤加入，重点是由国内制造小尺寸的气动控制仪表。

消化资料，分析计算，对比讨论，制定方案。肯定，否定，否定之否定。脑子里全是数据和方案，白天延伸到夜晚，深夜衔接着黎明。

和这种热气腾腾的工作情景成为鲜明对照的，是他们“饥寒交迫”的生活状态。

1962年，中国仍处于三年严重自然灾害时期，饥饿的阴影还笼罩着神州大地。毛泽东刚有新诗吟成：“高天滚滚寒流急，大地微微暖气吹”，作为中国人民的领袖，除了这种诗意的表达，他还对节约粮食有一句很具体的指示：“忙时吃干，闲时吃稀，平时半干半稀，杂以番薯、青菜、萝卜、瓜豆、芋头之类。”

陈俊武他们在加班加点工作的同时，还要忍受着辘辘饥肠的煎熬。当时全国公职人员都有严格的粮食定量标准，设计院的脑力劳动者是每月26斤，其中细粮只占一定比例。外出就餐，除了付钱，最重要的是交粮票。陈俊武他们从抚顺带来的全国通用粮票，可以在北京设计院的食堂就餐，但却不能享受每周一次的油条早餐，只有顿顿滴油不见的清水熬白菜。北京设计院院长张定一对来自抚顺的同行们拱手致歉："我知道你们很辛苦，伙食不好，中午熬白菜，晚上白菜熬，很对不起，抱歉！但我也实在没有办法！"

需要忍受的还有寒冷。北京的早春，寒冷异常，滴水成冰。从抚顺来的设计人员住在四楼一个没有暖气的大房间里。晚上要身穿毛衣，脚蹬暖水袋，才能勉强入睡。

这一批殚精竭虑用智慧和劳动为共和国增加热能的人，用脑也要耗费大量的蛋白质和热量，然而他们只能得到极为微薄的补充，这是一个严重不对等的算式。但是，没有抱怨，没有计较，没有消极，因为他们心中都有一团烈火在燃烧。

陈俊武冷静地意识到，光凭革命热情也不行，为了设计工作的正常进行，必须保证身体不能垮下。那时候因营养不良得浮肿病的人很多。后来每个星期天，他就一大早去王府井大街东安市场东来顺餐馆排队，领取一张编了号的小票，等到中午，可以凭这张票享受一份炸带鱼段。这顿含有脂肪和蛋白质的午餐要花费 20 元钱的高价，他觉得这是为了身体必须付出的代价，这也是一种理智的科学精神。而在上午这个时段，他就泡在书店里看书，这几个小时的时间是绝不可浪费的。

紧张工作了 3 个多月，到 5 月份，主要技术方案已经完成，并经多次讨论后汇报定案。

从天寒地冻，到春暖花开，春意盎然的日子没有几天，5 月的北京已经有了初夏的气息。刚刚从紧张的脑力劳动中轻松下来的陈俊武和他的同事们，随即变换方式，开始参加北京设计院农场麦收的体力劳动。

用镰刀手工收割麦子，这是农耕社会的中国沿袭千百年的劳作方式，原始古老，却年复一年鼓舞着期待丰收的人们。正在追赶最先进的世界炼油技术的陈俊武和他的同事们，现在却要体会这种最古老的劳动的滋味。“面向黄土背朝天”，这是收割麦子的标准姿势，弯腰，挥镰，要一次次重复这个机械的动作。对于辛劳和付出，陈俊武从来都不惧怕，但这类农活真的让他感到力不从心，成绩也总是落后，别人能割 4 分地，他顶多也只能割 2 分地。一天下来，他常常累得筋疲力尽，坐在地头半天都起不来。

3 古巴之行

1962 年 6 月初，国家科委决定派出人员赴古巴考察，除了石油部所属的设计院、研究所，还有第四机械工业部的有关人员。陈俊武名列其中。酝酿名单首先是严格的政治审查，曾参与初步设计的抚顺设计院的张福诒和谢泰嵩，竟因为所谓家庭出身社会关系问题而落选，这让陈俊武感到十分遗憾。

9 月 12 日，由陈俊武和北京设计院的何宇、李树钧、戴家齐以及兰州石油机械研究所的邹珏书、第四机械工业部的虞冠新和吴钦伟等 8 人组成的考察团从北京机场登机启程。在苏联新西伯利亚换机飞莫斯科，次日中午在莫斯科机场乘捷克飞机抵达布拉格，住进使馆招待所。这一天，恰巧是中国的传统节日中秋节。陈俊武一行在布拉格停留四天，使馆还安排他们参观了布尔诺博览会的石油化工机械的几个展馆。

9 月 21 日，他们登上飞往古巴的飞机。飞经爱尔兰岛、纽芬兰岛和加拿大东部的大西洋水域，前后历经 21 小时，于当地时间上午 9 时到达哈瓦那机场。

陈俊武一行入住哈瓦那市区南部的一个旅馆，随即会见了古巴

五位当年(1962 年至 1963 年)共同赴古巴考察的战友(左起)李树钧、陈俊武、戴家齐、杜克勤和何宇 1984 年相聚洛阳

石油联合企业教育处的负责人，又到中国驻古巴大使馆拜会了申健大使和商务、政务参赞。这都算是履行报到的程序。

大使馆坐落在一条安静的街道上，院内宽敞，有多栋别墅型的小楼，还有美丽的草坪、雕像和喷水池。身在异国，大使馆就是祖国的象征，这里不仅有家的温暖，也有得力的支持。在古巴期间，他们的来往信件都要通过“外交信使”来传递。

古巴在 1961 年挫败了美国策划的雇佣军入侵事件之后，宣布把所有的企业收归国有。其中将原分属两个外国公司的炼油厂(埃索公司的贝洛特炼油厂，壳牌公司的哈瓦那炼油厂)合并成立新的炼油厂，改称洛佩兹(Nico Lopez)炼油厂。古巴石油联合企业的局长、培训科长，还有洛佩兹炼油厂的主管副厂长霍海(Jorge)、总工艺师维达尔(Vidal)都对来自中国的同行热情友好。霍海还把考察团的人员按照专业分为三个组，陈俊武、李树钧、何宇和总工艺师维达尔在一起开展工作。

维达尔除了介绍情况，解答问题，提供资料，还安排考察团参观厂区的设备。厂区设备布置整齐紧凑，仪表室内模拟流程图和小尺寸仪表一目了然，十分醒目。催化裂化装置、原油蒸馏装置和催化重整装置，庞大的罐体和纵横交错的管线，还有许多大大小小的平台和框架……眼前的一切，对陈俊武来说，是那样的熟悉，又是那样的陌生。他曾经无数次在书籍资料中阅读研究过的，思考设想过的，也曾感到疑惑不解的，如今都陈列在眼前。

“芝麻芝麻开门吧”，犹如一扇大门突然洞开，眼前是一片璀璨耀眼的金币和珠宝……

这是《天方夜谭》中《阿里巴巴与四十大盗》的故事场景。陈俊武突然想起了自己十来岁上崇德中学第一节英语课时的情景。老师正用纯正的英语朗读：阿里巴巴来到山洞前，喊道：芝麻芝麻，开门吧！

世界真奇妙，历史真奇妙。当年读大学时的陈俊武对祖国落后的工业科技现状常常扼腕浩叹，他也曾设想争取出国留学，学成归来报效祖国。但历史让他走上了另一条道路，他没有在国外戴上那方顶的博士帽，却在祖国的土地上成为新中国第一代炼油工程技术研究工程师。如今，他远涉重洋，来到这个美丽的拉丁美洲的岛国，历史为他打开了一道沉重的大门。当年那一堂让他记忆犹新的英语课好像就是为了 25 年后的今天……

古巴曾经是西班牙的殖民地，国内通用的是西班牙语。但古巴石油联合企业和炼油厂的主要负责人和车间主任这些管理人员，大多都会说英语。因此陈俊武可以用流利的英语和他们毫无障碍地交流。

考察学习先进技术，其实是一项高强度的脑力劳动。首先，在现场要认真观察设备，增加感性知识；还要不断询问了解工艺过程和有关数据，这些都需要即时记录和记忆。其次，要千方百计查找收集资料，这些资料分布在不同的部门和人员手中，有些还有借阅时间和地点的限制，因此就需在短时间内的快速阅读后有选择地摘录。然后，对有些不能外借存放在车间的私人资料，和古方人员协商后采用拍照复制的办法，因为数量太多，也成为一项需要加班加点才能完成的紧张工作。

不放过任何一个疑点，不留下任何一点空白，为了祖国的需要，只有紧张地工作、工作。除了极少数接受邀请的外出，陈俊武和同事们常常每天工作十几个小时，没有休假，也没有娱乐。

其实在他们身边，就是闻名世界的旅游胜地。

古巴旅游资源丰富，明媚的阳光、清澈的海水、白沙海滩等自然风光使这个享有“加勒比明珠”美誉的岛国成为世界一流的旅游和疗养胜地。其中巴拉德罗白沙海滩是世界上著名的八大海滩之一。海明威笔下的古巴海滩、世界闻名的古巴雪茄和蔗糖、棕榈树下富于拉美情调的酒吧和歌舞，以及热情好客的古巴人民，令这个加勒比海上的国家充满了神秘情调。

陈俊武他们没有时间去体会这种浪漫的情调，却感受了一场震惊世界剑拔弩张的军事危机。

1962 年，苏联在古巴秘密部署导弹，美国发现后立即作出强烈反应。从 10 月 24 日开始，美国调集大批空军和海军舰队，封锁了古巴海域。与此同时，美国导弹部队全部奉命处于“高度戒备”状态，导弹在发射台上听候指令。同时在公海拦截检查去古巴的苏联商船。美国与苏联在公海形成对峙，美苏双方在核弹按钮旁徘徊。在人类进入核时代以来，在美苏军备竞赛和争夺世界霸权的激烈斗争中，没有任何一次危机达到如此惊心动魄的程度，加勒比海域处于千钧一发的危险时刻。

古巴没有屈服，在卡斯特罗号召下，全国人民面对强敌积极备战，这种大战将临的紧张气氛弥漫在哈瓦那的大街小巷。陈俊武他们去炼油厂的途中，路过海岸就能看到远处海面上停泊的美国航空母舰。

在驻古使馆的领导下，考察团成员们也开始准备应变措施。其实，所谓应变也就是要勇敢地面对最严重的考验，一场战争的乌云就压在他们的头顶，一旦爆发战争，这里就会变成一片废墟。

这场震惊世界的导弹危机最后以苏联领导人赫鲁晓夫的妥协而化解，苏联撤出导弹，美国也作出相应的让步。惊心动魄的十几天“加勒比海导弹危机”过去后，陈俊武他们的考察工作才恢复正常。

1962 年底，负责考察设备的戴家齐和机械部的三个人先期回国，何宇、李树钧去圣地亚哥炼油厂考察一段时间，陈俊武等四个人一直坚守在哈瓦那。

1963 年 2 月，陈俊武一行完成考察任务回国。陈俊武的行李中没有买一件“洋货”，却鼓鼓囊囊地装满了一大批他精心收集和复制的资料，还有他密密麻麻记满了文字、数据和图形的 15 个笔记本。这里面既有重点考察的催化裂化技术，也包括属于世界先进水平的其他炼油技术。这些珍贵的资料为把我国的炼油技术水平从 20 世纪 40 年代迅速提升到 60 年代作出了巨大的贡献。

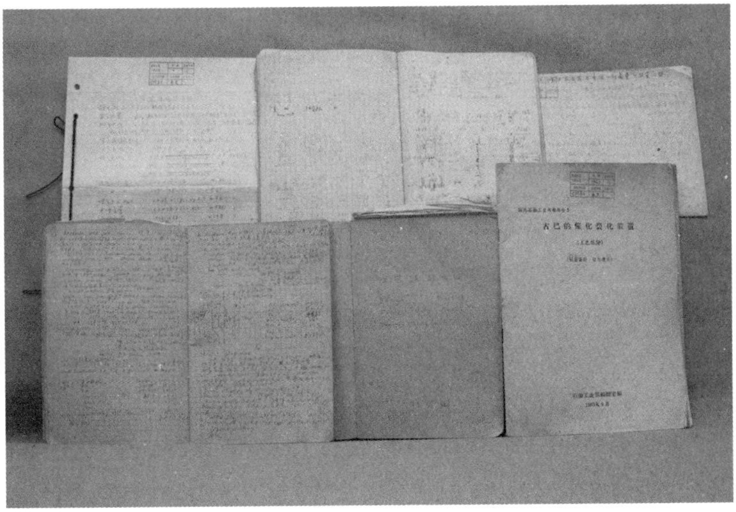

1962 年 9 月至 1963 年 2 月陈俊武赴古巴考察流化催化裂化的部分笔记本

当陈俊武登上飞机舷梯，在机舱门口向送行的朋友挥手告别的时候，他倏然想起了恺撒大帝的名言——

我来了。我看见了。我战胜了。

4 攻坚之战

陈俊武一行回国后，立即向石油部李人俊、孙敬文和刘放三位副部长汇报。石油部领导对他们这次考察学习的成果非常满意，高度重视，决定立即组织力量，重点从两个方面向世界炼油先进技术高地冲击。一是在抚顺石油二厂建设我国第一套具有世界先进水平的年加工规模为60万吨的流化催化裂化装置，当时名为新型催化裂化装置，抚顺设计院要尽快完成施工图的设计；二是配合装置的设计和建设，抓紧研制特殊设备材料。

1963年春节刚过，东北大地上还是冰封雪飘，新技术组的部分成员就奉命移师抚顺石油设计院。

工艺室安排在一个大房间里，工艺专业人员在外间，配管专业人员在内间。作为正、副装置设计师，陈俊武和张福诒在一张桌子两边相对而坐，以便对重大问题及时商议沟通和“拍板”。配管设计是由龙厦才和董健民把关，其他各专业室也都配备了精兵强将。北京设计院的何宇、李树钧和戴家齐也常来抚顺参与商讨。与此同时，袁宗虞和杜克勤在兰州开展滑阀和小尺寸仪表的研制，戴家齐负责衬里和龟甲网的研制，一场多人多地多部门参与的攻坚战全面展开。

陈俊武带回的资料使大家如获至宝，欢呼雀跃。有人翻看着陈俊武的笔记本，不禁笑着说：“哎呀，陈工，你这简直是一部天书嘛!”这确实是一部天书，不仅是因为得来的不易，也不仅是因为内容的珍贵，还因为他潦草的“陈体字”中间还夹杂着英文、俄文、德文以及简写、缩写和代号。如此文字，除了他的这些熟悉的同事们，谁也不会认得的。

国外的资料只可作为参考，很多设计还要靠我们自己来完成。特别是大部分设备必须由我国自己研制。例如关于大吨位流化床和大口径U形管在正常生产和事故处理状态下的振动力数据，对钢筋混凝土框架设计非常重要。又比如，气体压缩机轴封设计国内没有经验。这些，只有通过专业间交流和专业内学术活动才能解决。

就像隐约在对岸看见了目标，而要到达目的地，他们还必须摸着石头涉水过河。仅仅为了解决高灵敏度双动滑阀的设计，他们面对国外资料中一张简单的图纸，至少还要设计出几十张详图。这不过是成千上万个问题中的一个。这套装置有几十台设备、上百套仪表，数千个大小阀门，近两万米粗细管线。这些，都要在设计中做到准确无误，万无一失。

这时顾敬心院长已调往沈阳工作，石油部领导亲自指挥着这场攻坚之战。已担任石油部副部长的张定一来到抚顺，他在刺骨的寒风中光着脑袋，频繁出入各个设计室。

“你们放心大胆干，有问题，我们承担责任!”他的大嗓门使设计人员们的心头滚过阵阵暖流。

信任也是一种压力。陈俊武身上重担千钧。

作为龙头的工艺专业联系着众多的专业和部门，犹如一条条无形的轨道从这里向四面八方辐射延伸，交织成巨大的网络。各条轨道运动中的交叉纠结需要他去协调疏通，沿着各自轨道汇总上来的疑难问题需要他组织解决，千头万绪，困难重重!

陈俊武像是一个艰难的跋涉者。他拨开荆棘，跨过沟涧，跃上高地，攀上高峰。

那时候，饥饿的阴影还没有散去。设计人员顿顿吃的是苞谷面，还常常饿肚子。双腿浮肿，两眼发黑，却常常一天伏案工作十几个小时。院党委组织人上山采橡子，用橡子面给大家补充伙食。橡子面虽然苦涩，聊可哄骗辘辘饥肠。偶尔能吃上一顿豆腐渣，那更如珍馐佳肴般津津有味。

没有星期天，只有天天到深夜的加班。那时候，坐落在高尔山下、新华街上的抚顺设计院大楼里夜夜灯火辉煌，成了当时抚顺市名闻遐迩的一大景观。没人叫苦，没人退却，人人心头闪耀着理想的火花。为了从原油中炼取更多的优质汽油，炼油设计人员首先榨取的是自己的心血。

1963年秋，1000多张设计图纸终于全部完成，年底，通过了石油部组织的严格审查。

施工图设计完成以后，新设备的研制又是一次规模空前的大会战，涉及科研机构、院校及机械、冶金、化工等行业的180多个部门和单位。在石油部统筹安排下，北京、上海、兰州、杭州、哈尔滨，处处都有鏖兵的战场。家家献策，人人出力，实验室里灯火摇曳，工厂车间机器轰鸣，纵横数千里的战线上，是成千上万个日夜奋战的身影。

1964年初，抚顺设计院党委副书记孙凤臣带领设计人员进入现场，石油二厂新型催化裂化装置的施工拉开序幕。陈俊武的任务是着力协助炼油厂做生产准备，给车间的技术人员讲课，详细介绍新型装置的特点和工艺要点。为了节省时间，他们就住在干馏炉旁的简易房里，陈俊武和学员们一起，都是睡的大通铺。

陈俊武在古巴考察学习期间，哈瓦那洛佩兹炼油厂的催化裂化装置因为压缩机叶片损坏而停运，改为常压蒸馏方式运行。1964年7月，石油部了解到古巴炼油厂的催化裂化装置已恢复正常生产，决定派一批生产骨干去学习。从兰州、大庆、抚顺等地的炼油厂挑选了孙玉宝、王贯之、张俊德等11人，这些人将来拟担任车间主任、生产操作和机械、仪表维护等职责。为了利于学习和沟通，石油部领导又点名让陈俊武再赴古巴。

这批人去北京报到后，被安排在石油部大楼五楼的一个房间集中学习西班牙语，请北京外国语学院的一个老师授课。陈俊武有英语、俄语等西方语言的基础，触类旁通，学习起来并不费劲，其他人则明显感到困难吃力。

正是盛夏酷暑时节，房间里闷热难耐，一个个都是浑身大汗，却还都在一遍遍地背单词，练会话。陈俊武知道，没有外语基础，单凭两个月的突击学习是不行的。到古巴以后，正式和对方人员的沟通的任务大部分就靠自己了。

临行之前，石油部领导再次嘱咐他们，要学好技术，维护友谊，搞好团结。9 月 4 日，陈俊武一行出发，在机场巧遇为外国友人送行的陈毅外长，得知他们是去古巴学习，主动走过来与他们一一握手，并祝他们顺利完成任务。

他们飞抵哈瓦那以后，中国新任驻古巴大使王幼平接见了大家，并给以热情的勉励。

住宿是在距离工厂较近的一个外国人居住区的两套住房里，每人一个房间，设施齐全。还可以在区内的自助商店购买多种食品，生活条件不错。

具体的生产学习内容按照生产操作和设备、仪表维护修理分为几个组。陈俊武和孙玉宝等人跟随生产人员倒班，便于语言沟通。他们进厂的时候，正好赶上炼油厂为时一个月的大检修，反应器和再生器内部结构都基本能够看到。旋风分离器的内部磨损情况，锥体插入深度均清晰可见，还看到了一些检修的专用工具和机械等等，这都使他们增加了现代炼油厂的感性知识。

古巴炼油厂车间的操作人员配备十分精干，值班班长名为操作员，下面有三名助手，分别为一操作、二操作和三操作，各有分工。不单设泵操作工和压缩机、风机操作工。机泵由操作员巡回检查。三名助手负责记录操作数据，特别是那些关键的压力、温度、流量、双动滑阀等参数数据。陈俊武全神贯注，眼不离操作盘，手不释笔，不时把同时间的关联参数记录下来，回到宿舍后再加以分析整理。

陈俊武处处留意，处处用心，他注意到催化剂的装卸操作过程，在现场的装卸工拆卸麻袋，倒入漏斗，然后开动新鲜催化剂罐顶的蒸汽抽空器，催化剂就从地下管线气动输送到新鲜催化剂储罐。他还注意到来自化验室报告的待生催化剂和再生催化剂的分析数据，再生剂碳含量一般高达 0.6%—0.7%，待生剂在 1% 以上，外观都是黑色。

虽然现在看来，那时的催化裂化总体技术水平不高，但确属 20 世纪 60 年代世界先进水平。在兰州炼油厂移动床催化裂化装置当过车间主任的孙玉宝也感到这是一项全新的工艺，应该努力掌握其生产和检修技术。

在紧张的跟班学习间隙，陈俊武还把车间的西班牙文操作说明书译为中文，便于大家阅读掌握。

1965 年 2 月，陈俊武一行圆满完成在古巴的生产实习任务回国。陈俊武带回的，还有经过他精心整理的厚厚五大本现场记录笔记，内容按催化裂化操作数据、开工停工、检修、仪表控制以及催化裂化以外的工艺装置等分门别类，各成一册。

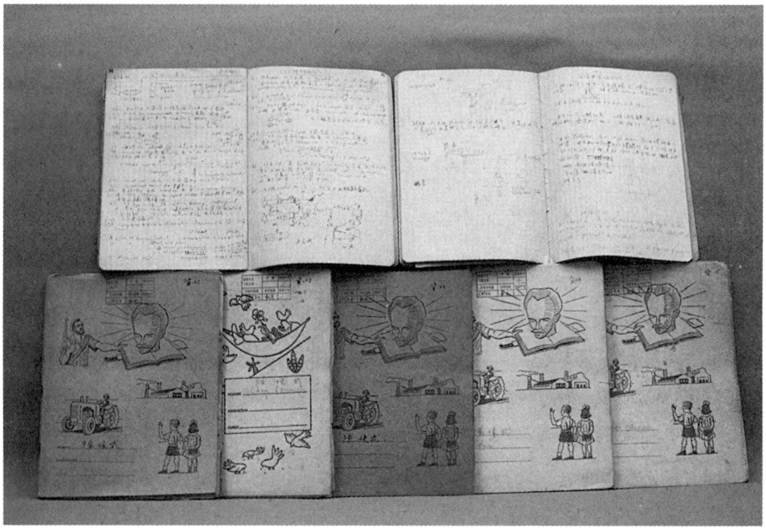

1964 年 9 月至 1965 年 2 月陈俊武赴古巴炼油厂催化裂化实习期间的部分笔记本

陈俊武回到了久违的家，见到了妻子和女儿。

屈指算来，陈俊武结婚以后真正在家里的日子不足五分之一。大部分时间在外地，在国外。即使在抚顺，也是早出晚归。“家里真的成了旅店”，这是妻子调侃他的话。调侃归调侃，结婚后的吴凝芳的确是一位“贤妻良母”。她理解丈夫的工作和事业，默默承担了全部家务和抚养孩子的责任。她自己也要上班，并且上班的地方是远离市区的结核病防治所，需要坐 6 站公共汽车。早出晚归，还要到幼儿园接送孩子，其中的辛苦可想而知。常年的辛苦劳累和营养不良，有一度她还得了浮肿病。更为难得的是，在陈俊武面前，她不唠叨，也不抱怨，使身心疲惫的丈夫在家里能享受到短暂的宁静和温馨。

5 历史时刻

1965 年春节过后，抚顺石油二厂外来人员骤增，人来人往，紧张忙碌，一片热气腾腾的景象，我国第一套流化催化裂化装置正在进行开工前周密细致的准备。

石油部孙晓风和张定一两位副部长，任向文司长，敖明模和朱吉人两位总工，组成了开工指挥部；下设生产操作和维修部，由石油二厂具体负责；技术参谋部人员由北京和抚顺两个设计院、北京石油科学研究院、北京石油学院等部门的专家和技术人员组成，多达 200 多人，以郭雨东副总工程师为首，负责技术分析、出谋划策。这是中国，估计也是世界炼油厂开工历史上阵容最强大的队伍。

作为这套新型装置的设计师，两度赴古巴考察学习的陈俊武，当然成了这次开工的关键人物。他在家里停留的时间不足三天，就匆匆赶赴现场。

已经升任抚顺设计院副总工程师的陈俊武在现场受到大家特别

热烈的“欢迎”，这个找，那个叫，这边开会，那边答疑，他忙得像个旋转的“陀螺”。

开工用的硅铝微球催化剂是从英国买来的，价格比大米还贵。有的领导担心首先装入这种催化剂出现“跑损”，又专门准备了上百桶移动床催化裂化小球催化剂经过磨粉和过筛制得的粉剂用于开工前装置的试用。讨论会上，陈俊武和出国实习人员慎重分析后觉得无此必要，反而浪费时间和精力，坚决主张直接使用进口的新鲜催化剂，他们的意见最终得到领导的采纳。

毕竟是第一套装置，很多人出于对某些工程质量和操作方法的担心，提出了很多建议，汇总起来有200多条。参谋部讨论会上，大家对这些意见逐一研究处理，陈俊武参加了这个讨论的全过程。

试运方案由生产部门参照操作规程写出初稿，经班组工人反复讨论，参谋部刻印成册，然后再抄成大字报。内容包括单机试运方案、水联运方案、油联运方案和开工方案，大家把这一方式命名为“大合唱”。“大合唱”的“总谱”多达60多页，挂在仪表室里，执行完一页就翻一页，又有人将此称为“拉洋片”。

直接用新鲜催化剂开工存在活性过高的问题，北京石油科学研究院武宝琛提出用蒸汽老化的方法，在工业装置上先用蒸汽老化48小时，把催化剂活性降低10—15个单位，使其接近平衡催化剂水平。这是一项创举，保证了第一套装置开工的顺利进行。

从4月初开始倒班，陈俊武担任最重要的值班工程师，曾在兰州炼油厂工作过后来又到大庆的王可驹副总和他交替倒班。单机试运、水联运和油联运顺利完成，4月下旬开始主风机送风，加热和烘反应器、再生器两器衬里，进油前，第一步是先过催化剂流化输送关。当再生器料面上升后，在300℃高温下喷入燃烧油继续升温，确认流化床和旋风分离器处于良好状态，接着再开再生单动滑阀将催化剂引入反应器，开待生滑阀将催化剂输送到再生器，反应和再生两器流化由此建立。第二步是催化剂老化48小时。第三步是反应器进油。

1965年5月5日，是中国炼油工业史上一个划时代的日子。我国第一套自行设计、自造设备、自行施工安装的流化催化裂化装置就要投料试车运行了。

反应器和再生器巨大的筒体在五月的阳光下银光灿灿，整个装置如同一个盘旋的巨龙般雄伟壮观。

灿烂开放的第一朵金花——抚顺二厂
年加工能力60万吨流化催化裂化装置

按照额定处理量投料，装置顺利运行，在持续生产过程中，紧张的三昼夜过去，清冽芳香的高品质汽油从管道汩汩涌出。经测定，产品全部合格，达到最高的轻质油收率。

成功了！石油二厂和抚顺设计院里一片欢呼。这是划时代的一瞬，这是应该载入史册的历史时刻。流化催化裂化，这项中国炼油工业的重要技术一大步跨过二十年，飞身跃过标志着世界先进水平的横杆！

1965年陈俊武(右三)和战友们在抚顺石油二厂催化裂化装置前

为了庆贺，石油部和石油二厂招待全体参战人员吃了一顿饺子，算是犒劳三军。为这套新型装置立下大功的陈俊武不知有什么事，没吃上这顿具有历史意义的饺子。

几乎与抚顺石油二厂第一套装置建设施工的同时，按照同样的图纸和方案在大庆炼油厂也建了一套同样的装置。1965年9月，大庆炼油厂的催化裂化装置准备投产，陈俊武和谢泰嵩根据石油部的指示去参加开工。当时厂里的条件很差，晚上陈俊武他们只能在仪表车间席地而卧。

9月，大庆的晚上已有寒意。陈俊武着凉患了感冒，日夜咳嗽不止。但他没有休息，仍然坚持去车间参加开工。由于有抚顺石油二厂的装置开工运行的经验在先，大庆的装置开工基本顺利。陈俊武发现，这两套装置使用的都是基本相同的原料油，但大庆装置采用的是低流速反应器，与石油二厂的高流速对比，看不出什么优劣，他又根据国外资料对两套装置进行了认真的分析和比较，最后确定放弃低流速设计方案，这也算大庆之行的一个收获。

第八章

混沌岁月 艰难向前

1 使命：胜利炼油厂风波

1966 年夏天，“文化大革命”如狂飙突起，席卷中国大地。像突然走进了梦魇，魔鬼从潘多拉的盒子里跑出来，在大地上游荡嘶叫。理智的大堤溃决了，狂热和迷乱攫住了数以亿计的中国人的灵魂，打着“革命”旗帜的各种荒唐、愚昧、野蛮的闹剧如滔滔浊浪，漶漫神州……

与此同时，绝大多数有信仰良知的工人、农民、知识分子和领导干部，仍然坚守在自己的工作岗位上，使社会主义中国这艘巨轮依然在狂风恶浪中坚定地破浪前进。

1966 年初，就在抚顺石油二厂和大庆炼油厂的两套流化催化裂化装置先后投产不久，石油部领导决定，把原装置规模放大一倍，在山东胜利炼油厂建设一套年加工规模为 120 万吨的流化催化裂化装置。

这是一个凝聚着热情和魄力的大胆决策。这个方案不仅仅是数据的机械放大，而是一次涉及一系列复杂的工艺和设备问题的重大技术创新和改造。这套装置的设计以北京设计院为主，由抚顺设计院派出以焦连陞为首的设计人员共同承担这个任务，陈俊武为技术指导。

为了中国炼油工业更快地发展，他们将要跨出充满困难和风险的一步。

石油部领导形象地说，我们第一套装置是“照猫画猫”，这一套装置就是“照猫画虎”。为了解除大家的后顾之忧，还明确表态：你们放心干，出了问题我们承担。

在“五朵金花”大会战中形成的吃苦耐劳、团结协作的精神和认真负责的科学态度，已经形成巨大的“惯性”，无形中影响着广大设计人员。“文革”初期，抚顺设计院还相对平静。当停工、停产、大串联像瘟疫一样四处蔓延的时候，他们仍然坚守岗位，日夜苦战。1967 年上半年，我国第一套年加工规模为 120 万吨的流化催化裂化装置终于在胜利炼油厂艰难建成。

此时抚顺正陷入一片“红色的漩涡”。旗帜纷纭的群众组织已分别归于互相对立的两大组织麾下，由“文攻”变为“武卫”。枪炮轰鸣，硝烟弥漫，这座东北工业重镇，此时正以投入重武器的高规格武斗而闻名全国。曾经夜夜灯火辉煌的抚顺设计院也失去了昔日的庄严，被卷入了激烈的派性纷争之中。

“文革”之初，设计院成立五人领导小组，陈俊武也是成员之一。领导小组的任务是维持正常生产，“抓革命，促生产”是各派都接受的口号。实际上“抓革命”一出来吆喝，“促生产”就得靠边站。领导小组逐渐成了被群众组织控制左右的傀儡。陈俊武是多年的劳动模范、先进工作者、模范党员，被誉为又红又专的典型。这是一块金字招牌，两派组织都想争取他，利用他。岂知陈俊武并不买账，对各方的游说引诱均漠然置之。这种漠然被认为是对革命群众的不恭，天平很快倾斜。

这时，胜利炼油厂新建装置的试运开车在即，石油部领导派人向他转达了意向：让他到胜利炼油厂参与组织装置开工。

陈俊武找到群众组织负责人，向他要求，要到山东胜利炼油厂参加试运开车。但这个要求被明确拒绝，并且强调：“你不能走，不能离开抚顺”。

陈俊武心急如焚。

院里另一派以某室主任为首，带领一部分设计人员跑到北京设计院，名义是搞项目，促生产。他们也专门派人来抚顺请陈俊武去北京。陈俊武决定首先离开抚顺再说。

1967年8月的一个星期天。一个奉命来接应陈俊武的年轻人帮他拿上行装先走，陈俊武佯装上街买菜的样子，故意拉开距离，像地下工作者一样，东绕西转走了大约三公里，来到抚顺西边的瓢儿屯火车站，乘车南下。

陈俊武来到北京，把一场纷纷扬扬对他的“批判”“声讨”的嚣闹留在了抚顺设计院。大标语大字报铺天盖地，措辞严厉的通知、通告、勒令急驰如飞。当月，陈俊武的工资就被扣发。

石油部和北京设计院也是天下大乱。石油部的部长们大都成了“走资派”，自我检查，接受批判，五次三番，无法过关。六铺炕石油部大楼里的工作机器艰难地运转着。

仍然兼着名存实亡的新技术组组长的张定一副部长，派人带口信给陈俊武，希望他能去山东参加胜利炼油厂的新装置开工。

1967年9月，陈俊武以石油部委派的开工组成员的身份来到胜利炼油厂。

“文化大革命”的浪潮也冲击着刚刚建成的胜利炼油厂。京、抚两院的技术人员有的回原单位“闹革命”，有的人外出串连，有的被揪回去批斗。现场只剩下少数几个人。

北京设计院的沙展世副总工程师是工厂设计师，郭志雄是联合装置设计师，催化裂化装置的设计师是杨启业和赵伟凡，抚顺院的焦连陞在设计施工过程中全程参与讨论咨询。何振鹏任开工现场的总指挥。10月，装置在人手不足、困难重重的条件下开车试运，如一艘逆风的船。

胜利炼油厂这套新型装置，不仅规模大，设计上也采用了常减压蒸馏、催化裂化、延迟焦化和焦化馏出油催化精制的四个装置相关部分组合成联合工艺。这也是在部领导支持下大胆创新的结果。实际上由于管式反应器转化率过低，焦化油精制流程不太匹配，这联合工艺仍然以两个装置为主。

从秋至冬，他们三次试运，一口一口啃掉了许多技术难题，最后剩下一根硬骨头：催化剂跑损。

在流化催化裂化装置里，原料油和催化剂被送入反应器，形成均匀连续流动的气、液、固三相混合物流，这样原料油分子就可以与催化剂充分接触而产生裂化反应。催化剂是一种白色粉末，一吨要数千元，比大米要贵得多。因此要在再生器里将结焦失活的催化剂分离再生，继续投入使用，一般在这个过程中只会造成极少量的损失。

可胜利炼油厂的催化裂化装置成了一头怪兽，每天约30吨催化剂从再生器烟囱跑损。那些白色粉末变成了诡秘的幽灵，它们忘记了自己的使命，借着风势烟尘，溜出正常轨道，自由串连，散落于大地苍穹。这意味着，每天将造成数十万元人民币的巨大损失。

陈俊武穿一件臃肿的棉大衣，嘴唇干裂，面颊消瘦，布满血丝的双眼盯着那高大的塔体和纵横交错的管道。一股凛冽的寒风扫来，黄色尘灰中，残破的大字报哗哗响着扶摇而上。

跑损！跑损！

到处是停工，停产，串连，武斗，大辩论，大批判……神州震荡，天下大乱。工农业生产、科研教育在跑损，国民经济在跑损，党的优良传统和作风在跑损，革命精神道德观念也在跑损……这是我们共和国一次空前的大跑损啊！

1968年初，在极为艰难的情况下，石油部决定抽调石油化工科学研究院、北京设计院、抚顺设计院和胜利炼油厂的工程技术人员徐宗诗、焦连陞、杨启业、赵伟凡、陈俊武等人成立攻关小组，承担解决催化剂跑损的攻关任务。陈俊武被委任为组长。

其实，这位被石油部领导委任的攻关组长，现在是一位流浪汉。因为被扣发了工资，他在山东胜利炼油厂的这些日子，全靠借同事们的钱维持生活。抚顺设计院不时传来对他批判和勒令返回的消息，因为担心回去后失去自由，他没敢回去。在万家团圆的日子里，他一个人在胜利炼油厂孤寂地度过了1968年的春节。

春节刚过，陈俊武就带队出发，第一站是大庆炼油厂。这真是一次难忘的旅行。火车超员晚点，拥挤不堪，无餐无饮，深夜到达哈尔滨，冰天雪地的大街上漆黑一团。他们三步一滑、五步一跤，跌跌撞撞摸到大庆油田办事处，岂料办事处已被红卫兵"查封"，费尽千辛万苦才住进了一个小浴室。

二月的大庆，气温下降到零下 30℃，寒风刺骨，滴水成冰。陈俊武带领大家爬上近 30 米高的两器平台，用玻璃 U 形管、胶带制成的简陋的测量仪器对未连上仪表的测压点进行水银柱压力测试。手冻僵了，脸颊在尖利的寒风中逐渐麻木，钢笔、圆珠笔也冻得写不出字。胶管时不时被罐体内强大的压力冲开，水银飞溅满地……

在极艰苦的条件下，攻关组在大庆和抚顺石油二厂两个炼油厂取得了大量珍贵的数据和资料，其中有非常重要的再生器内的一批流态化数据。这样的测试使陈俊武和他的同事们受到启发，他们觉得在胜利炼油厂装置的再生器上也需要同样的甚至更充实的数据，以资分析对比。在此基础上，陈俊武又进一步提出了在再生器做单器热态流态化测试的想法，并得到了厂方和上级的支持。

1968 年 4 月，陈俊武带领他的小组开始在胜利炼油厂的工业装置上做大型流态化测试。这是一次大胆的尝试，这样的大型测试，不仅国内从来没有，世界上也属首次。

流态化试验一般在实验室里进行，模拟的反应器、再生器不过几十厘米高，而工业装置中的反应器却要大上百倍，直径近 10 米，高 20 多米，像矗立着的五层楼。没有先例，没有经验。陈俊武凭着他的知识、智慧和勇气，终于和他的同事们一起，取得了许多珍贵的数据，完成了这次在中国炼油工业史上具有重大意义的工业试验。

通过几天的试验，他们观察到胜利炼油厂再生器流化床中间部位的密相和稀相密度分布紊乱，和抚顺、大庆的装置很不一致。再生器中间的两组旋风分离器入口位置不当可能是诱因。如果将它们

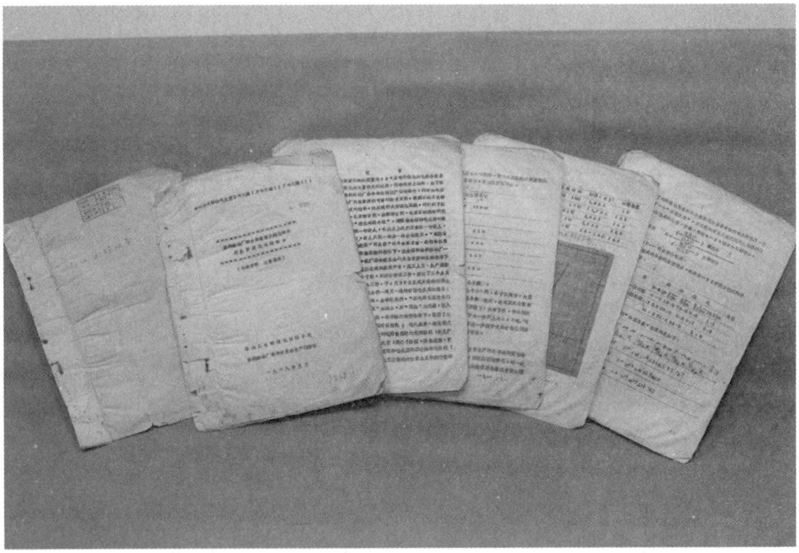

陈俊武编写的胜利炼油厂120万吨/年催化裂化装置流态化测试总结

堵死，再生器流化就能正常。管式反应器只能将直馏蜡油部分转化，焦化汽油和柴油进筒式反应器。原先设计的三个反应器实际上变为一个半反应器，即筒式加管式反应器。按照这个思路又进行了简单的设备改造，胜利炼油厂年加工能力120万吨催化裂化装置终于可以正常生产了。

催化剂被陈俊武手中智慧的魔杖制服了，它们迷途知返，在两器的循环中驯顺运行，跑损量下降到每天3吨左右的正常值。

这是一个重要的节点，至此，标志着我国炼油工业流化催化裂化产业化的技术难关已经全部被攻克。五朵金花中最硕大艳丽的一朵灿然开放，光彩夺目。

1968年10月，陈俊武回到抚顺。

踏着秋天的阳光，他来不及洗掉身上的灰尘汗渍，就赶往院革委会汇报。但是他遭遇的却是阴沉沉的脸色。院革委会通知他，马上去第二政治学习班报到。

从胜利炼油厂胜利归来的陈俊武于是挟着铺盖卷进了学习班。他和十几位中层干部一起，集中在一个房间里，清晨在楼外跑步，白天开会，晚上就打地铺睡觉。检查书写了一份又一份，批判会开了一场又一场。不仅要检查批判自己的错误，还要揭发批判原院党委领导这些“走资派”的罪行。“技术挂帅”“白专道路”“权威思想”“重用坏人”“里通外国”，等等等等，大帽子一顶顶飞旋而至，慷慨激昂，唾沫乱飞，没有是非黑白，没有概念逻辑，天地间一片混沌。

陷于混沌中的陈俊武常常也感到困惑。但他的大脑中始终保持了一个清晰明亮的光点：中国炼油工业技术发展到今天来之不易，绝对不能由于我们的懈怠疏误再拉大和世界先进水平的差距！

陈俊武没有像行吟泽畔的屈子那样低唱“世人皆醉，唯我独醒”的郁郁哀歌，他抗争着，也行动着。在学习班那板硬的地铺上，在农场繁重的体力劳动中，在回到设计院被撂到一边坐冷板凳的时候，他都盯着技术，想着技术。一听说有项目，他就设想方案，悄悄计算，陈述看法，提出建议，不管面对的是呵责还是冷落。

2　搬迁：竹园沟岁月

20 世纪 60 年代，我国在发现开发大庆油田之后，又相继在山东、河南等地发现了新的油田。为了改善石油工业的布局，加快三线建设，石油部决定在豫西建设一座年加工规模 250 万吨的炼油厂和总容量 15 万立方米的储备油库。1967 年 2 月，石油部下达文件，确定厂址选在豫西宜阳县竹园沟，定名为红旗炼油厂。

1967 年 8 月，“石油工业部红旗炼油厂筹建处”正式成立，1969 年 1 月，石油部又将山东胜利炼油厂的基建队伍调来豫西，和红旗炼油厂筹建处合并，组建“石油工业部工程建设红旗总队”，承建红旗炼油厂和红旗储备库等工程项目。

1969 年 10 月，根据我国东北边境严峻的军事形势和国务院业务组关于科研、设计单位搬迁工作的指示，石油部军管会决定并通知抚顺设计院革委会，将抚顺设计院由抚顺搬迁到河南省宜阳县红旗炼油厂所在的山沟。同时还要组建一支具有独立设计能力的 300 人的设计连队，搬迁到湖南临湘长岭炼油厂承担设计任务。12 月，石油部军管会正式下发了《关于抚顺设计院搬迁河南、湖南的通知》，紧张的搬迁工作全面展开。

竹园沟位于洛阳西南的宜阳县张坞乡，熊耳山北麓，是一个大约 7 公里长的偏僻的山沟，一条小河从沟中流过，向南汇入洛河，当地人叫龙窝河。为了贯彻"靠山、分散、隐蔽"的战备方针，红旗炼油厂的厂址就选在这个山沟里。先期进驻的基建人员已经在龙窝河两岸建成了一些简陋的生产和生活设施。这里距抚顺数千公里之遥，还要经过火车和卡车运输的中转，作为部属的设计院，文件资料、办公家具、上千名拖家带口的职工和家属，搬迁任务十分紧张与繁重。

1969 年底，洛阳市宜阳县竹园沟一览

此时陈俊武被分在生产组打杂，而搬家正是打杂人的用武之地。陈俊武受命先行，他作为首批人员于 1969 年底来到竹园沟。他的任务是与同在生产组的赵守壁负责中转接送。

设计院在洛阳火车站附近西工的一处凹地旁边设了中转办事处，这里距宜阳竹园沟有 80 公里，卡车还要跑两个半小时。陈俊武的工作是收拾临时住房，去火车站接送人员，搬运行李。他扛着沉重的大箱子，在坎坷不平的黄土路上踉跄行走，把搬运工的角色形象完成得淋漓尽致。虽是寒风砭人肌肤的严冬，他的棉袄却一次次被汗水浸湿。

陈俊武的杂工干了几个月，已经“靠边站”的原院党委书记庄润霖忍不住了，他找到革委会负责人说：“陈俊武没多大问题吧？让他干些事吧，这样的人才整天让他打杂太可惜了嘛！”

1970 年下半年，搬迁安置基本完成，陈俊武也被批准可以进入设计室了。其实设计室不过是临时搭建的简陋板房，但只要有图纸、有资料、有让人日夜牵挂的项目和有让人寝食不安的方案，这板房就像神圣的宫殿般让陈俊武感到愉悦和振奋。

抚顺设计院来到竹园沟的这部分人员，番号被叫做红旗总队设计大队，1971 年 11 月更名为红旗总队设计研究所。这时技术职称、职务一律都被当作“修正主义货色”被“革命”掉了，设计人员统称“服务员”。陈俊武也是个普通的服务员。可大多设计人员还是像“文革”前那样把他当副总工程师对待，一遇到难题就找他请教探讨。实际上，陈俊武又在起着技术带头人的作用。

其实，就在他们大张旗鼓进行搬迁的时候，石油部已通知红旗炼油厂停建。原来只考虑战备的因素，但在这个偏远的大山沟里建大型炼油厂，存在诸多无法解决的难题，比如铁路、水、电以及废气排放等等。因此，炼油厂要另行选址。后来，红旗总队的机关部门和施工队伍逐步撤出竹园沟，迁往洛阳市郊区的关林镇，1972 年 4 月改名为“燃料化学工业部第一石油化工建设公司”。而留驻竹园沟的设计研究所的一个新的任务，就是为炼油厂选新的厂址。

原计划中的红旗炼油厂年加工原油能力已要求增加到 500 万吨，

是当时全国最大规模的炼油厂，其中对很多装置也有创新的任务。这样的炼油厂对地理环境、交通条件和水电资源都有较高的要求。为了选定理想的厂址，由各个专业人员组成的小分队向北、向南两个方向勘察选址，定期开会汇总情况，研究讨论。

陈俊武参与了北线的勘察。这是陈俊武和他的同事们与河洛大地的第一次亲密接触。他们上邙山，过黄河，带一张五万分之一的地形图，在太行山南麓的山地和平原上调查寻觅。

从遥远的东北抚顺来到豫西山地的工程师们似乎对河洛地区一见钟情，大家认为，新的厂址应以洛阳为中心，在新建成的焦枝铁路沿线为好。曾经也有省市领导提出在邙山建厂的建议，但最后还是被否定了。几经波折和反复，最后新厂址选定在黄河北岸济源县坡头和孟县吉利两个公社之间一片较为平缓的丘陵地带上。最初定名为济源炼油厂，1976 年国家计委正式批准建设，并列为国家重点建设项目。1977 年审查初步设计时，改名为“河南炼油厂”，1983 年初又改名为“洛阳炼油厂”。

一次次出发，又一次次归来，竹园沟成了抚顺设计院 1000 多名干部职工和家属新的家园。

从城市到山沟，从楼房到窑洞和板房，有一个巨大的落差，也需要一个适应的过程。但抚顺设计院的人们面对突然而至的搬迁和变故，把这个适应过程大大地压缩了，大家坦然面对，接受，改变，并没有什么牢骚和怨言。

窑洞阴冷潮湿，昏暗无光，板房四面透风，不挡寒暑。在抚顺时，设计院家家使用煤气和暖气，竹园沟里却只能砌炉子烧干柴和自己打的煤坯。于是这些曾为祖国设计了第一流炼油厂的工程师们，拿起了瓦刀和铁锨，开始研究炉子怎样砌，煤和黄土如何和……陈俊武也在这个行列中。但是他干这活儿远不如他在工程设计中那样得心应手。他动作笨拙，姿势别扭，打的煤坯也不整齐，砌的炉子还漏烟。

家，妻子儿女，柴米油盐。家是避风的港湾，家是栖息的窠巢，家是温馨，家是甜蜜。可陈俊武在竹园沟这里的，是个什么样的家啊！

一间15平方米的板房，墙上透风，屋顶漏雨，雨天进泥浆，晴日坑坑洼洼。吴凝芳是个医生，她上班的地方远在十多公里以外地名叫院东的一个油库工地上。吴凝芳多年来为支持陈俊武的工作，默默挑起了沉重的家务重担。但吴医生也是党员，也是先进工作者，也是事业心很强的人。她早上天不亮就要搭车走，满天星斗才能回来，有时太紧张还要住在工地。陈俊武也要经常出差到现场。按吴凝芳的话说，他只要说出差，马上就得走，什么也拦不住他，家里塌下来他也不会管的。

爸爸妈妈都走了，家里只剩下刚刚12岁的大女儿陈玲带着5岁的妹妹陈欣。玲玲脖子上挂着钥匙，看家、做饭，呵护着妹妹，俨然一个小大人。大凡单位里领票证分东西，陈俊武家的代表多是玲玲。下雨了，她还会爬上房顶，压上防漏的油毡。

但是，毕竟玲玲也还是个孩子。有时候，她只顾自己和伙伴们玩耍，却忘掉了照顾妹妹。着急的时候，她也会行使当姐姐的权威。

不知是什么原因，陈欣小时候就是不去幼儿园。爸爸妈妈上班去了，她就一个人蹲在板房门口，一边哭，一边叫着："季奶，季奶……"季奶是她在抚顺时对家里一个姓季的保姆的称呼。一个幼小稚嫩的心灵，最需要爱抚的时候，她只能凭着记忆发出遥远的呼唤。

竹园沟的生活苦涩而又单调。

洛河北岸的三乡，就是唐朝著名诗人李贺的故里。当年，这位才华横溢但又郁郁不得志的年轻人，常常骑着一头瘦骨伶仃的毛驴，背着那个流芳千古的破旧锦囊，在河畔的山道上彳亍徘徊，寻觅着诗意。他的母亲在后边心疼地吆喝他："是儿要呕心乃已耳！"

李贺诗中有南园十三首，多咏竹句，不知与竹园沟是否有干系。但这时的竹园沟却找不到几分诗意。黄土高坡上一孔孔潮湿的窑洞和几排简陋的板房，就是堂堂设计院的住宅区和办公室。买生活用品要到19公里外的张坞镇，三乡近一些，不过来往要乘船渡过洛河。去一趟洛阳要坐卡车风尘仆仆奔波一天。下雨天人人都须在鞋上绑上草绳以防滑倒，深夜里还常常会被野狼的嗥叫悚然惊起。偶尔上山砍柴下河摸鱼，竟也自视为渔樵之乐。但就在这偏僻闭塞的竹园沟，就在这简陋寒伧的窑洞板房里，一张张蓝图画出来了，一项项新工艺设计诞生了，映着春天里山坡上鲜艳的杜鹃花。

3 “一顶二”和“701”

上世纪60年代末、70年代初，中国原油产量剧增，炼油厂的加工能力不足，难以全部消化，有些电厂就直接烧原油发电，造成很大浪费。国家受“文革”动乱影响，钢材匮乏，资金紧张，新建炼油装置十分困难。那么，能不能设计一种投资少，上马快，对原油只需中等程度加工的炼油装置呢？

受到一则简单的国外资料的启发，陈俊武和彭世浩、曹世经、徐顺福、廖家祺等几位同事反复讨论后，大胆提出了蒸馏-催化裂化联合装置的方案，实际上这是将原油蒸馏和催化裂化两个装置合而为一，直接用高温反应油气在分馏塔把蜡油拔出，省去常减压蒸馏装置，简称“一顶二”。

石油部基建司王德瑛同志，亲临竹园沟，领导和支持着这次在特殊背景下的技术革新。方案很快被石油部批准实施，决定将石油六厂作为“一顶二”装置试点厂，并将这种革新型的装置命名为“大庆 701 装置”。

技术复杂，资料缺乏，没有大型实验设备，只能结合理论计算和局部观测的工业数据来判断设计参数。

当时关于石油的物理性质的数据很不完善，美国石油学会 1964 年组织编写的《石油炼制技术手册》第一版虽然收集了不少数据，但关联式不够充分，并且当时也没有看到。他们只好选用 1971 年初美国《油气》杂志介绍的恩氏蒸馏和实沸点蒸馏数据的关联式。陈俊武和曹世经做了大量繁琐的计算，目标是得到期望的“蜡油拔出率”，尽量降低渣油产率，符合既定的经济指标。

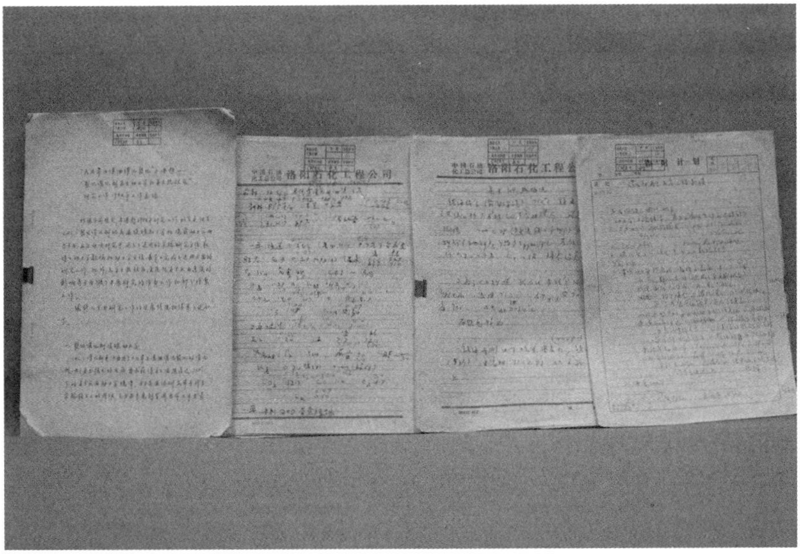

陈俊武编制的大庆油催化裂化-蒸馏一顶二设计计算总结

1973 年，年加工 200 万吨原油的“一顶二”装置建成，8 月开始试运行。由于是创新型的装置，没有经验可以借鉴，操作参数掌握不准。有时催化裂化产气过多，有时加热炉出口温度过低，等等。经设计方和生产方多次研讨，认为有些部位应在更苛刻的条件下运行。从 8 月 9 日开始，操作渐趋平稳，经测定，蜡油拔出率达到 90%。

“一顶二”工艺技术取得了成功，当时也被几个炼油厂采用。由于是在特殊背景下开发的，这项革新的成果后来并没有大规模推广应用。

虽然如此，陈俊武仍把这项工艺创新作为自己人生之路上的一个重要节点，因为它诞生于“文化大革命”这个特殊的时期，诞生于竹园沟这个荒僻的地方，他说：“这项创新活动得到了石油部的大力支持，给设计人员创造了大胆从事工程开发的机会，在‘文革’期间能得到如此有益的锻炼，机遇难得！”

第九章

跟踪先进 改革创新

1 移师洛阳

1971年底，燃料化学工业部基建司的王德瑛处长又一次来到竹园沟。这位处长虽然职务不高，当时却提出了一个关系石油工业大局的战略思考，他的想法得到部领导的肯定。部领导认为，国外炼油工业技术在飞速发展，我们必须在“五朵金花”的基础上继续前进，才能跟上世界先进技术的步伐。要想在重大技术领域有所创新和突破，应该建设一个炼油实验厂，可以对新工艺和新设备进行半工业化试验。否则，由于“文化大革命”的影响，将贻误我国炼油工业技术的发展。

2016年4月陈俊武（右二）邀请老领导王德瑛（右一）来洛阳与老同志交流

这个想法当然得到蛰伏在竹园沟中的“红旗设计大队”的工程技术人员们的热烈拥护和支持，设计方案上报之后，很快也得到燃料化学工业部的批准。

因为实验厂年原油加工能力为15万吨，必须靠铁路运输，并且最好是由建设中的河南炼油厂铁路专用线转运；而实验厂的运作模式是设计、研究和半工业试验三结合。符合这些条件的只能在洛阳附近的郊区选址为好。经河南省和洛阳市同意批准，炼油实验厂的厂址最后确定建在洛阳市郊区的李屯。1973 年初开始动工建设，10 月设计大楼和部分住宅楼竣工，这支在竹园沟度过了 4 年艰难岁月的设计队伍，开始向李屯搬迁，移师洛阳。

在这几年时间里，这支队伍的番号也几经变换。1971 年 11 月，名称变为燃料化学工业部工程建设红旗总队设计研究所；1972 年 4 月，改为燃料化学工业部第一石油化工建设公司设计研究所。后来在 1975 年，又改为石油化学工业部第一石油化工建设公司炼油设计研究院。

1972 年，燃化部任命陈俊武为设计研究所革委会副主任。

虽然走出山沟，来到洛阳，但驻地远离市区，住房简陋，交通不便，干部职工的生活条件仍然十分艰苦。年轻职工暂时只能住在活动板房，资历较老的职工可以住在简易的楼房。楼房有下水，却无给水，二、三层四户人家只能共用一个既陡又窄的楼梯。上级单位油建一公司的总部远在关林，距李屯也有 5 公里之遥。

这些暂时的困难对经历了竹园沟艰难岁月的人们来说，实在算不了什么。实验厂的建设热火朝天，一批批与实验厂工艺有关的职工和技术人员从各地的炼油厂和正在精简职工的第二汽车制造厂调来，队伍逐渐壮大。李屯基地洋溢着蓬蓬勃勃的气象，就像四周田野里正在成长的庄稼一样郁郁葱葱。

2　跟踪、改革和创新

上世纪 60 年代末、70 年代初，正是世界炼油工业技术迅速发展的时期。

当时我国投产的两种加工规模的催化裂化装置实际上仍属于国外60年代的技术水平，和同时期的国外先进技术相比，已经落后了十来年。陈俊武警惕地关注着。

盯住他们，咬住他们，不能落后！

陈俊武以广博的知识和聪敏的思维，张开了无形的大网，捕捉着信息，辨识着路径。

那时候的信息来源主要是靠阅读书籍和文献资料获得，除了正常的工作，他把大量的业余时间用来学习、阅读和思考。关于他看书学习的故事，至今还在他的同事和学生中流传。

在竹园沟时期，每逢节假日，很多人都会去附近的三乡或是张坞赶集，买些比较便宜的鸡蛋或是鸡、鸭、牛、羊肉之类回来改善生活，或是到小河去捉鱼摸虾。在陈俊武看来，这类活动虽有乐趣，却浪费了时间，他很少去。买菜时要排队，他手里拿着书；驻地吃水用的水管水量小，接一桶水要等很长时间，他连这点时间也舍不得浪费，也要看一会儿书。

搬到李屯以后，烧煤要到关林去拉，来回十公里，回来还要用黄土按一定比例和好，炉子要自己砌，封不好又常常熄火，这都要花费大量的时间。为了省时省事，他干脆买煤油用煤油炉做饭，当然这样的经济代价翻了几倍。

在大量阅读研究的基础上，陈俊武如同编织了一个巨大的网络，眼观六路，耳听八方，对国际炼油工业的新技术和新工艺他都能及时了解，并结合中国的实际，经常思考着如何改革和创新。

在炼油实验厂的建设中，为了确定加工流程方案，单位派出了16个调查组，到全国各地的炼油厂调研，在此基础上产生了以催化裂化装置为核心的基本加工流程方案。

陈俊武注意到，国外已经研发了活性很高的分子筛型（从X型到Y型）催化剂，反应器可采用高空速操作，床层反应也已经发展成管道反应，用提升管来实现。在陈俊武的指导下，李屯炼油实验厂催化裂化装置采用了提升管反应-再生的新型工艺。

催化裂化装置从返混严重的流动床反应器到接近活塞流的提升管反应器，明显提高了反应选择性，提高了轻质油收率，油气和催化剂在装置中的反应过程由几分钟缩短到几秒钟，效率和性能大大提高，这使炼油工业技术发展到了一个新的阶段。

根据这种新的工艺特点，为了满足短反应时间的要求，提升管就需要一定的高度，陈俊武提出将原装置的两器同高并列式改变成高低并列式，简称高低式。在大家的共同努力下，并且与北京石油科学研究院（现石油化工科学研究院）密切合作，取得了成功，这在当时也是一个创新，在全国也是第一家。后来石油科学研究院在玉门炼油厂的实验也取得了成功。

从此，国内新设计的催化裂化装置已从两器同高并列式改变为高低并列式。1978年，北京设计院设计的武汉炼油厂和洛阳设计院设计的镇海炼油厂两套高低并列式装置先后投产，开辟了中国催化裂化技术跟踪世界先进水平的新纪元。

陈俊武很早就关注催化裂化装置中的旋风分离器的革新问题。1972年他听到王正则介绍，Zenz撰写了一篇关于此类内容的文章，觉得很有价值。当时销售高效旋风分离器的有几个知名厂家，如Ducon、Buell和Emtrol公司，洛阳设计院平时经常使用的是Ducon系列（D型）。能否采用更好的系列呢？在陈俊武的设计理念中，从来都是反对单纯依靠引进国外产品，必须立足于自主研发。后来，他想方设法从上海一个厂家的装置里间接获得了Buell型的直观印象，又利用出国到罗马尼亚考察的机会，较为详细地了解了Buell型旋风分离器的结构和参数。在此基础上，陈俊武指导自行设计了带旁路的B型旋风分离器。在石油部化学工业领导的支持下，1975年在玉门炼油厂催化裂化装置改造的时候，这种新型的B型旋风分离器实现了正常运行。以后他们在新建的装置中大多采用了这种 B 型旋风分离器。

陈俊武(中)与洛阳设计院的机械专家佟吾卫(左)、设备专家王正则

1973 年，由于中美关系的缓和和改善，UOP 公司主动来华交流炼油技术。陈俊武对他们介绍的高效再生技术很感兴趣。他和郭慕孙先生领衔的中国科学院化工冶金研究所研讨后决定在该所和洛阳炼油实验厂分别作冷模和热模实验，初步掌握了快速流态化的基本参数。1978 年，洛阳设计院在新设计的乌鲁木齐炼油厂的催化裂化装置中首先应用这种技术，陈俊武还独出心裁地设计了一种具有三层标高的内溢流管催化剂循环方式，代替大口径节流单动滑阀。后来北京设计院在荆门炼油厂的改造设计中也开始采用这种技术，并改进为外循环方式。从此，这种被命名为烧焦罐催化剂再生新工艺，被广泛应用到国内新项目的设计中，成为上世纪 70 年代后期中国炼油工业中常用的再生器技术。

这一时期，陈俊武还指导洛阳炼油实验厂开发了一项新的萌芽状态的技术，即催化裂化掺炼渣油技术。

陈俊武(左)和郭慕孙院士(中)、刘太极教授

所谓渣油催化裂化，所用原料为常减压蒸馏装置的常压渣油或馏分油掺部分减压渣油，催化裂化的生产工艺流程与一般流化催化裂化相同，但因原料油性质不同，要求设备的构造和催化剂与一般的催化裂化有较大差别。渣油催化裂化一般轻质油收率低于馏分油催化裂化，但由于原料油价格便宜，它的经济效益甚至超过馏分油催化裂化。发展渣油催化裂化工艺是世界上石油炼制工业研究发展的一个重要趋向。我国原油由于重油部分较多而且大多属于低硫高石蜡基原油，因此对渣油催化裂化技术的开发具有重要意义。

洛阳炼油实验厂的装置规模小，相对热损失较大，具备应对掺渣油后焦炭产率增大的热平衡条件。1977 年，成功进行了掺炼任丘渣油(约 20%)试验，初步摸索了原料重金属污染的影响，开创了我国掺渣油催化裂化的先河。

洛阳设计院李屯实验厂渣油催化裂化试验装置

这一阶段，由于洛阳设计院有了设备研究所这支生力军的加入，设计人员对设备内部结构的创新投入了很多心血。再生器空气分布器是首选的目标，他们试用分布管结构，同时还要考虑分布管均匀布风和管口磨损，以及催化剂泄漏等问题，在全无经验和先例的情况下大胆尝试。这些试验只能利用设备检修的间隙才能进行，周期长，效益也不高。并且此类“小事”，上级领导也很少过问。他们完全是凭着高度的事业心和责任感，默默地、一点一滴地努力探索和创新，中国催化裂化工程技术水平也在这种探索和创新中逐渐提升。

3 再出国门

20 世纪 70 年代初期的几年，由于林彪出逃事件的影响，持续多年的“文化大革命”似乎有所降温。1973年，随着邓小平的复出和这位铁腕人物大刀阔斧对各个行业进行的整顿，经济建设逐渐走上正常轨道。“文革”中动辄被扣上“里通外国”、“崇洋媚外”大帽子的对外科技交流活动也逐渐恢复。

1974年10月，燃料化学工业部安排陈俊武参加了由石油三厂骆登月带队的科威特炼油考察组。不巧的是，考察期间正逢穆斯林的“斋月”，很多炼油厂因休假而不接待外访。他们只重点看了全加氢炼油厂，尽量争取获取有关的技术资料，并到现场考察了采用H-Oil技术的大型加氢反应器和热油循环泵。

这一年燃料化学工业部还派陈俊武和北京设计院的郭志雄、胜利炼油厂的荣镇中等赴罗马尼亚考察。他们在一个炼油厂见到了技术先进的提升管高效再生装置，除了了解操作数据，还在其仓库里看到了Buell型旋风分离器的备品，这对陈俊武后来指导对旋风分离器的设备改造和创新有很大帮助。

1976年10月，陈俊武又参加由石油化学工业部组织的炼油技术考察组赴日本考察，这次领队的是生产技术司司长任向文。考察组从东京湾，再到大阪、四国岛等地，参观了几家炼油厂。这次考察，陈俊武对日本炼油工业的加工工艺，有了直观的了解，特别对大量的常压渣油加氢脱硫装置(单系列年加工规模约150万吨)印象深刻。这项技术来自美国，日本是它的用户。

在日本，陈俊武一行第一次乘坐了高铁。那种风驰电掣般的车速和车内平稳舒适的感觉给他留下了很深的印象。对于日本先进的工业科技和中国相对落后的现状，他感触犹深。在那一刻，他更加深切意识到一个科学家对国家和民族肩负的责任。

第十章

科学春天 春色烂漫

1 春天来了

1978 年，是中国当代历史上重要的一年。

转折是从 1976 年开始的。这一年，中国先后经历了伟人逝世，唐山地震，天安门广场事件，终于在 10 月一举粉碎了祸国殃民的“四人帮”，紧接着是一系列“拨乱反正”的政策举措出台。“文革”结束，阴霾散去，人民欢欣鼓舞，神州大地又焕发出新的生机。1978 年中国召开了两次具有历史意义的大会，一次是在冬季召开的中共中央十一届三中全会，还有一次就是在春天召开的全国科学大会。

1978 年 3 月，全国科学大会在北京隆重召开，人民大会堂巨大的穹顶华灯齐放，灿若群星。座席上来自全国各地的老中青科技英模济济一堂，也如群星般璀璨。陈俊武作为河南省代表团的成员，光荣出席了这次盛会。

这是陈俊武第二次进入人民大会堂，距离他 1959 年出席全国劳动模范先进工作者代表大会，已经过去了将近二十年。科学大会对前十多年所取得的科技成果给予了表彰和奖励，陈俊武曾经付出心血的催化裂化项目也在其中。

中国科学院原院长郭沫若抱病出席大会，并发表了题为“科学的春天”的热情洋溢的书面讲话。

邓小平代表中共中央和国务院发表了重要讲话，他在讲话中阐述了两个最重要的观点：科学技术是生产力；知识分子是工人阶级的一部分。这些观点具有里程碑式的意义，标志着党和政府对科学技术和知识分子政策的重大转变。邓小平浑厚有力的四川口音在大厅里回荡："我愿给你们当后勤部长……"

掌声如雷。历史终于翻过沉重的一页，科学的春天来到了！

1978年，是中国一个新时代的灿烂开篇。这一年陈俊武年届50岁，对科技工作者来说正值壮年，陈俊武感到激动和振奋。他手里托着红绒面烫金字的获奖证书，那似乎就是时代的重托，他听到了历史的召唤。

陈俊武暗暗下定决心，一定要在自己从事的炼油技术领域特别是催化裂化技术领域猛追世界先进水平，为祖国的繁荣富强作出自己的贡献。

这一年，石油部任命他为洛阳炼油设计院副院长兼总工程师；这一年，他被河南省授予先进工作者称号；这一年，他指导设计的我国第一套快速床催化裂化装置在乌鲁木齐炼油厂试运告捷；这一年，他指导设计的浙江镇海炼油厂我国第一套年加工120万吨的全提升管催化裂化装置开车成功。

这一年，春光明媚，春花烂漫。

2 出国考察选择专利商

我国石油炼制加工的另一个重要领域——加氢裂化技术最初是在抚顺石油三厂起步，在大庆炼油厂得到发展，但和国外的设备、技术相比，还是存在较大的差距。

加氢裂化也是石油炼制过程中的重要工艺之一。加氢裂化原料通常为原油蒸馏所得到的重质馏分油，包括减压渣油经溶剂脱沥青后的轻脱沥青油。产品含硫、氧、氮等杂质少，稳定性好。

石油部决定，在广东的茂名炼油厂建设一套具有世界先进水平的加氢裂化装置，拟从美国引进先进技术并购买设备。首先要选定专利商和选择工程承包商。1978 年 5 月，负责这一任务的石油部工程部主任陈自光带队去国外考察。他点名要洛阳设计院的陈俊武和黎国磊参加。

1978 年陈俊武(右二)与陈自光(左一)、黎国磊(右一)
赴国外考察加氢裂化技术

本来洛阳设计院负责加氢工艺设计的是宋文模，宋文模也是一位资深的高工，陈俊武觉得这一次让宋出去似乎更合适一些，但部里还是决定让他参加。

第一站是法国的马赛，考察了 Lavera 炼油厂的加氢裂化装置，采用的是英国石油公司技术，从操作数据看并不太理想。第二站是美国，由国际著名的 Fluor 工程公司接待。先到旧金山的雪佛龙公司总部，听取加氢裂化技术和催化剂介绍。然后到洛杉矶的 Fluor 总部和联合油公司研究中心访问，听取他们的业务介绍和联合油加氢裂化专利技术介绍。接待方很热心，强调联合油技术和其他大公司相比，热能利用好，加热炉负荷小，有更大的优势。陈俊武在仔细比对几个厂家的反应器截面温度分布后，认为联合油公司反应器径向温度确实比较均匀。考察组讨论后，又提出了反应器重量不宜超过 370 吨，能最大量生产喷气燃料和柴油，年加工能力 80 万吨和催化剂寿命更长等条件。

这时候考察组接到石油部电报，说已和 Lummus 公司联系，他们愿意派人陪同去墨西哥参观渣油沸腾床加氢技术。陈自光决定派陈俊武和北京设计院的金桂馥同去。陈俊武一行于是飞赴墨西哥，来到 Salamanca 炼油厂，考察了正在运行的装置，并取得了一套相关的数据。这家技术较科威特建设的 H-Oil 反应器有所改进，值得参考。

返回美国后，陈俊武继续了解和研究 Fluor 公司为考察组准备的报价方案。Fluor 公司又安排中国考察组到芝加哥、纽约、休斯敦等地参观加氢裂化装置。经过研究对比，考察组认为联合油技术的装置 3 米直径反应器的截面温度分布非常均匀，温差在 3℃以内，表明冷氢控制水平高，结论是美国联合油技术有较大的优势。

回到国内后，在确定专利公司的前提下选择承包商，日本日挥公司和美国 Fluor 公司参与竞标。在报价环节上，因为日挥公司报价明显低于 Fluor 公司，按照规则只能选择日挥公司。美国方面虽然付出了巨大的热情和努力，但最终希望落空。陈俊武将考察情况向主管副部长侯祥麟及时作了汇报，也和日挥公司方面的项目经理今井见过面，后来就不再过问了。

此次出国考察，陈俊武觉得收获甚丰。首先是对国外先进的炼油工程技术有了直观深入的了解；另外也明显感受到国家实行对外开放，积极引进先进技术的政策对石油工业技术的促进和影响，工业科技战线上的确有一种欣欣向荣、万木争春的感觉。同时，对外国著名公司的管理、运行以及专利、工程承包等现代企业运行机制也有了进一步的了解，这也有利于我国炼油工程技术的研发和与国际的接轨。

但他对宋文模没能出国考察一直心存遗憾。1979 年，化工部拟在上海石化建加氢裂化装置，邀请了宋文模去美国考察。陈俊武这才放下了压在心中的这点虑念。

3 情报站、理事会和世界石油大会

随着全国炼油行业催化裂化技术的推广和发展，需要在设计、科研、高校和生产厂家之间建立一个联络和研究的平台。1980 年，根据石油部领导的指示，全国石油工业催化裂化科技情报协作组成立，洛阳设计院为组长单位，副院长兼总工程师陈俊武兼任组长。最初协作组只有曹汉昌负责日常工作，虽然人手紧张，但在陈俊武指导下的组稿、撰稿工作卓有成效，有声有色。他们创办了《催化裂化》双月刊，内容从工艺、设备到催化剂，还有国外先进技术介绍、国内信息交流、简讯以及基础理论探讨等等，内容丰富，资料珍贵，受到广泛好评，产生了很大影响。

1984 年，协作组升格更名为催化裂化情报站，人员增加，业务拓展，除了编辑出版《催化裂化》杂志外，又编辑出版了《国外催化裂化文献快报》双月刊。为了体现情报工作的新颖和及时，情报站对国外催化裂化动态资料随到随译，及时出版。

1990 年，情报站成为中国石化总公司和中国石油天然气总公司合办的协作组秘书处成员，主要承担协作组年会的论文征选、评选优秀论文和编辑出版论文选集，为促进和传播我国催化裂化技术发挥了重要作用。

早在 1971 年的竹园沟时期，洛阳设计院内部还有一份刊物创刊，这就是以全国炼油工艺设计技术中心站的名义主办的《炼油设计》，高汉文副总工程师具体负责。这朵在偏僻的山沟里萌生的炼油科技之花，在大家心血的浇灌下争艳吐芳。

陈俊武既是主管领导，又是国内催化裂化的技术权威和领军人

从早期的《炼油设计》双月刊到现在的《炼油技术与工程》月刊

物，长期担任《催化裂化》编委会主任，从 1985 年起又担任《炼油设计》的编委会主任。他从行政角度提供支持，从技术角度把关，并多次亲自撰稿，付出了大量的心血。后来，这本刊物升格为公开发行的月刊，并且更名为《炼油技术与工程》，是国家 A 类学术期刊，中国石化系统的核心刊物，成为全国石化系统发行量最大的专业刊物之一，陈俊武仍然担任编委会的名誉主任。

2011 年 11 月陈俊武(中)出席《炼油技术与工程》
创刊 40 周年及编委会换届大会

科学的春天里，科学的花儿遍地盛开，学术活动也逐渐恢复活跃。

1979 年，中国石油学会成立，陈俊武被推选为常务理事。兼任理事长的石油部副部长侯祥麟委托陈俊武组建河南省石油学会。

侯祥麟 1935 年毕业于燕京大学化学系，1938 年加入中国共产党，曾就读于美国卡乃基理工学院化学工程系，获博士学位。在美留学期间，曾动员一批留学生回国。1950 年回国后曾先后在清华大学、中国科学院和石油工业部工作，后来任石油工业部副部长，并兼任过石油化工科学研究院院长。陈俊武和侯祥麟在工作中有诸多交集，对这位学者型领导颇为敬佩。

陈俊武和宋新民一起，拜访了原来并不太熟悉的河南省内的有关专家，其中有原地质部华北勘探局总工程师韩景行、南阳油田和中原油田的总工程师等。洛阳设计院的高士、张其耀两位老专家也积极参与了学会工作。在诸位专家的支持下，河南省石油学会于 1979 年正式成立，陈俊武连续两届任理事长。在他的领导下，学会各位同仁齐心协力，健全组织，开展多项学术活动，特别是丰富多彩的科普活动(阎振乾主抓)在全国颇有影响。河南石油学会也成为多次受到中国石油学会表彰的先进集体。

1983 年，第十一届世界石油大会在伦敦召开。中国代表团由 25 人组成，其中地质专业人员较多，炼油专业只有 6 人参加。有侯祥麟、闵恩泽、朱亚杰、林励吾、朱康福，陈俊武也名列其中。

这是陈俊武首次出国参加国际石油会议。开幕式在伦敦皇家阿尔博特大厅举行，主持开幕式的英国王储查尔斯王子还高兴地告诉大家，他的儿子恰巧在这一天出生，与会者掌声一片向他表示祝贺。会议的地点在巴比坎会议中心，陈俊武没有报告任务，听报告的自由度很大，自己可以根据专业和兴趣选择。会议间隙，陈俊武和朱康福一起去瞻仰了马克思的墓地。

马克思的墓地位于伦敦北郊的海格特公墓内。这位科学社会主义理论的创始人，《共产党宣言》的作者，改变了世界历史进程的伟人，墓地却显得那样狭小。

马克思的青铜头像端放在一座长方体的墓碑上方。光滑的大理石墓碑上镌刻着几行镏金大字，上面是《共产党宣言》中的名句“全世界无产者联合起来”，下面是《关于费尔巴哈的提纲》中的结束语：“哲学家们只是用不同的方式解释世界，而问题在于改变世界。”

大会结束以后，陈俊武随侯祥麟去苏格兰的爱丁堡市，参观了英国石油公司炼油厂和女王别墅。然后乘飞机赴新加坡，参观了一个小岛上的炼油厂和市区的兰花公园，最后经香港回国。

4　同轴式装置的诞生和成长

能源，一直是世界各国关注的焦点。小小寰球，究竟还能为人类提供多少维持生存的能量？世界上的石油资源是有限的，而人类社会对于石油的需求量却在日益增长。因此，在某种意义上可以说，国际上对炼油工业技术的竞争比对石油资源的竞争更为激烈。世界炼油工业技术差不多每五六年就有一次大的突破和发展。谁抢占了高地谁就抢占了主动权，落后就意味着被动和挨打。

陈俊武就像一位战斗在最前线的指挥员，20 多年来，他一直在中国炼油工业技术的前沿阵地上穿行巡视，观察着，思考着，判断着，哪一处工事需要修筑改造？哪一处地形适合迅猛出击？……

兰州炼油厂原来的移动床催化裂化装置是上世纪 50 年代苏联设计的，产能低，操作成本高，已经使用了 20 多年。后来建设的接触焦化装置也是来自苏联的不成熟技术，成为了炼油厂的包袱。1980 年，兰州炼油厂总工程师龙显烈得知洛阳炼油实验厂的同轴式技术已经通过技术鉴定，就联系陈俊武，表示想采用这项成果在兰州炼油厂建设一套年加工能力 50 万吨的大型催化裂化工业装置。

2009 年 6 月陈俊武(中)在兰州看望石油化工老前辈龙显烈和夫人

流动催化裂化装置分为两种类型：一种是并列式，即反应器和再生器左右并列建置，我国从 60 年代初建设第一套流化催化裂化装置开始，一直采用的是并列式。另一种叫同轴式，就是反应器直接置于再生器之上，如叠罗汉一般。这种装置可以减少占地面积，节约投资，但工艺更为复杂。

陈俊武对这一问题的关注可以上溯到 1973 年，当时他就和焦连陞讨论过同轴式催化裂化技术。洛阳炼油实验厂建设的时候，就采用这种结构型式设计建设了一套年加工能力 5 万吨的同轴式装置，不过这只是工业试验装置，生产规模较小，设备结构相对简单。这套装置于 1977 年末试车成功，1980 年通过了石油部组织的专家鉴定。

龙显烈的建议让陈俊武感到信任和鼓舞，同时也感到了压力，因为兰州炼油厂的装置要放大 10 倍，这涉及工艺、机械和仪表多个专业。陈俊武和陈道一、杜道基、谢泰嵩等有关人员多次讨论方案。特别是大直径塞阀的正确定位，还要确认再生器内待生催化剂立管与再生器的相对热膨胀，都需要一定措施，以保证塞阀不受热应力挤压，并能精确调节阀的开度。陈俊武强调，一定要多思考一些不利的情况并制定预案，只要精心设计，就一定能取得成功。

经过陈俊武、陈道一和各专业设计骨干杜道基、丛森滋等人的反复讨论、计算，一个详细的设计方案拿出来了。

龙显烈看了方案，击案叫好，大加赞赏。这个装置建成投产，他的炼油厂就会像龙一样腾飞，带来巨大的经济效益。龙显烈也是我国老一辈炼油技术专家，和陈俊武是老相识了。他兴高采烈，吃饭时举杯对陈俊武说："老陈，来，为我们的合作和装置早日成功干杯！"

但是石油部机关主管技术审查的某部门一位负责同志对设计方案的安全性能提出了质疑。

按照陈俊武的设计方案，待生催化剂汽提段插入再生器上部空间，从而节省了立管长度。质疑者认为万一汽提段器壁开裂，再生烟气将进入反应器，这可能出大事故，甚至会引起爆炸。因此建议把汽提段放在再生器和反应器之间，形成"哑铃式"布置（洛阳炼油实验厂的装置即是如此布置）。这个建议出发点固然很好，但是会使两器整体结构更为复杂化，也将大量增加投资。而且，否定了这个方案，中国催化裂化技术就会失掉一次上台阶的机会。

陈俊武没有后退，他据理力争。讨论，争论，辩论，从兰州争到北京。1981年春，石油部副部长孙晓风决定亲自主持由有关专家和领导参加的论证会。

气氛略显紧张的会议室里，明显分为两种意见，一种肯定，一种否定。否定模糊而有力："有可能出事故"，"有可能爆炸"，"有可能……"

科学技术的发展需要学术上的交流和争论，需要百花齐放，百家争鸣。陈俊武并不是听不进不同意见的人。他虽是闻名全国的技术权威，但却平易谦虚。熟悉他的人都知道，谁都可以和他平等讨论技术问题，不用说同事，就连他的助手、下级，甚至刚刚从大学毕业的毛头小伙子，也可以当面对他提出不同意见。他喜欢这种气氛，鼓励这种气氛。科学是个神圣的殿堂，唯有真理在这里才至高无上。在真理面前人人平等，不论是平民还是贵胄。

陈俊武不能让经过认真研究的方案就这样被否定了。他激动地站起来。但冷静下来后又把意见表述得详细而又清晰。陈俊武用一系列准确的数据确认不会出现所质疑的安全问题。比如有人认为的可能的爆炸是某个部位可能磨洞漏气造成的，但是按设定的汽提段最大裂隙面积，从系统压力平衡计算，所进入的烟气量十分有限，出现事故苗头也一定有征兆，而且有足够的时间予以判断和处理，不可能达到爆炸极限，因而也就不会引发爆炸事故。

激动中的陈俊武对着石油部孙晓风副部长和主管技术领导拍着胸脯立了军令状："如果出了问题，拿我陈俊武是问！"

头发花白的龙显烈也站起来："还有我！"

退一步就可以悠闲自在，高枕无忧，但是陈俊武没有后退，他坚定地站着，宁可让头顶悬着达摩克里斯之剑。

石油部的领导们笑了，拍板定案通过了洛阳院设计的方案，他们支持了陈俊武。在中国石油工业发展的几十年风雨历程中，他们了解陈俊武，也相信陈俊武。是上下级，也是朋友和相知。长相知，方能倾诉肺腑，肝胆相照。

陈俊武陪同石油部孙晓风副部长(左)

参观洛阳石化工程公司炼油实验厂

1982年秋，凝聚着陈俊武和他的战友们心血的兰州炼油厂同轴式催化裂化装置顺利建成投产，再生效果居当时全国之冠。这套装置不仅使兰州炼油厂效益大增，成了厂里的金罐子，当年就收回了四千多万元的投资，而且把我国炼油技术水平向前推进了一大步。该设计1984年获得全国优秀设计金奖，1985年又获得国家科技进步一等奖。

20世纪80年代兰州炼油厂的国内第一套
年加工能力50万吨同轴催化裂化装置

第十一章

技术创新 奋勇攻关

1 布阵攻关

1981年春，全国科技工作会议在北京召开。会议强调，经济建设必须依靠科学技术，科学技术必须面向经济建设。

1982年6月，中国石油战线上数十名优秀专家云集北京。石油部根据新的形势与任务，组织了一次大规模的科技攻关大会战，一举成立了八个技术攻关组，由石油部副部长孙晓风具体领导指挥。陈俊武被任命为催化裂化技术攻关组组长。中国石化石油化工科学研究院总工程师，我国石油工业著名的催化剂专家，当时已是科学院学部委员的闵恩泽和研究院的另一位专家邹康实为副组长。

催化裂化攻关组具体任务有三项，一是实现国家“六五”攻关项目大庆常压渣油催化裂化产业化，目标是建成一套能实现上述工艺要求的大型工业装置；二是国家“七五”攻关项目两段催化裂化的第一段——热载体裂化；三是建设一套创新的催化裂化装置。闵恩泽主抓渣油催化剂，陈俊武负责工程技术的开发。

三项任务，一副重担，使陈俊武感到了肩头沉重的压力，也激发了他冲锋陷阵的勇气。

所谓渣油，是原油经过常压蒸馏后把其中汽油、煤油、柴油拔出后剩余的部分。渣油中沥青质、残炭和重金属含量高，直接催化裂化有一定困难。进入80年代以后，我国60年代开发的大小油田大多开始进入中晚期，产量递减，原油变稠，质量下降。因此扩大原料来源，消化“粗粮”，是炼油工业面临的重大任务。

这是一项巨大的系统工程。技术上要解决的课题很多，比如催化剂改进、工业试用、高温试验、再生器器内或器外取热设施、烧焦动力学、再生热效应等；参加的单位也很多，有洛阳设计院、北京设计院、石油化工科学研究院、石油大学等。这不啻是一场多兵种协同作战的战场辽阔的大战役。

陈俊武的思路是从工程研发的综合分析起步。应该说，对这两项课题的探索和研究，陈俊武早就开始酝酿了。国外催化裂化原料一向严禁掺入渣油，无形中限制了催化裂化工艺的推广和应用。早在1978年，他就在洛阳炼油实验厂开始组织掺炼渣油的试验并获得成功，从中获取了很多珍贵的数据，从此走出了对我国催化裂化技术发展具有重大意义的一步。

1980年，洛阳炼油实验厂掺炼过20%的任丘渣油(使用Y9催化剂，进料镍含量是10毫克/千克，平衡剂镍含量以4700毫克/千克计算，每混炼1吨渣油增加收益210元)，九江炼油厂做过掺26%鲁宁管输原油(来自胜利油田)的试验(采用有一定抗重金属污染的CRC-1催化剂，轻质油收率79.4%，焦炭产率9.5%，液化气产率只有4%)。原料掺炼渣油会增加焦炭产率，再生器要增加取热设施。国外有设置内部取热盘管的实践，我国国内炼油装置也曾使用，但管线容易烧裂。陈俊武考虑应采用器外取热的方式，即增加外取热器(国外称作“催化剂冷却器”)，需要相应配置锅炉水供应和循环系统，这样又带来了高位水箱或热水循环泵问题。于是他安排北京和洛阳两个设计院分别研发不同的外取热的工程技术(即上流式和下流式)，最后这两种外取热技术都实现了工业应用。

关于再生器烧焦，工程问题过去从未深入研讨。陈俊武就利用攻关的有利条件，把这个大课题分解为9个子课题，每个子课题又逐个明确目标，落实人员，制定措施。他请已从事这项研究的石油大学杨光华院长和林世雄、王光埙等教授指导研究生们把再生烧碳和烧氢的热力学、化学动力学以及传递工程诸方面的研究更深入一步，还请郑州工学院刘大壮教授指导研究生进行一氧化碳催化氧化动力学的研究。

陈俊武(右五)与参加大庆渣油催化裂化机理研究的高校教授
杨光华(右四)、林世雄(左五)、刘大壮(左六)等在郑州

陈俊武统揽工程全局，运筹帷幄，指挥若定。

北京、大连、上海、青岛、兰州、石家庄、郑州……汽车、火车、轮船，还有他那矫健有力的脚步，年近花甲的陈俊武用他匆忙的身影在中国大地上划出纵横交错的图线，图线勾勒成硕大无朋的图案，宛若一朵美丽的智慧之花。

现代科技知识密集、学科交叉，已不是一个人埋头在实验室里就可以搞发明创造的爱迪生时代，它要求高层次的科研人员具有较强的组织协调能力。早在上世纪40年代的大学时期，心怀壮志的陈俊武就梦想编织一个强大的化工科技网络。他倡导联络全国主要大学的化工系同学，组织了全国化联，并办起了一份交流刊物《化联通讯》。他是发起人，也是主编兼主笔。在苦学之余，他以极大的热情培植着这朵小花。但在风雨飘摇之中，无可奈何花落去。陈俊武在终刊号上，曾写了一篇愤世嫉俗，措辞尖刻的文章，他说："既然没有人热心照料这个制造光明的火炬，那么就让黑暗吞噬了整个化工园地吧！"

如今的火炬熊熊燃烧。陈俊武再不像他当年感慨的那样“孤掌难鸣”，石油部的领导在支持着他，许多著名的老专家支持着他，洛阳设计院他的同事和战友们支持着他，炼油厂的领导、技术人员和工人师傅们支持着他……一个伟大的时代在支持着他。

在社会主义的中国，党和政府一直关注重视科技工作的发展，从上世纪50年代开始，曾统一领导和组织了多次大规模的科技攻关和会战。多年之后，陈俊武对当年的社会主义大协作精神及其巨大威力仍然深深怀念，同时也对当前科技战线某些自我封闭、重复劳动、相互保密的倾向感到忧虑。他认为，深化改革是我们面临的光荣使命，但同时也不要忘了那个著名的哲学命题：切不可把脏水连同孩子一起泼掉！

通过攻关取得重大成果的大庆常压渣油催化裂化技术，原先打算在大连炼油厂采用，后来改到石家庄炼油厂产业化应用(北京设计院设计)。1985年，投料后的装置开工顺利，标志着我国已可自主应对低重金属石蜡基的常压渣油的催化裂化，甚至某些特定原油的减压渣油催化裂化(后来在燕山石化炼油厂实现工业化应用)。1987年7月，这项国家“六五”攻关项目获得国家科技进步一等奖。在上报材料时，陈俊武专门提出，要把为此项目作出贡献的洛阳设计院的焦连陞列入受奖人名单，而不列自己。

对于第二个攻关任务，两段催化裂化第一段热载体裂化，陈俊武安排华东化工学院承担反应机理的研究，热载体烧焦动力学则由石油大学承担，第一段的热载体评价工艺条件与产品精制由洛阳设计院炼制研究所承担。在此基础上，从1987年到1988年间，在洛阳炼油实验厂进行了五次第一段工业试验，考察了产品分布、热载体再生性能、脱金属率和脱残炭率等工艺指标，均满足要求。但存在提升管易结焦的问题，这会影响长周期运行，另外热载体损失较大(7—8千克/吨)，这都是尚待解决的问题。

2 新型催化裂化装置的诞生

1982年，同时开辟的还有另一个战场。

攻关组的另一个重大课题，是在上海高桥炼油厂建设一套新型催化裂化装置。石油部孙晓风、侯祥麟副部长指示：这套装置要形成具有中国特色、体现80年代水平的新工艺。投入这个战场的主力军团则是在全国享有盛誉的洛阳炼油设计院。

最初在讨论上海炼油厂新型催化裂化装置设计方案的时候，上海炼油厂的朱人义总工程师曾开玩笑似的说："陈老总，我这个人贪心不足，既然你那同轴式构型很先进，我想要；高效再生工艺的烧焦罐技术也很先进，我也想要。那么能否把这两者结合起来呢？"

作为同行，朱人义对陈俊武指导下大胆创新的新工艺，兰州炼油厂的同轴式装置和乌鲁木齐炼油厂的烧焦罐十分了解。

朱人义的话成为陈俊武的设计方向，同时也等于给他出了个难题。

这个设想于是成为若隐若现在水一方的"伊人"，陈俊武追求着她，思念着她，但却总看不清她的容貌。这一天，他从湖南赴上海，在顺江而下的轮船餐厅里就餐，他面对桌上的红烧鲤鱼，又陷入了深思：鱼吾所欲也，熊掌亦吾所欲也，二者不可得兼。可朱人义这老兄，既想吃鱼又想吃熊掌……突然间，他脑子里亮光一闪，豁然开朗，一种新构思訇然涌出……

像这样的灵感，陈俊武在很多设计过程中都出现过，在咣当咣当疾驰的火车上，在似睡非睡的卧榻上……偶然得之，基于长期积累。灵感，其实是一个人在忘我严谨的工作状态中闪现的智慧之光。

几经讨论，一个"快速床与湍流床气固并流串联烧焦"方案确定了。

这个方案通俗的说法，就是把同轴式和烧焦罐“嫁接”在一起，扬二者之长，弃二者之短。这种大胆的想象简直如诗一般美妙。诗一般美妙的构思在实施过程中却困难重重。

陈俊武与石油部副部长张定一(中)和石油部生产技术司总工程师朱吉仁(右一)在上海炼油厂现场

洛阳设计院(1985年更名为洛阳石化工程公司)的陈道一、耿凌云、王正则、陈锡祚、郝希仁等几员大将在陈俊武指挥下各展雄才、奋力苦战。

大胆的设想，缜密的构思，准确的计算，浓缩为一个个数据、公式和一张张图纸。集思广益，反复磋商，讨论会、论证会一个接着一个。

争论常常发生。争论是智慧的碰撞、思想的交锋，争论中可以得到有益的启示和宝贵的意见。但有时当面的争论或背后的议论也会超出正常的技术范畴，其中也会飘浮着几丝微妙的噪音。陈俊武因此就不得不承担更大的风险和压力。

风险和压力一直伴随着他。中国炼油工业技术30年来走过了西方工业国家六七十年发展的路程，因此步伐就常常迈得过大甚至跳跃前进。这必然会有风险。“苟利国家生死以，岂因祸福避趋之”，这是陈俊武的同乡福建人林则徐说的话。陈俊武为了国家和人民的利益，不计个人得失，常常在重大决策时敢于挺身而出承担责任风险。但这决非匹夫之勇。

陈俊武至今仍熟记幼时背诵的《礼记·大学》中的一段话：“致知在格物，物格而后知至，知至而后心诚。”格物即考察穷究事物的原理，致知即求得知识，掌握规律。清朝末年，人们称声光化电之类的自然科学为“格致”之学。陈俊武对以此二字标识自然科学颇感兴趣。几十年来，他正是在不断的“格物”中“致知”，在“致知”的基础上才淘尽虚妄而达到“心诚”的境界。“艺高人胆大”，充分认识掌握了事物规律，他就敢于承担风险，如“郢匠运斤”一般。格物致知、有勇有谋，他才进入了纵横捭阖、每战必胜的“自由王国”。

新装置设计过程中也涉及多项创新。比如，掺渣油必须外取热，用内部溢流，攻关团队为此申报了两项国内专利。其中“流化床催化剂的两段氧化再生方法”（专利申请号 ZL89109293. 5；授权号 CN1023711C），为我国第一个具有自主知识产权的催化裂化工程技术领域的发明专利。

这套装置 1988 年 9 月建成，顺利投产，运行平稳。由于炼油厂的原油调换频繁，又进行了不同比率的掺渣油试验（最大掺炼量 29%），生产操作稳定，转化率高，回炼比小，轻油收率及产品分布令人满意，催化剂总藏量低，烧焦效率高，烟气能量利用率高。

1989 年 8 月，洛阳石化工程公司从开发、实验、设计、施工和试运五个方面，各专业作了全面细致的技术总结。

1977 年，叶剑英元帅发表了一首著名的题为《攻关》的诗：“攻城不怕坚，攻书莫畏难。科学有险阻，苦战能过关。”以坚城险隘喻科学研发创新之路上的重重困难，这首诗正是对科学家们艰辛工作的形象写照。经过 6 年的努力，陈俊武终于“苦战过关”。他为自己承担的催化裂化攻关任务交了一个近乎圆满的答卷。

上海高桥炼油厂 100 万吨/年快速床-湍流床串联催化裂化装置

这两项工艺技术，为国家创造了较大的经济效益，也使中国炼油工业跃上一个新的台阶。1990 年，上海炼油厂的新型催化裂化装置模型送往北京参展。它在北京国际科技博览会展览大厅一亮相，立即引起不同肤色的各国技术专家们的注意。那些金发碧眼，常常流露出优越和傲慢的西方人此时也毫不掩饰自己的惊讶和热情。不久，这套装置又运往莫斯科展览。昔日的老大哥们表情复杂，在惊羡的目光里似乎还隐藏着悔疚和沮丧。

这套装置工艺先进，特别是反应-再生系统布置紧凑，操作灵活，受到专家和工人们的一致称赞。这是工业装置，也是艺术作品，是现代科技与美学意识的融合，是智慧和意志的结晶。这是中国人的杰作！

陈俊武表现出的依然是那种不动声色的平静和儒雅，他的内心却掀起万丈波涛。他半个世纪呕心沥血，孜孜以求的不就是国家与民族的强盛吗？不就是让中国、让中华民族、让每一个中国人，当然也包括他自己，能够昂首挺胸挺立在地球上吗？

攻关任务胜利完成的时候，曾经有一个盛大的宴会。人们纷纷举杯，向“陈老总”祝贺。但是陈俊武挥手拒绝了所有的敬酒，他端起一只硕大的玻璃酒杯，深情地说："我个人的力量微不足道，成功归于集体，归于在座诸位。我诚挚地感谢帮助和支持我的石油部和石化总公司的党政领导和技术领导，感谢和我并肩战斗的助手、同事和合作者，感谢石油化工科学研究院、北京设计院和很多炼油厂的专家们和同志们！"他深深地鞠躬，然后举杯"咕咚"一声一饮而尽。在热烈的掌声中，陈俊武依次走到每一张桌前敬酒。

一杯又一杯，他喝下胜利的喜悦，他喝下战斗的自豪，他喝下友谊的温暖，他也喝下了难言的苦涩和酸辛……

从不怎么喝酒的陈俊武突然显示了他的豪气和海量。这使人想起了一位诗酒谈兵统帅三军性格豪放也常被称为"陈老总"的人。

"陈老总！""陈老总！"人们欢呼着，簇拥着面带微笑、脸颊酡红的陈俊武……

第十二章

行政技术两副重担

1 从院长到经理

党的十一届三中全会以后，中央逐步推行干部制度改革，对领导干部提出“革命化、年轻化、知识化、专业化”的要求。十二大以后，从1982年到1984年，全国各地各行业各部门的主要领导干部都按照“四化”的要求作了大规模的调整，大批知识分子和知名专家被选调担任科研院所的主要领导职务。

1984年1月，洛阳炼油设计院正式确名为中国石化总公司洛阳炼油设计研究院。在酝酿院长人选时，总公司主要领导和组织人事部门为了动员已当了多年副职的陈俊武出任院长，几次找他谈话。但陈俊武却婉言拒绝，为自己投了“反对票”：他觉得自己抓技术可以，但不善于也不愿意做繁纷复杂的人际关系方面的工作，不适合当行政首长。

不过，最后总公司领导仍明确表态，这是组织决定。1984年6月，中国石化总公司下文，任命陈俊武为洛阳炼油设计研究院院长。1984年11月，洛阳炼油设计研究院又更名为洛阳石化工程公司，陈俊武又被任命为经理。

于是陈俊武只好服从了组织决定。

院长和经理，已是中央直属的国有企业的高级领导了，这个职位可谓大权在握，炙手可热。但陈俊武感受到的，却只是沉重的压力。在我国现行的体制下，单位“一把手”的确也肩负着更多的责任。所谓上面千条线，下边一根针，各方面各部门的工作五花八门，为了强调自己的重要，都要求“一把手”负责。

根据陈俊武自己的统计，按照规定或惯例，当时设计院的领导小组多达11个，详列如下：工程承包、双增双节、抗震救灾、计划生育、职称改革、定编定员、三查一清、工资总额与效益考核、文明单位建设、过紧日子、直管领导干部考核。还有5个委员会，计有：专业技术职务评审、劳动争议调解、保密、全面质量管理（TQC）、无线电管理。按要求陈俊武必须担任其中6个领导小组组长，1个委员会主任，另外要兼任一个洛阳石化咨询公司的经理。

这么多的头衔加于一身，很多活动他必须参加，很多事务他必须出面，具体细化大致有五个方面：一是参加上级重要会议并传达贯彻，主持公司内的领导班子会，调度会，职代会等会议，做出必要的决策和讲话；二是通过领导班子和有关职能部门对重大问题做出决策，既有关于经营管理的，也有涉及人事的，如职称评定，人员调动，调整工资，实施奖惩等等；三是根据上级部署开展一些重要活动，如全面质量管理（TQC）；四是按照分工检查职能部门和专业室的工作，听取意见，进行指导或帮助、批评。五是会见上级、兄弟单位和市区部门领导，必要的迎来送往和应酬。

行政事务繁多而杂乱，天天都有无数的事在等他，天天都有无数的人在找他。大事找，小事也找。有些属于个人要求的事，比如工作调动、职称评定之类，还专门等到晚上去他家里找。当了院长和经理的陈俊武陷入了漩涡之中。

“勉为其难”当了一把手的陈俊武，只好在漩涡中踏浪弄潮，按照自己的思路对纷繁万绪的工作来一番梳理整合，却也渐渐显出一种特有的从容和潇洒。

他的要诀无非两条，一是让权放权，二是大事清楚小事糊涂。

1984年，洛阳炼油设计院更名为洛阳石油化工工程公司，同时开始工程总承包试点，洛阳炼油厂500万吨/年工程建设即为试点项目。为推动公司从炼油设计院向工程公司转型，陈俊武主导公司内部新增设采购部和施工部，也新增了领导班子成员，从兰州炼油厂调来了郭其孝、郝承明担任主管这两个部门的副经理。“工程总承包”这项体量甚大的工作，就放手交由两位副经理去办。同时，他又多次向总公司推荐建议，让擅长行政事务和协调工作的王世钧任常务副经理，把相当多的行政权力交付给他处理。

20 世纪 80 年代陈俊武领导设计的年加工能力 500 万吨的洛阳炼油厂

对于公司传统的管理内容，他知道这种已经形成的巨大的运转机制很难改变，按他自己的说法是干脆沿袭“老一套”模式，采取“不动脑筋，随波逐流”的办法。

但对于一些重大问题却坚决果断，大刀阔斧。

陈俊武开会，有三种模式。第一种是严密细致，洞若观火。涉及一些重大问题，他亲自过问，亲自把关，谁也别想在他面前糊弄过去。比如 1988 年开始推行目标管理，陈俊武组织考核，亲自挂帅，一条一条落实。洛阳工程公司成为石化总公司系统的第一批达标单位。第二种是事先准备，简明扼要，他开会时将有关内容先写成纸条，分发给各有关领导，有问题讨论解疑，没问题分头执行。第三种则最有特色也最为有趣。曾经有这样的轶事：人们发现陈俊武在参加某些会议时，有时低头闭目，好像睡着了一样。看到一把手这种形象，有人禁不住暗自好笑，可冷不防他会冒出一句话，正敲在要害处！会议结束，他发言总结，条条缕缕，析辟撲要，总是清楚利落。人们甚为惊疑，不知道他到底是真睡还是假睡。

陈俊武在任职期间，办了许多大事：公司从郊区李屯迁往繁华的市区，新的办公楼、住宅楼先后建成使用；公司改革机制，活力增加，形象提升，影响扩大，各项指标胜利完成。1986年，他还主持举办了公司成立30周年的庆典活动，编辑出版纪念文集，邀请石油部老领导和设计院的多位老领导和老专家，以及洛阳市的主要领导与会，高朋满座，盛况空前，谈历史，讲传统，叙友谊，成为一次弘扬传统，激励青年的盛会。

参加公司成立30周年庆典活动的老领导有顾敬心、钱思潮、杨洁、李占标、金元汉、李子凡、徐震、庄润霖、顾汉贵、张明学等，石油部老干部任向文、刘少男等，技术骨干黎煜明、金驹等；中层干部魏瑞宏、詹俊哲等，总公司规划院蓝田方、工程部梅成村、发展部邱护国、国际事业公司陈愈等，以及洛阳市委书记王德忱、常委范金澄等。

在任职期间，陈俊武曾调进了两位年龄较大的老专家——刘太极和刘年敬，引起一些职工的议论，说他利用职权照顾熟人。其实职工们不太了解，刘太极在流态化理论方面很有造诣，而洛阳石化工程公司缺乏这方面人才。以后的事实，证明刘太极在配合开发连续再生催化重整技术中起了很大作用。刘年敬在石油三厂工作多年，是抚顺公司在高压设备领域的老专家。当时公司设备研究所的发展处于上升时期，他来时正逢研究所领导因故缺位，他接手领导设备研究正逢其时。两位老专家的贡献和表现，最终得到了大家理解。

他还办了很多自己认为不足挂齿，却是滋润和温暖人心的事。比如，有一位高工的儿媳在农村，因身体有病生活难以自理。他了解情况后，亲自督促为这个儿媳办理了农转非手续，不过此事他却从不在这位高工面前提起。

从1984年到1990年，从院长到经理，陈俊武担任了长达6年的行政“一把手”，对于他这一段工作，上级领导和公司的广大干部职工都给予了肯定的评价。

1985年陈俊武主持经理办公会

时隔26年以后，2016年3月在庆贺陈俊武院士90岁生日暨公司技术发展座谈会上，说及陈俊武当年的行政工作，现任公司总经理周成平仍然充满了敬佩和感激：“陈俊武院士不仅是我国著名的炼油工程技术专家，而且是一位优秀的管理专家。公司前期由炼油设计院向工程公司的发展转型过程中，老院长做了大量有益的探索，做了大量艰苦的思想工作，也做了很多由设计院的管理变革到工程公司管理的衔接工作，开拓了集设计、采购、施工为一体的工程公司的发展定位，为我们今天创建世界一流工程公司奠定了良好的、坚实的基础。”

但当年，陈俊武给自己的打分是“勉强及格”。他说：“我当经理算勉强及格，我不是这方面的人才。中国的企业是个小社会，吃喝拉撒什么都要管。特别是对外部需要各种应付。其中很多问题很多矛盾概念模糊，无规章也无规律，是一组不可解的方程式，或是任意解的方程式。对付这些，我不擅长的。”

他三番五次给总公司打报告要辞去经理的职务，直到1990年，他62岁的时候，中国石化总公司才同意他从经理的位置上退下来。

2 清风小记

陈俊武的正直清廉和近乎严苛的律己在洛阳石化工程公司可谓有口皆碑。

在他任职期间，对于自己的亲属家人，他从来没有利用职权给予过任何特殊的照顾。同在公司工作的妻子、女儿和亲友，从来没有在他的权力那里得到过什么好处。凡是涉关公务的活动，他不接受任何形式的馈赠，或是别人认为情通理顺的酬谢。他往往几句话就使不少厂家的技术难题迎刃而解，从而转化为经济效益。这真可谓“金口玉言”。可是，他从不因此取得任何报酬。

他自觉心底坦然，他从心底喜欢这种恬淡的生活状态。

他不仅不伸手谋取私利和特权，就连一般人认为他应该享受到的他也尽量挥手推开。

关于陈俊武的坐车，似乎已成为这位作为一把手的院长和经理的标志性符号，洛阳石化工程公司流传着很多关于他坐车的故事。

洛阳石化工程公司原驻地在郊区李屯，距市区尚有十多公里，来往交通不便。他是公司一把手，公司大小汽车数十辆，他如果外出，单位派车是顺理成章的事。但是，他不，他将公私分得如泾渭之水。工作必需，他才要车，如果不外出，他上下班大多是坐工作班车。班车上人多，上去晚了就没有座位。陈俊武总是在发车前赶到，有时候没有座位，他就和其他人一样站着，挤着。

凡自己办事，他从不坐公司的小车，也不坐公司的班车，而是挤公共汽车。他，还有他的家人星期天在公共汽车站等车，是大家经常看到的情景。到郊区的车少，一个小时一趟，他就等一个小时；车上人多拥挤，他就在拥挤中那么摇摇晃晃地站着。

陈俊武当院长和经理的时候，车队的调度，办公室的主任，常常蒙受“委屈”。有人看到这位德高望重的老领导外出，却总是等公交车，去外地出差，也常常是自个背个挎包就走了，没人陪同，就忍不住质问他们，怎么不管不问？调度和主任却是满脸委屈：我们派车，派人，他都不要啊，说多了，还挨批评。

1987 年 11 月上旬，陈俊武、曹汉昌二人到石家庄炼油厂出差，任务完成，晚上就要走了，两人结伴到街上溜达，却不小心弄丢了车票。曹汉昌心里着急，说咱们赶快坐出租车去补票吧。身为公司经理的陈俊武却嫌坐出租车太贵，说，时间还来得及，还是坐公共汽车。1988 年秋，有一天公司办公室接到一位老高工怒气冲冲的电话：“陈院长(公司的人都习惯称陈俊武为院长)这样的大专家，还那么大年纪，却在家里干那样的活，你们忍心吗？怎么也不派人帮一帮？”原来是公司新建的丽春路住宅楼落成，各家各户都忙着清理装修，陈俊武虽然繁忙，也挤出了半天时间亲自带领全家上阵清理。那位高工有事找他，刚好看到陈俊武正趴在地上用小铲子清理水泥块，夫人和女儿也都在擦洗忙碌。其实，办公室的人哪敢啊，陈俊武交代过，凡是他的私事一律不准动用公家的人力物力。

有一个星期天，他到市区广州市场理发，不小心摔了一跤，扭伤了脚踝，当时疼得他脸色发白冷汗直流，跌坐在马路边上。附近就有电话，只要他在电话里说一声，马上就会有车来接他，但是他不打。他坚持站起来，一瘸一拐走到公共汽车站。车来了，他忍着剧烈的疼痛，抓住公共汽车的扶手，艰难踏进车门……

这时候，中国的大地上正有成千上万辆锃锃闪亮的小轿车在奔驰，这些车来去匆匆，不知孰为公孰为私，但发动机里燃烧的是这位正挤在公共汽车里忍受着疼痛的年过花甲的老专家用自己的心血和智慧过滤出来的高品质汽油。

有这样一个镜头：1985 年，陈俊武和王正则、郝希仁同赴抚顺，在北京转车，需停留一天。陈俊武是经理，在北京熟人亲戚也多，无论是要车还是找休息地方都是很方便的。可是王、郝二人商量去北海公园消磨时间的时候，陈俊武却也要跟他们一块去(他到北海公园的次数已不计其数)。到了中午，他们找了个凉亭休息。陈俊武实在太乏了，就躺在一个长椅上休息。此时北海公园游人如织，红男绿女穿梭般从他身旁经过。他们大概谁也不会想到，这个躺长椅上的人竟然是中国炼油工业的一位功臣。

3　痴情炼油工程技术

陈俊武在担任院长和经理期间，他的肩上还有另外一副重担，就是对炼油工程技术的开发和关注研究。

1982 年开始，他担任石油部成立的催化裂化攻关组组长，其中有三项任务一直延续到 1989 年才全部完成，基本上贯穿于他担任行政一把手的全部任期。

他主导在公司内部机构中专门设置成立了技术开发中心，下设 7 个技术开发组，分别是催化裂化、加氢、计算机实用优化程序、新设备、环保、节能、储运，基本覆盖了公司全部业务范围。后来的实践证明，这个机构有力促进了公司的技术进步，也成为陈俊武了解掌握全国炼油工程技术信息的重要渠道。

需要注意的是，他对诸多技术问题的关注、研究和开发大多是在繁重的行政工作的间隙或“业余”进行的，其中的辛苦和劳累可想而知！

陈俊武整天忙得团团转，晚上还常常有人找到家里说事。夜深了，人静了，送走了客人，他才又拿起了资料，拿起了图纸……

有一次，高级工程师刘德烈晚上去找陈俊武，撞见了这情形，惊呼："院长，这么晚了还加班？"

陈俊武平静地笑了："这不是加班，这是我的休息。"

在经历了一天头昏脑胀的纷乱之后，他在这种阅读和研究中也许才能得到半亩方塘、天光云影的平静和愉悦。

对催化裂化，对炼油工程技术，对国家石油炼制工业的发展全身心的关注和投入，已经融化进陈俊武的全部人生，成为他生命的一部分。这种对事业的热情，甚至痴情，在行动上就表现为执着。执着，就不容易放手。

从 20 世纪 60 年代开始，陈俊武公认是我国石油炼制催化裂化工程技术的主要奠基人和带头人。但是随着国内建成的催化裂化装置不断增加，分布在企业、设计院、研究院和高校的人才越来越多。他们面对生产实践中的各类问题，及时研究并设法解决。从专业角度说，除了工艺以外，还有设备、机械、配管、热工、土建、电工等多个领域。

陈俊武以欣喜的心情观察和体会着这种客观情势的变化，陈俊武很执着，却也很达观，他觉得自己应该及时调整以适应这种变化。一是自己担任行政职务用于新技术研发的时间相对少了；二是后继有人，人才多了，该放手时就应该及时放手。后来除了具体的攻关任务，他虽然也过问重大技术问题，在催化裂化方面人们仍习惯于主动向他请示汇报，但他非常尊重其他研发人员的工作，很少按照个人的意见做重大决策。与此同时，他也热切关注着国内炼油工程技术和设备的各种创新。比如，两器衬里结构和材料的更新，滑阀结构和驱动方式的更新，外取热器形式和管子结构的创新，等等。对各种创新的过程和成果，他了如指掌，如数家珍。

烟气能量回收技术很早就引起他的注意。九江炼油厂曾引进国外价格昂贵的知名品牌，国内机械专家们摩拳擦掌，都想在这个领域一显身手。北京设计院的袁宗虞是一位先行者，他和兰州炼油厂机械厂一起，设计制造成功了我国第一台3000千瓦的烟机。以后从结构和材质上不断改进，功率相应增加，基本赶上国外名牌。

提升管的进料喷嘴结构在使用馏分油时要求不高，掺渣油良好的原料雾化则至关重要。洛阳石化工程公司的高工陈遒北敏感地注意到这一课题。她设计了新的喷嘴结构，在一定水蒸气比率下进料油得到充分的雾化，液滴大小分布和催化剂接近，两者混合均匀，液体油品迅速蒸发，降低了干气和焦产率。LPC型喷嘴问世并推广后，国内其他单位纷纷跟进，BDI、KH等型号相继推出，令人眼花缭乱。此时创新者们又提出预提升段的改进方案，呈现万众创新的形势。

石油大学时铭显教授的新型旋风分离器系列化研究开发最令人瞩目。他和学校及设计院的同事们首先从气固分离的理论入手，探讨颗粒在离心力场内的运动和颗粒料的粒度分布、具体的采样方法和分离设备的评价指标，在实验室内建立0.4米直径的分离器冷模，继而在无锡建设了一套1.2米直径的冷模。采用滑石粉为颗粒介质，进行冷模实验。他参照国外Emtrol分离器外形，推出PV系列的高效新型旋风分离器。PV型采用最简单的平顶、蜗壳入口结构，结构尺寸采用新开发的分类优化设计方法。在1990—2000年的十年工业应用中，1000多台被采用，直观效果是催化剂单位消耗明显下降。PV型与D型、B型对比在高入口流速下催化剂分离效率更高。

在取得再生器旋风分离器创新的显著成效后，时铭显转战再生器下游立管式第三级旋风分离器领域，开发了解决排尘口反混的高性能旋风管(PDC型和PSC型)，粒级效率领先于国外水平。1986—1994年间已推广5套。关于卧管式三级旋风分离器，推出了PT-Ⅱ型和PT-Ⅲ型旋风管，1994—1999年分别用于规模不等的两套装置，运行良好。

鉴于渣油催化裂化和高活性催化剂的应用，要求反应油气进入沉降器后与催化剂快速分离，减少高温油气在沉降器内的停留时间，避免较多的热裂化反应，于是提升管出口快速分离技术应运而生。国外三家公司报道了有关技术专利。石油大学奋起直追，开发成功挡板汽提式初旋 FSC 系统和旋流式快分 VQS 系统。不仅达到国外同类先进技术水平，还有独创之处。

陈俊武虽没有具体参与以上三项重大技术创新，但从中看到了催化裂化技术的持续发展和国内催化裂化产学研人才队伍的壮大，他为中国炼油工程技术的进步和发展感到欢欣鼓舞，对同行们的成果也都给予热情由衷的肯定和赞誉。

1990 年 8 月，就在陈俊武从公司经理位置上退下来不久，他被国家建设部评为中国工程勘察设计大师。这个称号是国家对他的才华成就和业绩贡献的准确评价，实至名归，也是一个巨大的荣誉。但在陈俊武这里，却平静如初，好像什么都没有发生。对名利的淡泊，是他一贯的人生态度。

第十三章

当选院士 增辉中原

1 当选学部委员——院士

1992年1月4日，新华社和中国各主要媒体发布了一条重要消息——新年伊始，从科技界传来喜讯：经一年零一个月严格、公正、客观的评审，报经国务院审查批准，210名成就卓著、品德优良的科技专家当选为新的学部委员。

当日，《人民日报》公布了新学部委员的名单。陈俊武名列其中，他当选为中国科学院化学部学部委员。

学部委员(三年后改称院士)是我们共和国的最高学术称号。中国科学院学部是中国最高水平的科学集体，具有崇高的荣誉和学术上的权威性。这里聚集着中国科技界的精华。

陈俊武当选学部委员，成为一条让很多人感到喜悦和振奋的新闻，在洛阳石化工程公司，在中国石化系统，在古都洛阳，在中原大地引起巨大反响。

河南数十年来无此殊荣。河南乃泱泱大省，当时人口居全国第二，但过去40年间尚无人在中国科学院自然科学学部中觅得一个席位。这一次，陈俊武和洛阳另一位科学家携手登堂入室，实现了河南省零的突破。

中国科学院自然科学学部建立以来，学部委员多属在自然科学基础理论研究方面成就卓著、影响巨大的科学家，从工程技术界入选者可谓凤毛麟角。此次新当选的210人中，工程技术界只有3人，其中1人还属于高科技领域。真正属于工程技术领域的，又来自企业界的只有陈俊武一人。

中国自从有院士和学部委员的称号以来，以年龄和年代大致可分为四代。即以地质学家李四光、桥梁专家茅以升等为代表的第一代，以生物学家童第周、数学家苏步青等为代表的第二代，以物理学家钱学森、化学家卢嘉锡等为代表的第三代，还有以物理学家周光召、邓稼先等为代表的第四代。陈俊武应该列为第四代。这四代院士有个共同的特征，就是基本上都有出国留学经历并且获得博士学位，或欧美、日本，或苏联。而陈俊武仅在国内完成大学学业，并且也没有获得什么博士之类的头衔，在这个群体中，他几乎是个孤例。

陈俊武对自己能够当选，步入这个神圣的科学殿堂，似乎也没有足够的心理准备，甚至感到有些意外。

1990 年下半年，中国科学院学部启动新任学部委员的申报遴选工作，中国石化总公司经慎重研究，决定推荐陈俊武。但当人事部通知他准备申报材料时，陈俊武却自觉条件不够，先是推辞，再是拖延，最后人事部门竟要登门动员他申报。

学部委员的评选工作严格细致，客观公正，陈俊武的当选，表明了科学界对陈俊武在中国炼油工程技术，特别是催化裂化方面的巨大贡献的肯定认可，也表明了对在自己的土地上成长起来的新中国第一代工程技术专家的肯定认可，同时也释放出科学界开始重视工程技术类专家业绩成就的信号。三年后，中国工程院成立，正式开始评选工程院院士。

陈俊武的当选，也使许多曾和他并肩奋斗的老同事、老朋友们欢欣鼓舞。那几天，电话贺喜的铃声不断，登门祝贺的人络绎不绝。

还有一封表达特殊祝贺的北京来信。这是大姐陈舜瑶寄来的，是一张登载新学部委员当选消息和个人简介的《人民日报》，上面用红笔在陈俊武的名字和简介文字上做了记号。看得出，这位上世纪 50 年代就出任清华大学党委副书记的老革命大姐，对弟弟取得的成就感到由衷的喜悦和自豪。

2 话说院士

陈俊武最初荣膺的是中国科学院学部委员称号，后改称中国科学院院士。其实，中国最早有院士的称号是在1948年。从院士到学部委员，再到院士，这个称号变化的背后包含着中国现代科技发展的历史。

1666年，法国国王路易十四批准成立了法国皇家科学院，国王亲自聘请著名科学家到科学院从事科学研究，授予这些科学家们的称号就叫院士。

后来，英国皇家学会、普鲁士皇家科学院、彼得堡皇家科学院，都纷纷效仿，把自己国家最杰出的科学家命名为“院士”。

院士是科学界的精英，是科学森林中的参天大树。院士不会从天而降，他的成长需要土壤、环境和条件，需要一条基本的道路，这条道路就是现代教育。但是这条路中国人走得太久太长。

中国古代对精英人物的选拔，主要靠科举制度。科举制度起源于隋，盛行于唐、宋及明、清，延续了1300多年。科举考试的知识体系是四书五经、经史子集，虽然也考察对治国理政的见解对策，但总的仍在文史哲的范畴。西方国家经历文艺复兴和工业革命之后，对自然科学的研究和发明创造进入蓬勃成长时期，中国显然已经落后陈腐的科举制度却仍然延续了300多年。许多资质聪慧的青年为博取功名，在科考的路上年复一年地苦读，虽皓首穷经，却不知现代科学为何物。

从1840年鸦片战争开始，外国列强多次用“坚船利炮”为中国人诠释了现代科学的威力，许多有识之士开始觉醒并付诸行动。

1866年，福建巡抚陈宝琛在福建马尾创办福建船政学堂，这是中国官办的第一所具有现代教育特征的学堂，新学之路由此发端。陈俊武的祖父陈琦曾在这所学校教授国文。

在此后的几十年里，新学和科举在中国教育体系中并存，直至1905年，彻底废除科举制度。

20世纪初，大批中国优秀学子留学国外，其中相当多数是庚子赔款中退款资助的学生。这些留学生面对祖国的积贫积弱，怀着科学救国之梦，刻苦攻读，大都学成归来报效祖国，成为中国现代教育和现代科技事业的拓荒者、开路人。

1913年，地质学家丁文江创办了中国第一个正规的科学研究机构——地质研究所，形成了中国第一个小规模的政府科研机构。

1928年，国民党政府在南京成立了中央研究院，成为中国科学最高学术机关。1929年，北伐军攻入北京，又成立了国立北平研究院。从此，形成了一南一北，遥相呼应的中国自己的科研体制。

但是，一直到1948年，才产生第一批院士。其中的原因很多，有人说是因为翻译问题而致"院士"难产，其实最主要的还是因为战争和政局的动荡。

"院士"一词的词源来自西方，源头是希腊语 Academy（阿卡德米），阿卡德米是古希腊智勇双全的英雄。但中国的翻译家们却总找不到一个合适的汉语词汇来表达其中包含的智慧、深邃和高雅。

1948年初，一些大学者们又是番议论，据说是傅斯年提议用"院士"一词，最终获得通过，同时启动对院士的遴选。经过对全国科学家的层层选拔，初拟了一个450人的名单，再由评议会审定其中的150人为院士候选人。1948年3月，经评议会最后选举，81人当选为第一届中国院士。

这批院士，体现了中国20世纪上半叶的最高科学水平。

1948年9月，在南京的北极阁召开第一次院士大会。不过这时国民党政权已处于风雨飘摇之中，81名院士，到会的只有48人。

1949 年 10 月，新中国成立后，早期科学院的领导人，除了陈伯达外，院长郭沫若和副院长李四光、竺可桢、吴有训、陶孟和，都在上述院士的名单中。1955 年，上述 81 名院士中，有 46 人成为新中国科学院的学部委员。

至于为什么对这些科学精英叫学部委员，在新中国成立之初，也有过一番议论。是否沿用原国民党政府中央研究院“院士”的称谓呢？对此毛泽东曾召集科学家们讨论，也许是气势磅礴的革命大潮使他身边的科学家们觉得应扔掉“院士”这顶旧帽子，但应用什么称号，尽管也有许多建议，大家都不满意。

总之，在新中国建立之初那段百废待兴的岁月里，从党和国家的高层领导到许多科学家，对科学院的体制进行了长时期的酝酿讨论，最后决定成立科学院下属的学部。最初分为自然科学学部和哲学社会科学学部。

1955 年 6 月 1 日，中国科学院学部成立大会召开，第一批学部委员 199 人，当时中国科学界的主要精英人物大都成为学部委员。需要说明的是，哲学社会科学学部委员 1957 年后列入中宣部系统，以后再也没有评选过新的委员。

中国的学部委员，实际上就是科学院院士，这无论是从他们的学术成就声望，还是国际舆论和评价来看，一开始就获得普遍的公认。

1981 年 5 月，中国科学院第四次学部委员大会召开，此时距 1960 年第三次学部委员大会，间隔达 21 年之久，其中包括对科学家和科学事业造成严重伤害的十年“文革”。

这次大会增选学部委员 283 人，更加明确了中国科学院的领导体制，确定学部委员大会是中国科学院各学部的最高决策机构，各学部的职能为学术领导机构。化学家卢嘉锡当选为中国科学院院长。

3 渐为人知的“灿烂人生”

陈俊武当选院士(为叙述方便和前后称谓的一致，此处开始统称为院士)后，自然引起社会特别是媒体的关注，但是除了几条简单的新闻消息外，媒体上鲜见对他事迹的报道介绍。

在洛阳石化工程公司内部，在中国石化系统特别在炼油工程技术领域，陈俊武可谓大名鼎鼎，但在社会上，人们几乎对他一无所知。

陈俊武的业绩成就和社会知名度是个不等式，这个不等式是他自己造成的。

尽管他成就卓著，事迹感人，但很少在新闻媒介中出现，见诸报刊的文字作品寥若晨星。当荣誉来临的时候，当镜头对着他，话筒对着他，记者作家们采访他的时候，他推开了，他拒绝了，他逃避了。国内外多家出版机构先后向他发函，要将他收入各种各样的名人“辞典”“列传”，但是他基本不予理睬。

这位令古都洛阳增色，让中原人民骄傲的科学家是如何登上科学的高峰的？他走过的是一条什么样的道路？人们热切的目光在寻找着他。

这一年的8月，受河南省委组织部和省文联主办的大型文学刊物《莽原》杂志社的约请和委托，洛阳市文联作家，时任洛阳市作家协会秘书长的张文欣开始到洛阳石化工程公司采访陈俊武的事迹。

对陈俊武有了初步了解之后，张文欣知道，自己面对的是一道难题。他倾听着，感受着，也学习着。随着采访的深入，张文欣被陈俊武的事迹和品格深深地感动了。陈俊武的优秀品格是多方面的，他的人生经历和业绩创造了一种堪称圣洁的境界，这种境界不是每个人都能达到的，但却鲜明地显示了一种方向，一种理想，一种追求。他是一座高峰，也是一方净土和绿洲。陈俊武正是当下社会需要的极为珍贵的精神资源，应该让更多的人了解这位科学家的人生道路和感人事迹。一个月后，张文欣和外出讲学归来的陈俊武见面。也许是机缘相投，也许是灵犀相通，一向对采访心理排斥的陈俊武热情接待了张文欣，几次深谈之后，他们之间理解和共鸣的涟漪在一波一波地扩大。

从盛夏到初秋，从采访到写作，张文欣寻找着陈俊武的足迹，也探寻着他心灵的历程。尽管如寻找雪泥鸿爪，尽管如拣取断线遗珠，但张文欣一直兴味盎然，就像一页页翻读着一部深深吸引自己的书。

这是一部风云跌宕、意蕴深远的书，这是一部才华横溢、光彩照人的书，这是一部启迪心智、激荡热血的书。

这部书有个煌煌耀人的名字：灿烂人生。

后来，就有了发表在《莽原》1993 年第 1 期头条，题为《灿烂人生》的长篇报告文学。

这篇报告文学是第一次全面展示描写陈俊武的人生经历和主要成就业绩的文字作品。这篇报告文学在洛阳石化工程公司内部，在最熟悉陈俊武的这个群体里首先引起了强烈的反响。最先送到的几十本《莽原》杂志被争相传阅，公司党委当即决定，把这篇报告文学作为内部学习材料加印 4000 册，干部职工人手一册。后来，还是不够，再加上石化系统兄弟单位索要，又加印了 500 册。以此为契机，公司党委决定在全公司开展向陈俊武学习活动。这种群体性的阅读热情和赞誉，是公司广大干部职工对“陈老总”发自内心的爱戴和敬仰，还有就是作品中披露了陈俊武以前许多罕为人知的事迹给大家带来的感动和激励。

公司主办的《洛阳石化报》开辟了阅读学习《灿烂人生》的征文专

栏，数十人先后发表了热情洋溢的读后感和评论文章。

就在《灿烂人生》初稿刚刚完成的时候，1992 年 10 月，陈俊武作为河南省的代表，光荣出席了中国共产党第十四次全国代表大会。

陈俊武出席中国共产党第十四次全国代表大会的代表证

1993 年 5 月，河南省文联、《莽原》杂志社与洛阳石化工程公司联合在洛阳召开“学习科学家陈俊武暨《灿烂人生》作品讨论会”。

河南省委组织部副部长黄晴宜，省委宣传部副部长、省文联主席、文学评论家刘清惠，省文联副主席、作家王岭群，《莽原》主编、省作协副主席王绶青，中国石化总公司人教部宣教处处长李同颐，洛阳市委副书记申景仁，秘书长张书田，组织部部长刘典立及有关部门领导、作家、评论家、新闻记者、科技人员共五十余人参加了座谈会。

陈俊武的大姐、中共中央书记处原研究室顾问陈舜瑶也专程从北京赶来参加了座谈。

座谈会气氛热烈，激情洋溢。与会者的发言高度评价陈俊武的成就业绩和高尚品格，对《灿烂人生》这部作品也给予了很多的赞誉。陈舜瑶大姐的发言让在座的人深为感动也深受教育，同时也从一个侧面印证了陈俊武一贯低调不事张扬的作风。

她说：“听了大家的发言我很受感染，也很激动，的确是上了生动的一课，很受教育。其实，我对俊武了解并不多。我离家参加革命的时候，他才十岁。他的很多事迹是我看了报告文学、听了大家的发言以后才知道的。我今天是通过大家的眼睛，又进一步看一看俊武。《灿烂人生》这篇报告文学，得到大家的承认，这是最高的评价。我作为亲属，代表俊武向大家表示感谢！也向作者文欣同志表示感谢！”接着她对陈俊武走过的道路的丰富内涵作了分析，希望在这样的道路上涌现出更多优秀的青年知识分子。

座谈会后不久，《河南日报》、《洛阳日报》和《莽原》杂志都刊登了这次座谈会纪要，《洛阳日报》则是以整版篇幅全文刊登，这种形式在当地报纸历史上属首次。

陈俊武的事迹和影响不断扩大，很快在社会上引起广泛反响。

《作家报》等多家媒体刊登了座谈会的消息。中国石化总公司主办的《中国石化报》转载了《灿烂人生》，另外转载和选载这篇作品的还有《人民日报》、《洛阳知识分子》、福建海峡出版社出版的《院士风采》等报刊和书籍。

1993 年，河南省委组织部和洛阳市委先后发出向科学家陈俊武学习的号召。

河南省科学技术协会负责人专程从郑州来拜访陈俊武，郑重聘请他担任名誉主席。最初，陈俊武是婉言拒绝。但对方态度诚恳，三顾茅庐，他最后只好答应。

共青团河南省委在南阳组织了一次大型活动，也邀请陈俊武去作报告，虽然很忙，他最后如约赴会，那一天和他同台讲演的是著名作家二月河。

1994 年 3 月 2 日，在中国石化总公司第六次科技进步工作会议上，中国石化总公司总经理盛华仁宣布党组的决定，在全国石化科技系统和职工中开展向闵恩泽、陈俊武学习的活动，并亲自向闵恩泽、陈俊武两位院士颁奖。同时《中国石化报》再次转载了《灿烂人生》，并在下发的文件中附上了这篇作品的摘要。

1995 年 10 月，陈俊武获香港何梁何利基金科学与技术进步奖。

在古都洛阳，在中原大地，陈俊武的名字和事迹被越来越多的人了解和传颂。陈俊武的名字成为一个闪光的标志，一个勤奋刻苦攀登科学高峰的标志，一个追求卓越创造辉煌业绩的标志，一个默默奉献淡泊名利的标志。一个杰出优秀的人，一个品格高尚的人，一个不想“出名”的人，就这样成了“名人”。

但成了“名人“的陈俊武仍然坚持着他的“低调”，后来对很多采访和高规格的宣传活动，他都推辞或婉言谢绝。河南省委组织部曾拟组织拍摄反映陈俊武事迹的电视剧，河南省委宣传部和洛阳市委宣传部，也曾先后拟组织对陈俊武的宣传活动，除了媒体的系列报道，还有其他多种形式的配合和跟进。但陈俊武对此表示异议，认为对自己没有必要再进行这样大规模的宣传，应宣传那些有成就的年轻人。笔者曾就这个话题和陈俊武有过数次交谈，他坦陈了自己的心声：担心这些活动会耗费他宝贵的时间和精力固然是一个因素，但最主要的，还是他基本的人生态度。他说：“我认为人的一生只是历史长河中短暂的一瞬，应该活得有价值、有意义。对社会的奉献应该永无止境，从社会的获取只能适可而止。我努力这样做了，有了一些贡献，社会也给了我一定的评价，这就足够了。”

他非常喜爱苏东坡的一首诗：

人生到处知何似，应似飞鸿踏雪泥。
泥上偶尔留指爪，鸿飞那复计东西？

飞鸿志在翱翔蓝天的“飞”，而绝不着意于雪泥鸿爪，这也许就是他自己对人生之“名”的诗意的诠释。

第十四章

著书育人 春风桃李

1 在实践和理论之间架设桥梁

作为一个炼油工程专家，陈俊武似乎已经功成名就，那些经他指导设计的矗立在祖国各地的炼油厂和炼油装置，就是记载着他成就业绩的丰碑。他对工厂、车间、施工现场感情深笃，在他近半个世纪的工作经历中，一年中差不多总有一半时间出差或在现场。人们看到的是他到现场、到工地走过的路；但在另一条人们看不见的路上，他也从来就没有停下自己的脚步，这就是更为艰难的科学求索之路。

现场的设备虽然很复杂，但按工程技术界的习惯做法，工程师只要按照公式计算，按照资料画图，按照图纸施工就可以了。但陈俊武不，从一开始他就是一个“不安分的工程师”。他有句名言：“从实践中求知，从理论中求解”。他把自己活跃的思维延伸到广袤而深邃的理论圣地，他对在实践中遇到的形形色色的问题非要用理论阐释清楚不可，他提出一个又一个“为什么”，知其然，还要知其所以然。这简直成了他的“癖好”。当然，为了解答这些“为什么”，他付出了大量的时间和精力。

1948 年，21 岁的北京大学化工系学生陈俊武在日记中写道：“科学真理把我诱惑得太苦了。我把如锦的年华投进了无底的深渊，痴心的求知使我成为与人群隔绝的孤独者。生命的意义全寄托在没有生命的分子、原子上了！”

1993 年，已经成为中国科学院院士的 65 岁的陈俊武说：“作为一个工程技术和科研人员，在大学学的东西只是建立些基本的概念，打了些基础，还远远不够。科技发展日新月异，必须永远坚持继续学习!”

这两段话中间连接了一条近半个世纪苦学不辍和艰难求索的道路。

陈俊武不管再忙再累，无日不读。读专著，也看文献。他面对浩繁的资料海洋，以惊人的速度浏览翻检，并且能敏锐发现捕捉其中有价值的信息。他作笔记，仍是大学时养成的习惯，不用笔记本，全是散纸零页，隔一段再整理分类成册。几十年来，陈俊武仍像个学生似的带着一个常年不离身的包。帆布书包，手提包，人造革包，质地样式随时代变迁，但永远都带在身边，就如天才诗人李贺那个“遇有所得，即书投囊中”的锦囊。“锦囊”中有他要看的书和资料，有他正在设计计算的图纸方案和论文手稿，也有他随时采撷的智慧之果。

在他的同事和学生中，曾流传关于陈俊武苦学的“轶事”。比如，他在家蒸馍时读外语忘了把馍放进笼里；比如，他在北京图书馆看书入迷而误了吃饭时间，等等。但是，这些不无动人的细节在陈俊武的成功之路上似乎显得微不足道。当人类进入信息时代以后，对于一个科学家来说，勤奋刻苦固然重要，或者说是必备的素质，但掌握科学哲学的钥匙显然具有更为重要的意义。

陈俊武的聪敏智慧和渊博的学识，广为人道。他通晓五种外语，他心算的速度惊人，加减乘除、乘方开方，数学公式一长串，他看一眼，手指比划几下，就可以报出答案。当年不少人曾拉计算尺和他比，但无一能超过他。有一次，一位高工将一份计算过的数据给他审阅，他略一浏览，马上指出其中两项：“这两个数字错了，回去再算。”回去再算，果然错了。此类事例甚多。

他不仅是国内公认的催化裂化工程技术权威，而且在很多领域和专业都显示出广博的知识和高深的造诣。炼油设计涉及工艺、安装、设备、机械、仪表等十多个专业，其中既有化学过程，又有物理过程，有很多还牵涉反应工程学、计算机应用等新兴学科的理论和实践。同时，设计还要考虑工厂装置布局、施工维修，环境保护、安全卫生、生产管理和企业管理等等，这就又关系到经济学、社会学、环境科学甚至工业美学的内容……百川灌河，简直令人望洋而兴叹！

于是，有人说，他的头脑是一台“高效计算机”；有人说，他的头脑是一座“万能数据库”……

陈俊武学富五车，但并不甘于做一个优悠然坐拥书城的“知识富翁”。他自觉把丰富的理论知识引入实践，指导实践。

陈俊武发现，生产实践中各种现象头绪纷繁，混沌朦胧，微妙复杂，远不是现有的经过抽象简化的理论所能全部阐释的。在某些领域，理论上尚是空白。其实，理论也正是在对事实和现象的研究中产生的。比如流态化是化学工程中的一门很复杂深奥的新兴学科，此项技术在20世纪20年代就开始在工业上应用，可一直到40年代才产生了初步的理论。陈俊武很早就注意对实践中的各种现象观测研究，后来就逐渐在这些研究的基础上形成自己的观点，并上升总结为系统化的理论。

1982年以后，他有多篇论文在《石油学报》等国内石油学术权威刊物上发表，还有两篇论文在国际石油科技学术会议上宣读并被收入大会文集。早在70年代末期，在他指导下张立新等编写了我国第一部催化裂化工艺设计的专著。他还主编了《中国流化催化裂化二十年》一书，其中已经包含很多理论性的内容。

在我国科技领域，科研院所注重对自然科学的基础理论研究而往往与生产实际疏离，而工程技术界则偏重具体产品技术的开发设计而忽视高层次的理论学术研究。对于发展社会生产力而言，前者是一种长期投资，后者是一种短期投资，都同样在发挥作用。但是，介于二者之间的应用基础理论研究，对于一个国家经济的发展似乎有着更为巨大的意义。杨振宁博士曾就此向我国高层领导人提出过建议。上世纪80年代后，我国开始重视应用基础理论的研究。

应用基础理论研究是一座桥梁，是沟通基础理论与生产实践、沟通学术界与产业界的桥梁。这是陈俊武早就想建造的一座桥。陈俊武终于架起了一座桥。

在桥的那一端，是人才荟萃瑞光闪耀的科苑学府。

经陈俊武的积极推进，协调安排，一批与国家重大科技攻关项目有关的课题，比如"催化剂烧焦动力学研究""改善提升管气固接触的基础理论研究""一氧化碳催化氧化的动力学研究"等等，分别交给中科院化工冶金研究所、石油大学、华东化工学院、郑州工学院等单位进行。一大批著名的化工专家、教授和大学的研究生们参与了这些意义重大而又充满活力的课题研究，科学殿堂里吹进一股新鲜的风。

美如长虹的科技之桥上来来往往，连接着纷繁热烈的交流和探讨。古都洛阳灿烂的历史和现代科技之光交相辉映，吸引着人们的目光。中国科学院院士、化工冶金研究所名誉所长、流态化理论的创始人郭慕孙，早年曾和顾敬心一起留学德国获得博士学位的华东化工学院老教授、国内著名化工专家刘馥英等科技界巨擘名流相继来洛阳合作攻关……

陈俊武集工程师、科学家于一身，他在工程技术上的卓越成就和学术理论上的高深造诣赢得了国内著名的石油化工专家们的高度评价和同行们的热情赞誉。

陈俊武先后被华东化工学院、郑州工学院、抚顺石油学院、郑州大学、河南大学、河南科技大学等多所高等院校聘为兼职教授。他多次到这些学校作学术报告，先后指导过数十名研究生和参加博士研究生答辩并任答辩委员会主席。

中国石油大学是全国培养石油工业专门人才最具权威的高等学府，曾任校长的杨光华先生更是石油界的著名学者。他早年留学国外，年纪轻轻就获得了博士学位，他的妻子也是清华大学教授。杨光华才华出众，绝不轻易授人以溢美之辞。但是，他对陈俊武却多次大加赞扬。在石油大学的师生中，陈俊武的名字无人不晓，陈俊武的论文也被列为学生们的重要参考文献。

有一次，陈俊武应邀来石油大学作学术报告，杨光华亲自陪同，尽管报告厅的黑板上早已写上了陈俊武的姓名职务和主要业绩，杨光华还是又做了热情洋溢的介绍："陈先生学识渊博，建树甚多，他是我国杰出的炼油工程技术专家，又是从事科学研究和培养人才的优秀的科学家和教授，难得啊！"杨光华显得有些激动，他大声说："做人要做这样的人，走路要走这样的路，同学们，你们要学习他！"

2010 年 3 月陈俊武在郑州大学作低碳战略及气候变化学术报告

2　著书立说，采撷智慧之果

1990 年初，陈俊武经过多次申请，终于从洛阳石化工程公司经理的行政领导岗位上退下来，仅担任公司技术委员会主任的职务。

这个职务实际上包含了顾问或咨询的性质，这意味着他有了更多自己可以支配的时间。

这一年他 63 岁，虽然年过花甲，看上去却比同龄人都要显得年轻，自己也感到仍然精力充沛。对今后的工作方向，经过一番思考梳理，他说："我今后主要干三件事：著书、立说、育人。"

他以前尽管发表了一批学术论文，并受到国内外同行较高的评价。但这远远没有把他的广阔而深邃的思考全部表述出来，他大脑中还储存着许许多多的研究课题。比如仅从大的方面讲，就有：重质油在炼油过程中的基团化学反应理论；快速床再生器的反应工程理论；催化剂应用工程理论；反应—再生系统综合化学反应工程软件开发，等等。

这是一棵奇异的智慧之树。树上枝叶繁茂，郁郁葱葱，虽然枝头上仍缀满鲜艳芳香的花蕾，但很多果实累累垂垂已经成熟，是到该采撷的时候了。

早在两年前的 1988 年，在参加一次催化裂化技术交流会的时候，中国石化总公司总工程师侯芙生曾建议他写一本关于催化裂化的专著，其实这也正是陈俊武的一个心愿，但苦于行政事务的繁忙，实在无暇顾及。

从 1990 年开始，陈俊武着手酝酿这本专著的内容，书名拟为《催化裂化工艺与工程》。

催化裂化是一项重要的炼油工艺，催化裂化装置在炼油工业中占有举足轻重的地位，国内通过催化裂化工艺生产的车用汽油占 70％以上。但在当时，国内外公开出版的关于催化裂化工艺和工程的专著却寥若晨星，美国和法国虽有这方面的著作，但缺乏细致系统的工程数据，与实际运行中的工业装置相差太大，难以满足从事催化裂化专业的技术人员的需要。

陈俊武认为，这本专著应具备系统性、实用性、新颖性和学术性这几个基本特点，在系统介绍理论的同时要突出工程应用，旨在为从事催化裂化科研开发、工程设计和工业生产的中、高级科技人员在加工工艺和化学工程方面提供有益的资料，给予正确的引导，帮助树立明确的概念和掌握系统的知识。

除了本公司的曹汉昌、刘太极和沙颖逊，陈俊武还与闵恩泽、杨光华多次商讨，又从石油化工科学研究院和石油大学选择确定了陈祖庇、李再婷、朱唯雄、贾宽和等专家学者，组成写作团队。

闵恩泽是中国科学院和中国工程院两院院士，2007 年度国家最高科学技术奖获得者，1951 年获美国俄亥俄州州立大学博士学位，1955 年回国后进入石油工业部北京石油炼制研究所(石油化工科学研究院的前身)工作。闵恩泽在石油炼制催化剂研制领域卓有成就，为中国炼油工业实现催化剂自给作出了巨大贡献。陈俊武很早就与闵恩泽建立了工作联系和学术往来，陈俊武的第一篇用英文写的论文，就是在闵恩泽的建议和指导下完成的。

曹汉昌 1953 年毕业于华南工学院，1957 年到抚顺工作。早期以脱硫工艺设计为主，1978 年担任过镇海炼油厂催化裂化装置设计师，进行了旋转床烧焦的技术创新研究。1980 年以后，主要从事信息工作，为催化裂化技术交流和刊物出版开辟了先河。曹汉昌学养深厚，严谨敬业，陈俊武请他作为自己的主要助手。

这样一本意义重大、体量巨大的科技专著，按照通行的做法，一般都要先申请立项，再成立编委会，编委会一般也需要有关领导挂名，还要层层批示，开座谈会，搞各种活动，当然也会得到一笔经费。

陈俊武平时就对这一套做法颇有抵触，这次他担任主编，干脆按照自己的思路，采用民间写作的方式，一不成立编委会，二不向上面要经费。写作团队之间主要靠书信和电话交换意见。这种集体写作方式看似原始简陋，但在这些专注于学术的专家们看来，却省却了许多的烦扰，在彼此默契的氛围中，潜心写作，效果良好。

1992 年，《催化裂化工艺与工程》初稿完成，陈俊武请中国石化

陈俊武与曹汉昌教授(右一)、石化管理干部学院
主管高研班的樊启明老师

总公司从事继续工程教育的柳芬资助出版。当时柳芬正考虑筹办催化裂化高级研修班，而这本书也正是最好的教材，可谓雪中送炭，她痛快答应了陈俊武的请求。1992年，这本凝聚着陈俊武和一批专家智慧和心血的珍贵著作，先期只能以简易分册的形式印了一部分油印本。

这本油印的著作不仅受到高研班学员的欢迎，在石化系统也迅速传播，很多人闻讯索求。

1995年，《催化裂化工艺与工程》一书由中国石化出版社正式出版发行。

全书内容丰厚，论述严谨，材料数据完善翔实。其中对石油化学、炼制工艺、反应工程、流态化工程、催化剂研制和应用工程等方面，从历史发展到今后的展望进行了全面的阐述；从大量文献中筛选了许多最新的信息并展示工艺、工程、催化剂、原料和产品的发展趋势；对不同工艺的优缺点和不同学者的学术观点及成果客观介绍对比，进行必要的评论，指出有待解决的问题；理论与实践并重，列举代表性的工业数据和适用的关联式，对工业实践中的诸多问题进行理论阐释，并力求体现技术与经济的结合，对重要课题也作出技术经济评价。另外，该书一方面充分反映国外的技术发展，另一方面也注意展示我国的工业实践和我国学者的贡献。

可以说，这样一本催化裂化领域的专著，不仅在国内，而且在国际上也具有独创意义。该书出版后受到石化行业广大读者的热烈欢迎，在学术界也产生了广泛的影响，并先后荣获中国石化集团公司科技进步一等奖、第八届全国优秀科技图书二等奖。

全国优秀科技图书 二等奖

书 名 催化裂化工艺与工程　作 者 陈俊武 曹汉昌 主编

出版者 中国石化出版社　责任编辑 邓春森 黄志华

第八届全国优秀科技图书评选委员会　中华人民共和国新闻出版署主办

主 任 吴阶平

副主任 杨牧之 卢良恕 杨乐 周谊

《催化裂化工艺与工程》获第八届全国优秀科技图书二等奖证书

陈俊武的理论研究从来都是和工业实践紧密联系，这可以说是他的一个重要的学术理念。他的写作是为了研究和解决问题，而发表和出版都在其次。1995 年，他和曹汉昌结合近些年来催化裂化技术研究及其在反应工程中的应用，从大量现场数据中归纳出反应和再生过程的定量规律，合作撰写了一篇文章，题为《催化裂化反应工程的工业实践》，作为洛阳石化工程公司设计人员内部参考资料。

在《催化裂化工艺与工程》第一版出版发行后，中国石化继续工程教育中心柳芬建议由陈俊武、曹汉昌牵头，再编写一本面向催化裂化中级设计人员、催化裂化车间工程师和技术员的培训教材。陈俊武请曹汉昌做主编，并将书名定为《催化裂化工艺计算与技术分析》。曹汉昌又邀请郝希仁、张韩共同出任主编，并邀请催化裂化高研班的部分学员白耀华、邢颖春、吴青、杜平、侯晓明、徐惠、魏述俊和洛阳石化工程公司张广林、萧凤芝共10名作者，一起参与此书的编写，陈俊武担任主审。从1996年开始，历经两次专家审查，三次集中修改，于1999年3月完成第四稿交付石油工业出版社，2000年10月正式出版发行。此书出版后，在从事催化裂化设计和操作的中级及以下技术人员群体中有较大的影响。

2004年，中国石化出版社建议《催化裂化工艺与工程》再版。陈俊武认为，10年来催化裂化技术不断进步，原有内容已不能满足新形势的要求，有些需要充实和更新。因此，在保持原框架结构基本不变的前提下，根据10年来技术进步的具体情况，对各章节内容酌量增删。

年近八旬的陈俊武宝刀不老，继续担任主编，除了自己的写作，还有许多组织协调和统稿的工作。正值修订工作的紧张时刻，作为陈俊武得力助手的曹汉昌先生不幸因病去世。曹先生负责改编的书稿只能由陈俊武自己完成，时间紧迫，他受到很大压力。作者之一的邓先梁先生及时给予他很大帮助，终于按时完成书稿。2005年，《催化裂化工艺与工程》第二版出版发行。

2009年陈俊武与邓先梁(左)在洛阳

2013年，中国石化出版社黄志华向陈俊武建议，为了迎接中国催化裂化产业化50周年，这本广受欢迎和赞誉的书最好能再出第三版。

这一年陈俊武已是86岁高龄，虽然仍然耳聪目明，头脑敏捷，还在正常工作，但他自觉已到耄耋之年，此时也正可作为新老交接的契机。经和汪燮卿、徐承恩等有关领导协商之后，在他们的支持下，陈俊武挑选中国石化石油化工科学研究院副总工程师许友好为接班人，让他和自己一起担任本书第三版的主编，另请刘昱、吴雷和孙国刚为副主编。

这一次修订工作参与人员阵容强大，共有十二位作者，还有一些参与校核协调的人员。许友好负责全书的统稿及审核，陈俊武最后对各章节的内容进行了原则性的审定。此次修订是在保持第二版基本结构的前提下，力图全面、系统地总结国内外催化裂化技术发展水平，主要增补油品清洁化技术、催化裂化生产过程清洁化技术、加氢处理技术在催化裂化技术中的应用、过程反应化学等内容。除了新内容的注入，很明显，这次参与修订的作者也都相对年轻，有一种薪火相传的意味，而这也正是陈俊武的初衷。

2013年10月陈俊武(前左三)主持《催化裂化工艺与工程》第三版主编工作会

2013 年 10 月陈俊武与共同主编许友好讨论书稿

从 2013 年 7 月启动，经过写作修订团队的共同努力，在近两年的时间里多次讨论和修改，《催化裂化工艺与工程》第三版终于在 2015 年 5 月纪念第一套流化催化裂化装置投产 50 周年大庆之时出版发行。全书共 252 万字、1606 页，真正成为一部名副其实的“巨著”。

2015 年 5 月 20 日，中国石化出版社专门召开了《催化裂化工艺与工程》第三版发行暨第一套流化催化裂化装置投产 50 周年座谈会。中国石化高级副总裁戴厚良和陈俊武、徐承恩、汪燮卿、何鸣元、杨启业 5 位院士参加了座谈会。

《催化裂化工艺与工程》第三版发行暨第一套流化催化裂化装置投产 50 周年座谈会(2015 年 5 月)

座谈会上，除了祝贺、赞誉这一类内容，还有一个引起很多与会者共鸣的话题是：一本书，一个主编，在近30年间出版再版三次，这不仅在中国，就是在出版史上也属少见！

1992年，郭慕孙先生接受国外知名出版社Academic Press约稿，主编《化学工程的进展》这套书的第20卷，名为《Advances in Chemical Engineering——Fast Fluidization》。他建议陈俊武撰写该书第8章——催化裂化催化剂的再生。陈俊武对这部分内容虽然非常熟悉，可谓胸有成竹，但第一次为这部世界著名的学术巨著撰文，心中仍觉忐忑。鉴于需要直接用英文写作。陈俊武只能自己上阵，经过大半年的辛苦耕耘，最后终于按时交稿。

郭慕孙1943年毕业于上海沪江大学化学系，1946年在美国普林斯顿大学化工系获硕士学位。历任中国科学院化工冶金研究所研究员、所长、名誉所长，是中国流态化学科研究的开拓者。

陈俊武对郭慕孙仰慕已久。当年催化裂化快速床实验曾在化工冶金研究所进行，王正则曾参与实验，并和郭慕孙相识。“文化大革命”期间，陈俊武由王正则陪同登门拜访，在一个简陋的房间首次见到了郭慕孙，从此两人建立了联系。后来，郭慕孙几次邀请陈俊武参加在国内举办的国际流态化学术研讨会。郭慕孙侧重基础理论研究，创新地提出了EMMS理论；陈俊武则侧重于应用，从胜利炼油厂开创的流态化工业测试到一系列装置生产中的流态化技术核算，尽量做到理论结合实际。郭慕孙对陈俊武的想法颇为支持和赞赏。1992年陈俊武当选为院士后，郭慕孙亲自率队到洛阳作学术交流。郭慕孙晚年时不辞辛劳，担任国内编辑出版的国际性学术刊物*Particuology*(《颗粒学报》)主编。

侯祥麟先生于1991年7月出版了《中国炼油技术》，前两版都是侯祥麟先生担任主编，他去世后由侯芙生主编第三版(2011年)，这本书的三个版次，陈俊武均为编委会成员，并亲自撰写了第五章——催化裂化，第三版修订再版时，由刘昱协助陈俊武编写。

从2001年开始，陈俊武还参与主持了一项长达10年之久的理论学术活动，即全国石油炼制技术大会学术委员会的工作。

自从以原石油工业部为基础的大石油集团分家成为中国石油、中国石化和中国海油三大公司之后，原来素有密切联系和协作的科技专家们分属各个单位，联系和合作的渠道和以前有了很大区别。陈俊武和一些老专家认为，尽管体制有了变化，但各大公司间加强炼油技术交流活动对于推动我们国家整体炼油技术水平十分重要。

2001年，经金陵石化公司总工胡尧良建议，由信息学会石油炼制分会组织，在三大石油石化企业的支持下，每两年召开一次全国性的石油炼制技术大会。这个建议得到同行们的响应支持，立即组织实施。石油炼制技术大会下设组织委员会和学术委员会，学术委员会邀请陈俊武和徐承恩担任主任。具体会务则由组织委员会负责，轮流由中国石油天然气股份有限公司(大连安全研究院)和中国石油化工股份有限公司(茂名石化公司)具体安排，提供会议服务。作为学术委员会主任，陈俊武在每次大会之前，要约定十多位评委参会，并对全国石油石化系统征集的几百篇论文阅读甄别，从中评

陈俊武(左二)与石油炼制技术大会领导胡尧良(右一)、王永杰(左一)、周天骥(右二)

选出会议报告(分为大会和分组报告)、张贴论文、出版物刊登论文和未选中论文几类，选中的文章如需修改的还要及时和作者联系沟通。这项活动在2001—2011年间共举办六次，每次大会论文集一般都厚达一千多页。

信息交流能够提高企业和技术人员的技术水平，因此很受欢迎。除了这种由三大公司支持的活动外，还有以中国石油学会组织的活动，一般由挂靠在中国石化石油化工科学研究院的中国石油学会石油炼制分会主办，四年一次，出版论文集。陈俊武因参加前者花费较多精力，对后者组织的活动相对参加较少。

大石油企业的科技委员会每年也有学术活动，一般是规定委员每年应交一篇文章，汇总后出版专辑。

陈俊武在这些活动中付出了大量的时间和精力，并且大多还都是为他人做嫁衣式、园丁式的工作，但他一直无怨无悔，甘之如饴。他认为，作技术领导工作，开展科技创新，参与并主持不同类型的技术活动是必修课，应该持久认真地对待。

3 育人工程：序曲与起点

1990年，陈俊武从经理岗位上退下来的时候，已是63岁。1992年选为中国科学院院士的时候已是65岁。

随着年龄的增大，也随着他大脑中储存的知识宝库的存量越来越多，他心中的一个愿望也越来越强烈：传授知识和技能，培养接班人。

其实，从科技发展历史来看，科学研究和教学育人密不可分，大科学家无一不是教授和导师。他们都希望把自己创建的学说和理论毫无保留地传授给学生。这种欲望强烈而执着，几乎是一种本能。他们知道，自己是人类攀登科学高峰阶梯中的一级，是科学发展长链中的一环，他们必须承上启下代代相传才能使科学事业如滚滚长河奔流不息。在中外科学巨星中，都可以找到他们身前身后的师承关系，无一例外。

陈俊武对教学育人认真而热情。学术报告、讲课、指导研究生……使本来就繁忙的陈俊武更加繁忙。忙在其中，却也乐在其中。他说，孟子曾说过，得天下英才而教育之，是人生一大乐事嘛。

但他仍意犹未尽，他还继续揽着更多“麻烦”。他为解决洛阳石化工程公司科技队伍青黄不接、中间断层和整体素质的继续提高问题而焦虑不安，大声疾呼。

他说：“将来市场的竞争实质上是科技实力的竞争，我们必须首先提高科技人员的整体基础理论水平和科技素质，这是最重要的，我们一定要练好内功！”

在陈俊武任经理期间，曾提出采用“学分制”进行继续工程教育，主持编制并实施《继续工程教育学习内容和考核办法》，实行学分制。全公司有 60 多个技术专业，其中设计 15 个，每个专业设 40~60 门课程。学习和考核内容分为外语类、计算机应用类、基本功类、工作实践类和论文类等，对中高级人才提出更高的标准。1989 年考核考试约一千人次，合计取得 4 千多学分。这个办法受到中国石化总公司的奖励并在全公司推广。1992 年 4 月，介绍阐述这个办法的论文还在赫尔辛基第五届世界继续工程教育大会上宣读并收入大会文集。

从 1991 年开始，他首先在公司内部组织举办了为期一周的高工研修班。对象都是公司的技术骨干，并且都是高级工程师，共有七人，其中有陈道一、郭振庭、李占宝、郝希仁等。除了陈俊武自己，他还请了已任总工程师的张立新以及老专家刘太极和沙颖逊教课。

他把自己数十年积累探索的经验理论整理浓缩，像是握着一根接力棒，他焦灼地要把这根智慧之棒传给后来者。他呼吁老专家们都要带“徒弟”，培养业务尖子，以形成“尖刀队形”。

1992年初，陈俊武提出从青年工程师中培养催化裂化设计高层次人才的培训方案。他亲自为这个方案拟定了具体详细的内容，对受培训者要求树立两个目标：提高技术素质，增进创新能力；运用四种本领：调研方法、信息渠道、外文工具、电算手段；具备六个条件：扎实的理论基础、丰富的实践经验、勤奋的思考习惯、精辟的分析技巧、熟练的指导能力、明智的决策水平。

他请培训部的曹世经和赵志良协助，对初步挑选出来的优秀青年工程师刘昱、张韩、马宏、萧凤芝等12人，先以61道试题的巨大题量书面测试，及格者6人。按严格录取原则，兼顾每个人的具体情况，最后确定了刘昱、马宏和张韩三人为正式学员。在培训部和工艺室领导见证下，陈俊武作为导师和三名学员正式签署了培训合同。他自我保证在规定时间内给他们讲课，没有时间写讲义，就以口述和黑板为主，目标是提高分析思考能力，把催化裂化工程经验转化为规律性知识。

在以后三年的时间里，陈俊武基本上每周都要给学员们讲一次课，一个月平均有十多个学时，另外还有批改作业、答疑、带领学员到现场实践教学，等等。这期间他还有许多工作要做，但这个高研班“导师”的职责他总是认认真真、一丝不苟地去履行。学生们甚至还发现，每次上课，老师总是按时准点，仪容端肃，若穿西装，必打领带。

20多年后，已成为洛阳石化工程公司副总工程师和首席专家的刘昱在一次座谈会上，回忆起当年学习的情景，动情地说：“通过那三年的学习，提高了我们的专业技术素质，使我们不仅在催化裂化基础理论及专业知识方面有了很大的收获，而且在思维方法、分析能力、实践经验等方面也有了较大的提高。这次学习对我们这些初涉催化裂化领域的年轻人来说是极为难得的机会。陈院士渊博的知识、严谨的治学态度和求真务实的精神也深深地影响着我们，感染着我们。”

4 育人工程：中国石化高研班

陈俊武在洛阳石化工程公司推行他倡导的继续工程教育和高层次人才培训计划期间，从 1987 年到 1995 年，中国石化总公司培训部门在柳芬的具体组织下，以石油化工科学研究院为主先后举办了 7 次催化裂化中级骨干学习班。一般都是由中国石化总公司继续工程教育中心发文，通知有关企业派人参加。事先将学习任务分解为几项内容，请不同的导师授课，授课者来自研究院、设计院和总公司机关。

陈俊武也多次被邀请来授课，每次时间只有一两天，他讲的大都属于结业前总结性质的内容。学习班先后在北京、石家庄、济南和天津举办，除此之外，还有以总公司的名义和人事部、技术中心等多个部门邀请陈俊武去作报告、搞讲座之类，对于这些活动，陈俊武尽管十分繁忙，但都要尽量挤出时间参加。

从洛阳石化工程公司到总公司，从他自己推行的学分制继续工程教育、高层次人才培训到总公司的骨干学习班，陈俊武在实践中也不断地总结着、思考着。他逐渐意识到，为了真正能为中国石油化工事业培养出高层次的精英人才，应该办一个有创新理念的、有独特教学方式的高研班。他的想法得到了总公司领导的全力支持。

1992 年，中国石化总公司举办的第一期催化裂化高级研修班正式开班。柳芬是班主任，陈俊武为导师，曹汉昌作为他的助手当辅导老师。正式学员只有 10 人，对学员的挑选极为严苛。比如，必须在工厂一线催化裂化装置至少有 4 年以上的工作经历，已是高工或接近高工的工艺技术人员，还要在以前的中级班学习过，等等。

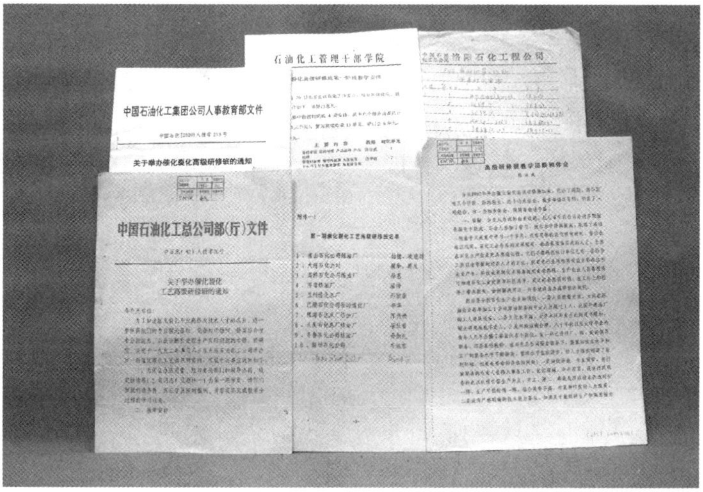

中国石化举办催化裂化高级研修班部分文件和陈俊武总结

高研班的地址在一个地处偏僻的大连石油七厂的招待所里，开班时规格很高，曾任石油部副部长的侯祥麟院士亲自接见，但紧接着进行的一场考试让这些来自全国各地的技术尖子们开始头皮发蒙。

2017 年 3 月已经 90 高龄的陈俊武在洛阳和部分一期高研班学员徐惠(后左一)、蒋凡(后右一)会见

题目似乎并不是太难，但题量却非常大，要想全部答出来基本

上没有可以思考和犹疑的时间。考试下来大家紧张地交流，怎么平时觉得都懂都会的内容，答卷的时候都变得似是而非。但成绩并没有公布，陈俊武用这种办法是摸底，考查学员的基本功，就是看你平时是否用心用功，然后才根据每个人的情况区别对待，因材施教。

在这个远离市区、也远离纷扰和尘嚣的地方，一个也远离现行的传统教育模式的高研班开班了。

一切都充满了新意。

陈俊武渊博的学识、谦虚平易的态度和深入浅出、循循善诱的授课方法很快征服了这些学生们。

高研班有教材，就是油印本的陈俊武主编的《催化裂化工艺与工程》。但又不全按这个教材讲。在全国炼油工程技术领域，在催化裂化这个核心技术领域，也有门派之别。如果套用武术界的用语，陈俊武也许就应是他这个门派的宗师。但是，陈俊武在讲课中对其他兄弟单位的技术成果都给予充分尊重，客观介绍各家的技术特点，点评分析，让学生们自己体会。

有课堂讲授，也布置作业，作业题目中有理论，更多的是生产实践中的诸多疑难问题。然后再集中，让学生们公布答案，发表意见，当然其中有相同的也有不同的，互相碰撞，互相启发，分析比较其中的优劣得失，最后选择确定最有价值的结论。

高研班课程安排极为紧张，上午陈俊武主讲，下午曹汉昌辅导，晚上做作业，几乎没有空暇的时间。

三周集中学习结束，学员们回到各自的工作岗位，不过每个人都带着一个“大作业”。大作业主要内容有三项：一是对自己所在装置汇集整理原始数据，强调对已有操作和化验数据要去粗取精，去伪存真，对有些流态化数据应亲力亲为自己测量；二是按教课中提出的方法做出工艺和工程计算，包括氢和硫平衡在内的物料衡算、包括焦炭吸附（脱附）热在内的能量衡算和不同回路的压力平衡计算，还有反应工程领域的计算(催化反应动力学、烧炭动力学、催化剂失活动力学等)；三是根据计算结果结合装置出现的技术问题做出针对性分析研究，提出解决方案。

这个“大作业”名副其实，体量大，周期长，要占用大量的工作时间和休息时间，再加上工厂生产实践的千差万别，大约一年甚至一年半才能完成。

大作业完成，都要寄送到导师陈俊武处。这些作业有的厚达100多页甚至200多页，由于学员所在装置的情况各异，内容很少雷同。陈俊武都要仔细审阅，对其中重要的错讹之处，还要和学生联系沟通。他为此耗费精力时间之多可以想见，不要说一般的星期天节假日，就连中国人最看重的春节期间，他也用来审阅学生的作业。

第三期高研班学员，现任中国石化炼油事业部环保节能处处长宫超回忆说，他当年的大作业因为有了计算机，做的时间快了，但仍用了6个多月，共有200多页，完成后寄交给陈院士。有一天他突然接到院士的电话，说你的作业里面第几页第几项的第几个问题，不对，你再看一看。宫超一查对，果然是错了。宫超说，那一刻他既激动又感动，对这位院士老师真是佩服得“五体投地”！

宫超不是个别的例子，陈俊武对高研班的所有学员都是如此。

高研班的第三阶段是集中交流，研讨，答疑，时间一般也都在两周左右。

学生们开始都感到上这个班很苦很累，但到后来，却兴趣渐浓，对上课，对作业，对和老师、同学们相见都充满了期待。在这个小团队中，师生融洽，气氛和谐，真可谓“团结、紧张、严肃、活泼”。

陈俊武的人格魅力深深地吸引着大家，也感染着大家。他传授知识，也教给大家思考问题、分析问题、解决问题的方法，他用自己的言行告诉大家应该如何对待工作事业，如何对待社会人生，潜

2006 年陈俊武在洛阳办公室辅导高研班学员的作业

移默化，如浴春风。高研班学习研修的主要内容是技术，没有上政治课，但学员们在这里却感受到最强烈的爱国主义和理想信念的熏陶。大家共同的感受是，高研班绝不仅仅是技术性的班，也是关于政治、智慧和人生哲学的班，甚至也是关于清正廉洁的作风建设的班。陈俊武在学员们的心目中，不仅是“经师”，更重要的是“人师”。

也许高研班的学生们至今还不知道当年他们的两位导师坐车的故事。

1992 年夏，陈俊武和曹汉昌来到大连，出了火车站，却发现来接他们的是一辆客货两用车。曹汉昌火了，我们都是来讲课的专家，我且不论，陈俊武是大名鼎鼎的院士，怎么就用这样的车来接？但陈俊武却觉得无所谓，说无非是代步工具嘛，何必计较这些！高研班所在地大连石油七厂招待所，有高级房间也有普通房间，主办方给他们安排了高级房间，陈俊武拒绝了，执意要住普通房间。

1993 年 3 月，曹汉昌陪同陈俊武到中国石化管理干部学院培训中心讲课。从洛阳乘火车，到北京的时间是凌晨 5 点多。陈俊武怕麻烦人，说地铁里多暖和啊，坐地铁吧。于是两个老头儿就先坐地铁转了一大圈，又到免票的中山公园转了一圈，直等到 8 点多上班才到了目的地。

曹汉昌对这位老朋友领导近于苛刻的律己和清廉，是由衷地敬佩，但跟着他出差却尽受委屈，就半开玩笑地感慨：“我呀，跟着你净吃亏呢！”

高研班最后结业的形式是通过答辩，就像是大学里研究生的答辩一样，但难度要比那些硕士、博士的答辩高出许多。第一期高研班 1994 年结业，共有 7 个人通过答辩。

第二期高研班 1994 年在广州举办，班主任是樊启明，共有 18 名学员；第三期 2000 年在北京办，班主任是赵琼瑛，固定学员 12 人，也经常有 10 多人来临时听课。在北京办班的有利条件是可以就近请到更多的专家来讲课，陈祖庇、林世雄、时铭显，还有洛阳公司的郝希仁。

2017 年 3 月已经 90 高龄的陈俊武在洛阳和部分二期高研班学员

三期高研班，前后历经 10 年之久，给中国石化行业培养了一批没有颁发学位证书的高层次精英人才。这批人大多都成为了催化裂化领域卓有成就的专家，还有很多担任了重要领导职务。

2017年3月已经90高龄的陈俊武在洛阳和部分三期高研班学员

比如，凌逸群后来调任中国石化集团公司任副总经理，徐惠调任中国石化科技开发部副主任，邢颖春任中国石油炼油与化工分公司总工程师，陈尧焕任中国石化北海炼化有限公司总经理，李华任中国石化长岭分公司党委书记，蔡智任中国石化海南炼油化工有限公司党委书记，等等。而中国石化石家庄炼化分公司，一个班子的

2017年6月17日催化裂化高研班一期学员、中国石化集团公司副总经理凌逸群(右)看望陈俊武院士(中)，洛阳工程公司党委书记王国良(左)陪同

主要成员竟大部分是高研班的学员，叶晓东任总经理，刘晓欣任副总经理兼总工程师，齐洪祥任党委副书记。另外还有一大批任总经理、副总经理，总工程师、副总工程师，以及处长、部长、高工和各种专家头衔的学员名单，在这里不再一一列举。

当然，我们不能以职务高低而论，但这是个重要的参考指标。所谓孔夫子弟子三千，贤者七十，这三期高研班中涌现出来的有成就的人才比率要高得多。有人开玩笑说，陈院士主办的三期高研班，是中国石油化工行业的“黄埔军校”。也有人开玩笑说，陈院士的高研班，不仅培养技术人才，也培养党委书记。

春风化雨，春风化人，陈俊武用自己的10年辛劳10年心血，广植桃李，精心培养，如今已是桃李遍于天下，桃红李妍，灿若云霞。

5　育人工程的延伸：爱心小记

热心公益，济困助人，陈俊武这一类善举甚多。人们发现，陈俊武的爱心捐助，基本上都与助教助学有关，与培养人才有关。1990年，他曾将一次奖金五百元全部捐给了公司幼儿园。那时候，人们工资普遍较低，五百元其实已是一个大数目。后来，奖金数量多了，有好几次他仍是全部捐出，不过形式有所不同。

1994年5月，陈俊武捐出自己的奖金四万元，在洛阳石化工程公司内部设立了青年优秀科技论文奖励基金，用以奖励在技术开发和理论研究方面有创新有建树的青年人。

1995年，他将洛阳市科技大会发给他的奖金五千元，全部捐给孟津县，资助十名家庭生活困难的农村民办教师。当时县里还开了会，邀请陈俊武到会讲话。

一年后，他又将奖金五千元，捐赠给洛宁县张坞乡中学，这一次是为学校购买和赠送图书，用以奖励优秀学生。张坞乡中学就在他们当年“战斗”过的竹园沟沟口附近，是个有特殊意义的地方，陈俊武也应邀参加了赠书仪式。

1994 年 7 月，《洛阳日报》的一则新闻引起了陈俊武的注意。报道中说，洛阳市新安县山区的一个贫困学生，学业优秀，因获得“全国化学通讯竞赛”一等奖，被上海复旦大学化学系破格免试录取，但由于家庭困难，陷于困境。

陈俊武觉得这样的优秀青年若因经济困难而影响学业，实在太可惜了，自己应该帮助他。当天，他召开了家庭会，说了自己的想法，得到夫人和两个女儿的一致支持。通过报社的沟通联系，陈俊武在办公室见到了这个名叫张政伟的学生。

张政伟衣服破旧，显得有些拘谨。原来他父母双亡，自己住在姥姥家，平时生活就十分困难，上大学的学费、生活费更是没有着落。一番简单的交谈之后，陈俊武当即表示：你在上大学期间，学费、生活费我全部负担，你只管安心学习好了。这对于张政伟来说，是做梦也想不到的喜讯，一个贫困学子的命运，在这一刻开始了转折。

从此，陈俊武按时给张政伟汇款，每年两次，每次四五千元，直至张政伟大学毕业，一共对他资助了四万元左右。张政伟在复旦大学化学系毕业后，进入复旦大学医学院，从事一种新型设备（PET）的医疗检查工作，现在已成为业务骨干，还在上海建立了自己的小家庭。当然，他也永远铭记着陈俊武院士对他的恩情，凡回洛阳，都要去看望陈俊武。

受到过陈俊武各种形式帮助的这些人们，有的可能暂时解决了自己的困难，有的可能因此而改变了人生，他们都会永远感受到一种温暖和激励，感受到一种努力进取的动力。

第十五章

石油替代　煤化结缘

1 序曲：思考与实践

进入 21 世纪以后，陈俊武已年逾古稀。尽管他依然身体康健，精力充沛，但他还是以客观缜密的态度对自己将来的具体条件和工作方向作了认真的思考。他想，催化裂化自己已干了近半世纪，如今优秀的后继者人才济济，也有很多各有所长的专家，自己在这个领域似乎可以“退隐山林”了。

那么，今后工作应该向哪个方向努力呢？他首先想到的是自己一直关注的能源宏观发展和石油替代趋势问题。长期以来，陈俊武不仅关心跟踪国外炼油工程技术的发展信息，也关注着世界能源特别是石油替代的有关信息。

石油作为一种不可再生的资源，只能是越来越稀缺。容易开发的质量好的油田已经开发所剩不多，剩下的或是新发现的大多是不好开发的或是质量差的稠油。质量差的石油炼制更难，价格也会越来越贵。现在有些国家，比如加拿大，已经在开发油砂，还有墨西哥、委内瑞拉等国还在开发超重油。而在海洋中勘探和开采石油难度更大，成本也高。众多的国内外资料都表明一个明显的趋势：石油消费尚未达到峰值，而石油的可采资源量却日渐萎缩，供需矛盾将会更加尖锐突出。目前我国一年消费的石油达 5 亿多吨，国内产量只有 2 亿吨，3 亿多吨差额全靠进口。

因此，对石油替代的研究和开发十分必要而且紧迫，这不仅关系民生，也关乎国家安全。

现在的石油替代，有天然气，也有生物质油，如用粮食为原料加工生产乙醇，掺入汽油作为汽车燃料，但我国粮食产量受限制。另外还有一种用微藻做原料生产生物燃料的技术。从目前来看，虽有多种办法，也都有工艺本身或工程上的各种局限和弊病。

陈俊武觉得，面对当前的实际情况，利用好渣油，以部分取代石脑油生产石油化工原料，是一个重要的思路。石脑油是一种轻质油品，因为辛烷值低，不能直接作为汽车燃料，但是可以作制取乙烯、丙烯等化工产品的重要原料。我国原油较重，石脑油供应非常紧张。这时沙颖逊提出采用特制的热载体微球，在高于700℃高温下将渣油分解的重油裂解制烯烃(HCC)工艺。陈俊武和张立新、刘昱等人对此颇有兴趣，他们期望通过对这个工艺的研究，开发出生产乙烯的另一条途径。

后来他们从齐齐哈尔石化总厂得知，厂方愿意利用炼油厂设备作工业试验。2001年6月，这项试验在该厂初试成功，但因为时间较短，未暴露设备内部结焦问题。陈俊武也向中国石化集团公司汇报了这个想法和初步试验结果，取得了主管领导的支持。此后他们又联系到抚顺石化公司石油二厂做较长时间工业规模试验，石油二厂的试验不够顺利，设备结焦频频出现，又没有有效解决的措施，拖长了试验时间，由此出现了其他多种矛盾，最后不了了之。陈俊武认为，这是他多年来抓技术创新的一次败笔，为此深感遗憾!

不过令他欣慰的是，原来认为采用热载体微球催化剂行不通的事，却在石油化工科学研究院的努力下实现了。中国石化石油化工科学研究院用沈北石蜡基原油的渣油，在不超过700℃下进行催化裂解，可以得到约40%的乙烯与丙烯，重油直接催化裂解制取乙烯和丙烯的CPP工艺满足了沈阳石蜡化工厂的烯烃原料需求，并于2010年4月通过了中国国际咨询公司组织的考核验收。

2 纪事：煤直接液化制油项目

利用渣油制烯烃以提高石油资源的利用率，制约的因素太多，况且这只算是“节流”，而对于解决我国能源问题，最重要的还是“开源”，就是在石油之外寻找开发更多的能源。

陈俊武当年在抚顺投身石油事业，起步开篇就是从事煤制油技术，他认为面对中国富煤少油的天然资源现状，现在加强这方面的研究开发，既很必要也很迫切。

煤制油技术的一个主要路径就是煤炭液化。煤液化是把固体煤炭通过化学加工过程，使其转化成为液体燃料、化工原料和其他产品的先进洁净煤技术。根据不同的加工路线，煤炭液化可分为直接液化和间接液化两大类。

上世纪末，神华集团根据原煤炭部北京煤化学研究所多年来从事煤液化研究的成果，认为正在开发中的内蒙古和陕北某矿区的煤质非常适合直接液化制油。神华集团是国有综合性大型能源企业，实力雄厚，具备开发煤制油的条件。

国家计委原副主任叶青对此信息很感兴趣，表示可以在资金上给以支持。于是神华集团和具有煤液化技术的美国 HTI 公司联系，拟采用这家公司开发的液化技术和新催化剂，建设三条生产线规模、每条生产线年产油 108 万吨的煤制油厂。经过小试验证后，神华集团把 1000 吨试验原料煤炭运往美国 HTI 公司进行中型试验。在此期间，北京设计院的郭志雄和赵伟凡等专家配合神华集团做了不少工作。

但建设这样一个大型项目，需要中国国际工程咨询公司审批。

中国国际工程咨询公司(下文简称中咨公司)是国务院国资委管理的中央骨干企业，是顺应我国投资体制改革，贯彻决策民主化、科学化而成立的国内规模最大的综合性工程咨询机构。以政府委托业务为中心，对国家重大建设项目进行咨询评估，是国家赋予中咨公司的使命。中咨公司也根据需要邀请有关行业的专家参与咨询评审。

2000 年 12 月，神华集团顾问李树钧邀请陈俊武参加这个煤液化项目的工艺评审，因工作的关系，介绍煤炭部原司长屠竹鸣和陈俊武相识。

李树钧 1952 年毕业于清华大学，是北京炼油设计院的资深专家，也是陈俊武的老朋友。早在上世纪 60 年代，他就和陈俊武一起参与了赴古巴考察和抚顺石油二厂我国第一套催化裂化装置的设计建设，并结下了深厚的友谊。90 年代，李树钧担任中咨公司顾问期间，就主动邀请陈俊武参与有关项目的评估。后来他又受聘为神华集团顾问，邀请陈俊武参加拟采用 HTI 工艺的煤直接液化项目的讨论会。他这种以国家发展大局为重，摒弃门户观念的开阔胸怀和客观公正的处事理念让陈俊武深为钦佩。

1984 年陈俊武与李树钧(右)在洛阳

陈俊武提出，液化油因为金属杂质含量高，通过催化裂化加工方案不可行，在线加氢处理也不妥。陈俊武是国内催化裂化方面公认的权威，早年还曾经是国内第一套煤制油加氢装置的设计师，他的意见得到居竹鸣的高度重视。

此后不久，李树钧向陈俊武通报，神华煤在 HTI 公司中试得到的液化油样已送中国石化石油化工科学研究院试验，并把该油样的分析数据寄给陈俊武。陈俊武看到液化油氢的含量只有 10%左右，十分吃惊，这样的油品加氢处理的氢耗量将非常大，他担心这种油品中柴油馏分就会像催化裂化轻循环油那样，十六烷值偏低。在此后一年内，陈俊武和石油界的李树钧、石亚华、宋文模、金国干等人对 HTI 公司提出的液化工艺流程都提出过许多评估意见，例如渣油用甲苯萃取、油品在线加氢处理，等等，评估结果均不可行。

金国干是陈俊武上世纪 50 年代在抚顺石油三厂工作期间颇为相契的老同事。在大同煤炼油厂筹建期间，他们经常合作。后来金国干作为筹建处代表，参与接待捷克专家，专门配合工艺专家霍菲尔的工作，兼任德语翻译。煤间接液化项目进入咨询阶段时，金国干已经退休，被抚顺石油公司返聘在该公司设计院工作。考虑到合成油品加工技术的开发和评估，陈俊武向中咨公司建议，请金国干参

2009 年 11 月陈俊武与金国干在神华宁煤集团煤制油项目审查会合影

加有关评审活动，从此他开始介入合成油项目，他还请中国石油抚顺设计院参加油品加工的研究工作。

我国石化工业的几个元老，在退休之后的老年时段，相邀相携，再度上阵，共同为我国新型煤化工工业的开发和发展尽心献力，青山夕照，老骥伏枥，这也算是一段佳话。

2002 年 4 月，中咨公司任命陈俊武和范维唐(中国工程院院士，原煤炭部副部长，时任中国煤炭协会会长)为神华煤直接液化项目评审专家组组长，对该项目进行评审。到会专家 28 人，其中石油系统 5 人。主管评审的是该公司以郭大同主任为首的煤炭处，不是过去常与石化系统打交道的石化处。各位评审专家以实事求是的态度，对重大问题看法基本一致，无对立意见。专家组建议，对原来建设三条生产线的方案改为先建一条线，并且可以实行工业试验与产业示范并举的方案，估计第一期投资为 60 亿元，建设单位可以承受相对较少的投资风险。陈俊武在这次大会上的总结发言，讲了十大问题，有理有据，观点明确，分析透彻，受到与会者的高度评价，中咨公司认为他的发言对直接煤液化项目的审批起了决定性作用。

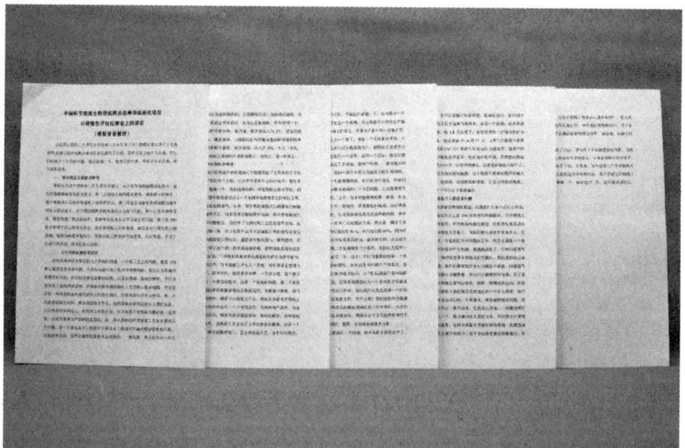

陈俊武对神华集团引进煤制油技术可行性研究评审会的总结发言

既然 HTI 公司编制的可行性研究报告不能实施，就需要修改总工艺流程。煤炭科学研究院北京煤化学研究所吴春来等提出参考使用供氢剂的日本技术，但使用国产煤加氢催化剂(参照 HTI 的催化剂)，聘请日本专家指导，对方还答应免收技术转让费。这时 H-Oil 公司已被法国 Axens 公司并购，供氢剂沸腾床加氢技术可由 Axens 公司提供(含工艺包和技术转让)。

工艺流程改进后的全厂可研报告由中国石化工程建设公司完成，2004 年报中咨公司再次进行评审，陈俊武仍担任评审组长。专家们原则同意可研报告，但仍担心存在的风险。于是神华集团公司提出在上海建设一套日加工 6 吨煤炭的中试装置验证修改后的工艺流程和产品性质，氢源从邻近化工厂取得。当时这个中试装置由洛阳石化工程公司以 EPC 总承包的方式建设，另将洛阳石化工程公司炼制研究所从事加氢研究的朱豫飞调到神华公司承担试验任务。前后历时三年，后期针对装置热损失大的问题再次做了改造，终于顺利完成了各项试验，经蒸馏可得到的油品收率达 55%，转化率大于 90%，为工业装置建设提供了准确的设计数据和中型装置的试验油样。2007 年初，陈俊武和神华集团公司的任相坤、舒歌平参加了该项目的 863 课题鉴定。

陈俊武指导设计的神华集团上海煤直接液化中试装置

煤直接液化工艺过程中的细节问题仍然很多，例如原料煤的灰分含量不大于5.3%如何保证，灰分增加对产品收率影响问题，液化油中含氧化合物高将导致的氢耗大问题，等等。每个环节物料衡算必须进行碳、氢、硫、氧元素衡算和灰分衡算，少许的差错会累积成大误差，将影响油品产率和企业制氢装置规模的确定。对这些问题陈俊武曾和设计研究单位多次交换过意见。

直接液化第一条生产线设备制造和施工过程值得大笔特书，该生产线2008年12月31日投产，此后一直保持正常生产。陈俊武由于忙其他工作而没有参与，直到开工投产后他才有时间去现场“回访”。舒歌平常驻现场，热情向陈俊武介绍生产情况。陈俊武感觉完成这一项目实在不易，其规模目前属于“世界之最”，但推广起来也着实困难。

2008年12月31日神华集团第一条100万吨级煤制油装置开工试运

此后，只有云南的先锋煤液化项目曾以可研报告上报国家发改委，云南省煤炭厅主张采用德国传统的高压加氢工艺。中咨公司组织陈俊武和其他专家去现场调查，他们发现当地资源量不足，否定了该项目的可行性。后来黑龙江省还做过依兰煤直接液化实验，但项目也未成立。

3　纪事：煤间接液化制油项目

煤制油还有另外一个途径——间接液化。煤间接液化是先把煤炭在高温下与氧气和水蒸气反应，使煤炭气化转化成合成气——一氧化碳和氢气的混合物，然后再在催化剂的作用下合成为液体燃料的工艺技术。

煤间接液化中的合成技术是由德国科学家 Fischer 和 Tropsch 于 1923 首先开发，并以他们名字的第一字母即 F-T 命名的，简称 F-T 合成或费托合成。1939 年已实现产业化，1944 年德国共有 8 座工厂合计年产能 60 万吨油品，当时曾转让给日本一套，在我国东北锦州建厂。费托技术主要工艺为常压或加压固定床反应器，采用的是钴基催化剂。1953 年德国浆态床反应器开发成功，此后因天然石油资源充足使这项技术暂停发展。

南非在白人政权时期，因实行种族隔离制度被国际社会实施“石油禁运”制裁，不得不从煤的间接液化获取液体燃料。美国凯洛格公司提供了循环流化床费托合成技术，使用的是铁基催化剂，1980 年已建成年产 600 万吨油品的产能，业主是沙索(Sasol)公司。1993 年 Shell 公司在马来西亚建成使用钴基催化剂的固定床装置。本世纪初，沙索公司在卡塔尔以天然气为原料，建设了一套钴基催化剂的浆态床费托合成油厂。

我国上世纪 50 年代中期就考虑将锦州厂的固定床改为流化床，列为中国科学院大连化学物理研究所和洛阳石化工程公司的前身——石油部抚顺炼油设计院的合作项目。在当时抚顺炼油设计院总工程师黎煜明的领导下，1957 年在锦州建成年产 3 千吨的中试装置，可惜未取得成功。此后，这项工艺的实验室研究转归中国科学院山西煤炭化学研究所进行，虽然在小合成氨厂使用尾气做过费托合成试验，但无重大成就。

本世纪初，中国科学院山西煤炭化学研究所的海归博士李永旺研究员在实验室完成了间接法煤制油工作，并在此基础上，提出应开展工程放大和工程技术开发，但研究所无论从人力还是物力而言确实难度很大，好在取得了煤炭企业伊泰集团和神华集团等的大力赞助，于是在太原市小店开发区建设了一套中试装置。

李永旺主动和陈俊武联系，并经常和他讨论工艺设计和试验中的问题。陈俊武认为这种边实验边学习的方式对技术开发十分有益，持续性地对山西煤炭化学研究所的间接液化研究及工程技术开发工作给予指导和帮助。

中试装置由于合成气是人工配制，氢气来自电解，一氧化碳来自焦炭气化，成本高，制约了中试产能(约700吨/年)。中试费托反应器直径只有0.35米，工业装置是其20多倍，将来还需要两级放大。但是中试确实比实验室的高压釜更接近工业实际，从冷阱和热阱采集的油样中夹带有许多固体颗粒物，预示不仅要连续排出高催化剂浓度的热蜡油，还要对排出物料在器外分级过滤，才可稳定操作。

李永旺及时进行了油品加工试验，金国干介绍抚顺石油化工研究院刘纪端和曾榕辉参与制定加工方案。李永旺和曹立仁还提出建设16万吨级/年工业示范装置的思路，陈俊武曾多次参与方案的制定和讨论。

2007年6月，千吨级中试成果通过专家鉴定。2009年示范装置通过72小时的标定，至此，《合成油高温浆态床费托合成工艺系统集成技术》宣告诞生。

当间接液化在国内尚未迈开脚步的时候，神华宁煤集团早在2004年就和南非沙索(Sasol)公司商定，要各出资50%在宁夏银川建设一座投资约 580 亿元年产 400 万吨油品的间接法煤制油厂。国内五环科技股份有限公司配合做可行性研究，由于国外工程设计涉及几个公司，程序复杂，2009 年末才完成预可研报告。同年 8 月中国国际咨询公司组织对该项目的评审，聘请陈俊武为专家评审组组长。陈俊武等中国专家就技术方案向沙索公司提出了多项质疑：用他们的工艺技术在卡塔尔建的合成油厂，合成工艺所用的是钴基催化剂，为什么运行了三年仍然不太顺利？中国缺乏钴资源，沙索公司推荐用钴基催化剂，要求在中国建设钴基催化剂生产厂，为什么不用转化效率相当的铁基催化剂？卡塔尔厂用的原料是天然气，我国用的是煤炭，但未见到详细的对比数据，等等。陈俊武等还提出对气化炉采用 Shell 炉型的不同看法，认为雪佛龙公司加氢设计过于简化等意见。陈俊武领衔的中方专家组向沙索公司提出了一系列关于工艺方案、产品结构、气化炉炉型、催化剂选择、能量转化效率等方面的疑惑或问题，但是沙索公司基本上坚持他们的原推荐技术方案。

2010 年 5 月，神华宁煤集团与沙索公司合作的《宁夏-沙索煤炭间接液化项目申请报告》可研报告提交中国国际咨询审查。鉴于沙

2009 年 11 月陈俊武院士作为评审组长审查
宁煤集团引进沙索公司间接液化煤制油项目

索公司基本上坚持他们的原推荐技术方案，存在许多中方不满意或不能够接受的技术方案，以陈俊武为首的专家组从8月开始对该报告进行了多次认真的评审后，没有同意沙索公司的可研报告。陈俊武认为，在当时我国自主研发的煤间接液化技术已经基本成熟的情况下，没有必要以极高的代价从国外引进存在许多瑕疵和不可知因素的技术。我国煤间接液化技术的研发，渗透了几代科学家的心血和期望。独立自主，自力更生的精神，应该永远流淌在我国科技人员的血脉之中。

后来，神华宁煤集团另行编制了采用中国科学院煤炭间接法制油技术的申请报告，2011年通过了中国国际咨询公司审查。至此，持续了六年的引进南非沙索公司大型煤制油合作项目宣告终结。

2013年9月，神华宁煤集团采用中科合成油公司技术的400万吨/年煤炭间接液化装置开工建设，陈俊武受邀参加开工奠基仪式。

2016年12月，这个重大项目建成并一次试车成功打通全流程，产出合格油品。这标志着我国拥有了煤炭间接液化核心技术和成套大型工程技术，也标志着我国在能源战略储备方面迈出了实质性的一步。12月28日，在宁东能源化工基地项目区举行了隆重的庆祝仪式，并宣读了国家主席习近平的祝贺和重要指示。

中国煤间接液化产业化的另一条途径也在同一时期展开。兖州煤矿的领导颇有战略眼光，他们很早就已关注南非的费托合成技术。他们在出国考察期间，结识了在沙索公司科技部工作多年的中国青年工程师孙启文。孙启文曾在荷兰留学，对煤间接液化技术有较深的造诣。兖州煤矿的领导动员孙启文回国发展，并承诺给他创造充分的工作条件。

孙启文回国后，在鲁南化肥厂建成一套直径1米的中试装置，原料气体靠化肥厂提供，催化剂由自己制备。孙启文邀请陈俊武来考察指导，并和中国石化石油化工科学研究院建立联系，由石油化工科学院配合做产品的加工方案。

2007年，鲁南化肥厂的间接液化中试成果通过了国家鉴定。兖州煤矿在陕西榆林建设了一座煤液化工厂，第一期年产100万吨油品的装置于2015年顺利投产。

4 纪事：郑州大学院士工作站

和陈俊武的石油替代宏观思路有关的，还有另一项重要内容，就是在郑州大学院士工作站的活动。从另一个角度说，这也算是著书育人的工作。

早在上世纪80年代，陈俊武应原化工部所属郑州工学院院长刘大壮的邀请，指导该院研究生孙培勤，同时委托郑州工学院参加陈俊武负责的"催化裂化再生器一氧化碳催化燃烧动力学"研究工作。

2008年，原郑州工学院并入郑州大学，并组建能源化工学院。已在该校任教的孙培勤希望陈俊武指导她做一个科研项目。陈俊武对这个项目认真分析之后，认为单纯做生物质高压釜内水解试验很难实现产业化，这一意见改变了孙培勤原来想以单纯做实验室研究就获得初步产业化成果的想法，转而指导郑州大学能源化工学院开始做"生物质能源转化为运输燃料"的软课题研究。当时以生物质为原料生产燃料乙醇和生物柴油方面的研发工作在国内外还属于起步阶段，生物质在更多领域(如通过快速热解、发酵等)制取醇类燃料也有比较好的发展前景。由于有了陈俊武的热情支持和参与，孙培勤和几位中青年教师组成科研团队，学院领导也积极配合，在学院内正式建立了院士工作站。陈俊武又邀请老朋友李春年也参与此项活动。此后，陈俊武和李春年或以到郑州大学讲课、讨论的方式，或利用电子邮件交流的方式，对孙培勤团队的生物质制运输燃料的课题研究进行指导。

当时国内从事生物能源研究的研究所和高校为数不少，由于国家未做出像863项目那样的统筹安排，很多研究题目重复，研究人员各行其是的情况较为突出，这种现象不利于生物质运输燃料的产业化。

陈俊武认为，在众多研究路径中哪几条路径最有可能实现产业化，并在替代石油基运输燃料方面有无可能占据主导地位，科技决策部门应及早思考这一重大命题。

陈俊武从能源战略研究的高度，指导孙培勤团队率先开展“生物质能源替代石油基运输燃料的评估和对比论证”软课题研究。前后经历5年多时间，研究成果形成了一本80多万字的《生物基燃料技术经济评估》的专著。该书主编为孙培勤，副主编为孙绍晖、常春和魏新利，共有15位作者参与，陈俊武担任主审并撰写了部分内容，2016年1月由中国石化出版社出版。这本专著结合我国国情，对具有产业化前景的生物质转化为运输燃料的10多条路径进行科学评估，提出了优化的替代路径，为国家能源战略决策提供了重要参考。陈俊武在指导团队工作中，还培养了4名博士后。

遗憾的是，因为国内重大软课题均由中国科学院、中国工程院、国家发改委与极少数高校承担，郑州大学没有这类任务，尽管作者们付出了巨大的时间和精力，这个成果却没有列入国家规划的科研项目。不过随着时间的推移，这本著作将会日益显示出它应有的价值。

有一件事鲜为人知，6年来，作为郑州大学的双聘院士，年逾八旬的陈俊武对化工与能源学院支付的酬金分文不取，也不让学院负担任何吃住行费用，还不计成本地为学生复印资料，为他们提供力所能及的帮助。

在团队取得阶段性成果之际，能源化工学院再次奉上陈院士6年兼职所应取得的酬金。这次，陈俊武提出把这近20万元全部捐出，用于培养优秀学生。他的团队成员深受感动，纷纷捐款出资共同设立奖励基金。

2016年3月26日，刚过了90岁生日的陈俊武专程赶到郑州大学，将6年来在郑州大学兼职所得的报酬近20万元全部捐给了新设立的陈俊武研究生奖励基金会，用于奖励和支持该校化工领域的优秀青年学子。

在这一天举行的"郑州大学陈俊武研究生奖励基金设立暨2016年发放仪式"上，连同陈俊武研究团队其他成员的捐款，奖励基金共计50万元，首批15名优秀学子荣获奖励。

一名获奖学生会后跑到陈俊武面前，请求陈老在他的获奖证书上签字留念。"这将是我一生的财富!"这位学生激动地说："陈院士奉献科学、德技双馨、甘为人梯，永远是我们青年人学习的楷模!"

陈俊武为获2016年"郑州大学陈俊武研究生奖励基金"的学生颁发奖金和证书

5 延伸：战略思考和著作

关于煤制油产业发展前景，陈俊武在2010年就已形成个人的观点，并在国家发改委能源局召开的研讨会上发表。他的基本观点是，该产业正处于起步阶段，力戒一哄而起，多路出击。应及早展开全局性、综合性论证，就技术水平、建设风险取得共识。陈俊武提出应对工厂规模、产品出路、煤价和油价变化影响的灵敏度等都要作认真分析，并指出新鲜水的供应、二氧化碳的排放及封存等问题均不可忽视。他建议在世界石油产能未达峰值的时期，要抓紧煤制油的研发，确定示范项目；不宜只生产常规的油品，需要增加新品种，如高档润滑油基础油、液体石蜡、喷气燃料调和组分等；要制定能源转化效率的指标，要考虑油电联产，还可考虑煤和生物质混合气化制合成油，以减少碳排放。他还提出，国外正在开发的先进氧分离技术(离子传递膜氧分离技术ITM)、高温脱硫气体净化技术均可供借鉴，制造高效率燃气轮机机组也应及早提上日程。

陈俊武的这些观点，近年来得到多位专家的共识共鸣，但实际实施力度却不能令人满意。

陈俊武说："就我本人的兴趣而言，我不单纯满足于具体的煤化工项目的技术工作，而是想把思路更开阔一些，从宏观角度和世界范围了解能源问题。"

陈俊武认为，上世纪后期有些国外专家提出的"石油峰值产能"论点值得借鉴，今后石油生产不能满足消费需求时，石油替代课题就会应运而生。美国已经考虑用乙醇替代汽油，制乙醇也从粮食原料转向秸秆原料。另外，氢能通过燃料电池发电驱动汽车经历多年研究，正逐步走向产业化。美国总统布什支持“氢能经济”，美国能源部奉命大面积开展氢能研发和应用，从 2003 年起实施《氢能计划》，制定近期目标，逐年检查评估，力争短期内使车载燃料电池和发动机成本和内燃机成本持平，车载氢(汽油当量)的生产成本和汽油持平。美国这一充满雄心壮志的计划引起了陈俊武的极大关注，他不仅每年从美国能源部的 EERE(能源效率与可再生能源)研究课题的网页上跟踪美国氢能计划的实施情况及最新技术信息，还从生物能网页上了解生物能应用进展。

2004 年，陈俊武向中国科学院主管能源的副院长李静海提出建议，希望能给“石油替代咨询课题”立项。这个建议得到李静海的支持，委托长期在中国科学院机关工作，熟悉中国科学院研究情况的严陆光院士和陈俊武一起承担课题任务。严陆光组织了一个由 17 名院士和专家组成的团队，成员是不同领域的权威学者。陈俊武和这

陈俊武与严陆光院士(左)在新疆评估煤化工项目

些过去素无来往的专家相识，一同探讨能源前景，自己感到也是一种幸运。但课题要求限期一年完成，讨论时间有限。只好就已掌握的材料，匆匆下笔交稿。严陆光原来还承担有关于中国发展再生能源研究的另一课题，他把两课题的报告合并，最后形成由严陆光和陈俊武共同主编的一本专著《中国能源可持续发展若干重大问题的研究》，2007 年 3 月由科学出版社出版。其中严陆光和陈俊武共同主编的为上篇，共 8 章，239 页，28 万字。

陈俊武觉得，上述著作不能全部体现自己的思考，后来就和李春年、陈香生一起，分工合作，另编著了一本《石油替代综论》。开卷是全书内容概述，将内容浓缩为 35 页，使相关读者对书稿内容宏观了解。第一篇是资源篇，含三章；第二篇是生产技术篇，含八章；第三篇是应用篇，含五章。陈俊武力求把国内外的石油替代措施从过去到现在全面展开，包括技术和经济评估资料，即技术经济评价和全生命周期评估，排除空洞而不切实际的实验室论文数据。

陈俊武与李春年(右)、陈香生(左)讨论《石油替代综论》书稿

这本书从2007年开始编写，2009年出版后得到较高评价。

2009年5月，洛阳石化工程公司开办了由主要行政和技术干部参加的为期两天的专题讲座，陈俊武亲自主讲。陈俊武指出，此次学习目的是：(1)学习基本知识要点；(2)理解发展战略重点；(3)领会技术路线特点；(4)关注研究开发热点；(5)剖析矛盾争议焦点；(6)思考分析决策难点。

此外，陈俊武还先后应邀在郑州大学、中国石化抚顺石化研究院和洛阳解放军外国语学院等处作关于能源和石油替代问题的学术报告。

第十六章

MTO产业化世界领先

1 历史性的握手

1997年2月初，陈俊武院士的办公室来了两位客人，他们是来自中国科学院大连化学物理研究所的研究员王公慰和副研究员刘中民。

客人向陈院士说明来意：大连化物所的一项科研成果“用甲醇制取低碳烯烃的新工艺方法”刚刚获得国家“八五”重大科技成果奖等多种奖项，但目前仍属于实验室阶段。这项工艺的反应和再生部分必须采用类似炼油催化裂化的流化床型式，陈院士是我国流化催化裂化工程技术的开拓者，洛阳石化工程公司也具备开发这类工程技术的雄厚实力，他们此行是慕名而来，寻求帮助，希望在以后的工程放大和基础设计方面能和洛阳石化工程公司合作，并能得到陈俊武院士的指导。

陈俊武表示，早在上世纪60年代炼油工业“五朵金花”攻关时期，就曾与大连化物所有过良好的合作。现在我国石油资源不足已严重制约石油化工产品需求，石油价格逐步上涨是必然趋势，因此这项成果很有意义，也有发展前景。洛阳石化工程公司和他本人愿意从工程方面协助大连化物所进行开发，并对此充满信心，相信一定会取得成功。

“那太好了！谢谢陈院士！”王公慰和刘中民激动地站起来，伸出热情的双手。

陈俊武也站起来，和两位研究员一一握手。

这是一次重大历史事件的开端，这次握手也具有了历史意义。

促成这次握手的一个关键人物是中国石油天然气总公司炼化局

局长王贤清。

1997 年，王贤清等专家到美国 UOP 公司和挪威 Hydro 公司考察 UOP 的 MTO 技术，他们认为 UOP 和大连化物所处于同样的中试阶段，水平相当。回国后王贤清约请洛阳石化工程公司汇报 MTO 工程化设想，洛阳石化工程公司依据四十多年 FCC 工程技术经验，认为工程开发没有太大的难题。

由此开始，王贤清开始倾向采用国产技术，原因有四：一是国内外水平相当；二是国内专利使用费低（UOP 开始报价近 1 亿美元之多）；三是催化剂可国产化生产；四是国内设计院没有工程放大的大问题。王贤清于是向大连化物所积极推荐洛阳石化工程公司进行工程技术开发。这正是大连化物所王、刘二人专程赴洛阳拜访陈俊武院士的背景。

乙烯和丙烯是重要的石油化工基础原料，可以衍生制造出一系列的化工产品，比如塑料、纤维、橡胶等，在国民经济中占有重要位置，其传统生产技术依赖于石油资源。国内制取低碳烯烃大部分是用石油加工所产的石脑油作为原料。石脑油又可作化工轻油，一般只占原油加工量的 10 %—20 %。

我国石油资源不足，煤炭相对丰富，煤制烯烃技术是连接煤化工与石油化工上下游的桥梁，实施石油替代的重要战略方向。煤制烯烃涉及煤气化、甲醇合成、甲醇制烯烃等多个技术环节，其中煤制甲醇相对成熟，用甲醇制取烯烃则是制约煤制烯烃的技术瓶颈。大连化物所经过二十余年三代科学家的努力取得的科研成果——甲醇制取低碳烯烃（DMTO[1]）技术，就是以煤（或天然气）为原料，经由甲醇生产乙烯、丙烯的成套技术，这更符合中国国情，既有国家能源战略安全意义，也有市场前景。

从此，陈俊武安排洛阳石化工程公司的陈香生和公司技术部负

[1] MTO 是相应英文单词的首个字母的简称，是甲醇制低碳烯烃工艺的代称。DMTO 则专指大连化学物理研究所这项工艺专利技术的代称。

责这方面的前期技术调研工作，要求他们密切跟踪国内外的相关技术信息，每年重点查阅 UOP 公司、ExxonMobil 公司 MTO 工艺在流程、取热、碳四以上组分的回炼、催化剂循环和输送等方面的技术进展，有重要的专利和文献均复印提供给陈俊武和工艺室的刘昱做工程设计参考。

陈香生 1964 年毕业于北京石油学院炼制系，毕业后留校当助教。1970 年支援三线建设调到湖北荆门炼油厂炼制研究所，1979 年随炼制研究所整建制转入石油工业部洛阳设计院，从事催化裂化动力学模型课题研究，曾先后任洛阳石化工程公司副经理和副总工程师。陈香生工作细致认真，有较强的理论研究能力和技术开发管理的经验。后来，他实际上成为陈俊武的业务助手和“资深秘书”。

刘昱则属于新一代大学生，1984 年毕业于大庆石油学院，1987 年随父亲调到洛阳石化工程公司。她是工艺室搞催化裂化的高级工程师，是陈俊武当年重点选拔培养的三个大弟子之一。2002 年，她 39 岁时，就被评为教授级高工。

这项工作一直持续到 2006 年底，在此期间洛阳石化工程公司与大连化物所参加了国内几乎所有 MTO 项目的前期评估(主要有四川石油管理局、中化集团、辽宁华锦集团、宁夏炼油厂、大庆石油管理局、安徽皖北 MTP、鲁能宝清、黑龙江宝清等项目)。洛阳石化工程公司历任领导都将与大连化物所合作开发 DMTO 技术列为公司的一项重要工作，大力支持并参与其中。

与此相关的还有一个重要的科研项目，就是在中国石化科技委立项，由洛阳石化工程公司、石油化工科学研究院、上海石油化工研究院共同参与的“由天然气或煤经甲醇制低碳烯烃技术路线分析”软课题研究。课题负责人为陈俊武、舒兴田、陈庆龄，课题总审定人为陈俊武院士。这个课题研究自 2005 年启动，至 2006 年底完成，课题报告除了分析国内外的技术路线外，还详细准确地进行了技术经济研究和分析。也正是因为拥有这样得天独厚的资源和条件，在陈俊武院士指导下，洛阳石化工程公司对 MTO 工艺特点、工程特点、技术经济分析详尽透彻，受到众多业主的信任。

由于当时原油价格仅为每桶 10—20 美元，国家发改委原则上不允许使用天然气用于工业生产的立项(除四川川维公司外)，加上业主资金不落实等诸多市场因素，上述 MTO 项目在 2005 年以前均未获批准。低油价时期基本上没有实质设计项目，大部分是可行性评估，直到 2006 年国际石油价格逼近每桶 60 美元，煤炭经由甲醇制低碳烯烃的 MTO 项目生产成本显示出比石油路线有明显的优势，MTO 项目才开始有了实质性启动。

2 协议书的故事

2004 年 4 月 28 日，时任陕西省政府省长贾治邦、常务副省长陈德铭和副省长洪峰，省政府相关委办厅局负责人、省属大型国企领导人和相关地市县领导人云集陕西最北端小县城府谷开会，主要议题是对一个大型工业项目的研讨和论证。

陕西省政府经济顾问李毓强教授郑重向省政府推荐："中国科学院大连化学物理所研究的 DMTO 试验项目，处于世界科技前沿。但项目仍处于实验室阶段，需要进行工业化试验，估计试验费需要五六千万元。如果陕西省能帮助他们完成工业试验，即可建大型工业生产装置。陕北有这么多煤要转化，要提高附加值，目前最好的出路就属 DMTO，而且可替代大量石油，对我们国家的能源战略安全也具有重要的意义。"陕西省政府当即决策，由陕西国有企业出资帮助大连化物所完成工业化试验，然后在陕西建大型工业装置，试验的投资风险由陕西方面承担。

陕西方面雷厉风行，陕西省投资集团公司董事长张文元、副总经理袁知中等人，在中国石油王贤清局长的协调帮助下，很快和大连化物所 DMTO 课题研究员刘中民等人取得联系，并进入实质性谈判。

在此之前，找到大连化物所谈开发 DMTO 技术的企业已有多家，其中一家大企业已经进展到要与大连化物所起草合作协议具体条文阶段了。大连化物所方面底气很足，开口要 350 万元技术入门费，实际上是有意给陕西方面的客人出难题。谁知袁知中接过话茬，说：“我们知道 DMTO 技术是大化所几代科学家 20 多年坚持不懈的科研结晶，不仅经济价值巨大，而且对国家战略安全具有重大意义。技术入门费要 350 万元并不多。我们给 360 万元怎么样？”

大连化物所在场的四位谈判人员全愣住了，陕西方面显示的诚意和大气让他们深为感动，立即决定和陕西合作。

2004 年 8 月 2 日，在大连化物所，由陕西新兴煤化工公司、大连化物所和洛阳石化工程公司三方代表共同签署了“甲醇制烯烃工业化试验项目合作协议书”。这项具有挑战意义的重大科研项目从谈判、立项，到全面启动，仅仅用了三个多月的时间。领导决策高屋建瓴，实施单位快速应对，一个属于世界前沿的科研性质的工业化试验项目终于在陕西落地。

3 华县：世界首次 MTO 工业试验纪事

大连化物所的 DMTO 技术，主要数据都是在实验室取得，如果直接以此为基础建设大型工业装置，需放大一万倍，一次投资也需几十亿甚至上百亿，存在很大风险。

这次工业化试验目的就是对实验室数据先放大 100 倍，投资风险较小，相对稳妥可靠。但是迄今为止，这个年加工能力万吨级的工业装置在世界上也没有先例。

第一个吃螃蟹的人总是要付出更多的勇气和智慧。

2004 年 9 月，陈俊武连续三次主持讨论 DMTO 工业试验装置设计方案。开始主要由洛阳石化工程公司的有关人员参加，后来大连化物所的刘中民和吕志辉也参与了讨论。方案涉及内容很多，DMTO 工艺的元素平衡、焦炭产率、待生剂和再生剂的碳差、反应剂醇比、流化方案、热平衡、两器型式、流程，等等。对两器流化和输送问题，陈俊武强调，两器设计要有自己特色，不能采用 UOP 专利的烧焦罐快速床烧焦方式。考虑国外资料及大连化物所的实验数据，DMTO 工艺的特点是空速大，催化剂藏量低，待生剂和再生剂定碳高，决定反应器为湍流床和鼓泡床的流化方式。最终与大连化物所讨论确定 DMTO 的流化和工艺条件为以下几点：

一是用甲醇预热温度调节反应进料温度到 300℃，在进料前增设一个冷却器精密调节反应进料温度；二是大连化物所做实验以确定待生剂碳含量对活性和选择性的影响，做催化剂定碳 3.5%、4.0%、4.5%和 5.0%的数据；三是采用不完全再生方式；四是工业试验先做惰性剂流化试验。

2004 年 9 月底，陕西新兴煤化工公司向国家发改委提交将 DMTO 列入国家重大产业化开发项目的报告，2004 年 10 月，由中国石油和化工联合会召开 DMTO 工业化试验项目可行性研究报告评审会。陈俊武和原化工部副部长潘连生、大连化物所林励吾院士、中国石油炼化局局长王贤清、总工程师门存贵等领导和专家出席会议。

会议中间也有争论，一是试验装置甲醇进料规模究竟多少为宜？二是试验装置是否应该包括烯烃分离部分？

陈俊武在发言中认为，从实验室到工业装置分两次放大是稳妥的，现在也没有必要建设反应加烯烃精制分离的试验装置；试验装置规模以取全、取准工程设计数据、验证大连化物所催化剂性能为目的，装置规模越小越好。

林励吾院士的观点和陈俊武的基本一致，两位院士都有一个共同心愿，就是要和 UOP 公司竞争，要抢时间，如果 UOP 公司占领了中国市场我们再国产化就晚了。UOP 公司对外宣布在尼日利亚建设的工业装置是从实验数据一次放大一万倍，有风险。林院士还强调说，我们是分两次放大到百万吨级工业装置，每一步放大 100 倍，由陈俊武院士把关工程放大，我们完全可以放心。

会议最后确定试验装置规模为 50 吨/天(1.67 万吨/年)，不建烯烃分离部分。

2005 年 1 月，陕西方面综合分析各方面条件后，决定将试验场地从榆林转移到渭南市华县化肥厂。利用这里现有的设备可以节省投资，但可利用的只是厂区的一个旮旯角落，对习惯了建设大型设备的洛阳石化工程公司来说，这只能算是一块“巴掌大的地方”，但在陈俊武指导下，洛阳公司硬是“在螺蛳壳里做道场”，巧妙布局，于 2005 年 2 月全部完成华县 DMTO 试验装置基础设计，并于 2005 年 6 月获国家发改委批文同意建设。

这个试验装置的项目就像一个大舞台，各种人物各种角色共同演出了一场史诗性的大剧。2005 年下半年，舞台上的主角显然是洛阳石化工程公司。当然，中心人物还是陈俊武。公司办公楼四楼西头那个朴素的院士办公室里，人来人往，一派紧张忙碌的景象。从 9 月开始，陈俊武和有关人员在这里多次讨论装置开工方案。11 月下旬，陈俊武亲自来到华山脚下的华县试验装置现场，在经过装置试压、吹扫、单机试运结束以后，又参加了联合体三方的开工方案讨论会。

2005 年 12 月，洛阳石化工程公司设计的华县 DMTO 工业试验装置建成中交。这只是第一步，装置建成以后的投料运行试验才是关键。

2005 年 12 月至 2006 年 7 月，陈俊武和王贤清分别任 DMTO 工业试验装置技术专家组正副组长，先后主持召开八次专家会议，讨论施工、试运、开工的技术方案，审查整改措施。

2006年2月至6月，华县DMTO试验装置进行了三次较长周期试验，其中，第一次投料试车228小时；第二次条件试验614小时；第三次考核运行255小时。

2010年11月中国科学院大连化物所研究员刘中民(左)
陪同陈俊武调研DMTO中试实验室

如果把这次试验比作是一次战役的话，前沿阵地在华县，陈俊武院士的办公室就是一个指挥所。坚守在现场的洛阳石化工程公司的刘昱、陈香生等人，不断将相关数据报告给陈俊武。虽然远隔数百公里，但陈俊武还是每天都密切关注着试验的态势。

刘昱聪敏好学，领悟能力强，但她也具有年轻女性脆弱的一面，有时遇到困难，受到委屈就忍不住掉眼泪。最初陈俊武建议让刘昱作DMTO项目的技术负责人，刘昱有些畏难情绪。她知道，搞技术开发，和做设计不一样，太难了！在现场会遇到各种各样的难题。

陈俊武对她说："你要干大事，首先要学会面对困难！"还鼓励她，干好这个项目，会有大的进步。后来，公司正式任命刘昱为DMTO项目的技术负责人。在DMTO工程开发过程中，刘昱带领各专业负责人及时和陈俊武商讨重大技术难题，迅速付诸实施。她还密切配合大连化物所的催化剂研制，为DMTO技术实现产业化作出了重要贡献。

除了在办公室多次听取汇报和主持讨论，陈俊武先后八次到华县试验现场，实地察看分析，三次亲赴大连化物所协调衔接，讨论存在问题。

到现场对装置反复检查，上高台，“钻两器”，是陈俊武的习惯，也是他带出来的一个传统。不顾大家的劝阻，年近八旬的陈俊武硬是又爬上30多米高的两器平台亲自察看。

2010年5月13日陈俊武在华县万吨级甲醇进料DMTO-Ⅱ试验现场30米高的两器框架平台了解设备状况

针对试验初期催化剂跑损较大的原因，他认为，从反应器设计角度分析计算，确认分布板孔内气速约70米/秒，过高射流线速会造成催化剂磨损，应把线速降低到40米/秒左右；对于催化剂性能，根据金相显微镜观察，证明分子筛结构未破坏，小型微反实验装置上的活性也比过去有所下降，这说明大连化物所也应考虑催化剂制备条件是否需要改进的问题。以上设计问题和催化剂制备问题相继找出，双方各自努力改进，最终解决了问题。此后在华县工业试验装置进行的试验，以及后来在包头的工业装置生产中再也没出现催化剂破碎问题，催化剂基本定型。

华县万吨级甲醇进料 DMTO 工业试验装置

结果是圆满的，皆大欢喜，但试验过程中并不全是欢声和笑语，很多时候也有争论，甚至是情绪激烈的争吵。但不论何时何地，陈俊武院士表现出来的以国家利益为重的大局观念和客观冷静、科学缜密的态度以及无私忘我的精神，使所有和他接触过的人们都有一种发自内心深处的敬佩和感动。

2006 年 8 月 23 日，中国石油和化工联合会在北京召开“甲醇制低碳烯烃技术及工业性试验”鉴定会，以袁晴棠院士为组长的鉴定专家组认为，送审方提供的技术资料齐全，数据详实可靠，经过认真查阅讨论，一致同意该项目通过鉴定，并在鉴定意见中给予很高的评价：

"DMTO工业性试验完成了具有自主知识产权的新型专业催化剂工业放大、试验装置工程设计、工程技术开发、工业化条件试验等过程的技术开发。通过试验，取得了专用分子筛合成及催化剂设备、工业化DMTO工艺包设计基础条件、工业化装置开停工和运行控制方案等系列技术成果，为建设DMTO工业化示范装置提供了技术基础。

该工业试验装置工艺科学、合理，运行安全、可靠，技术指标先进，是目前世界上第一套万吨级甲醇制烯烃工业化试验装置，已申请国内外发明专利37项，其中授权17项，是具有自主知识产权的创新技术。装置规模和技术指标处于国际领先水平。

DMTO工艺可使我国低碳烯烃生产原料多元化，符合我国国情，具有良好的推广应用前景，对节省原油资源和推动国民经济可持续发展具有重要意义。"

2006年8月24日，甲醇制取低碳烯烃工业试验项目技术成果新闻发布会在北京人民大会堂隆重举行。全国人大常委会副委员长顾秀莲，全国人大常委会副委员长、中国科学院院长路甬祥，全国政协副主席张榕明，陕西省代省长袁纯清等参加发布会。

这是一次备受关注的新闻发布会，也是一次让中国人扬眉吐气的新闻发布会，DMTO工业试验项目的技术成果，使我们中国昂首挺立在"世界第一"的平台上！

2008年11月25日，全国人大常委会原副委员长、原中国石油化工总公司总经理盛华仁同志视察位于陕西华县的DMTO万吨级工业化试验基地，在听取了中国科学院大连化物所有关DMTO研究开发和洛阳石化工程公司工程技术开发及正在进行的神华集团包头180万吨甲醇/年制烯烃EPC总承包建设的汇报后，华仁同志表示："百万吨级装置放大的关键是工程放大，洛阳石化工程公司有陈俊武院士指导和把关，我们应该放心！"

2008年11月全国人大常委会原副委员长盛华仁(前左)视察华县DMTO试验装置，陕西省人大常委会副主任李晓东(前中)和洛阳石化工程公司副总经理王国良(右)陪同

4 包头：神华DMTO工业示范项目纪事

2004年夏秋之交的八九月间，天气燥热多变。中国煤化工工业在这个燥热的季节里也面临着一次重大的抉择。

就在陈俊武院士在他的办公室里连续几次主持讨论DMTO华县工业试验装置设计方案的时候，中国神华集团组团先后考察美国UOP公司、德国Lurqi公司和挪威Hydro公司的MTO试验装置，为包头180万吨甲醇进料/年煤化工项目做技术引进的方案准备。

2004年9月下旬，中国国际咨询公司组织对神华包头180万吨甲醇进料/年煤化工项目可行性研究报告进行预评估。在这个报告中，该项目几乎从煤气化—甲醇合成—MTO 制烯烃—烯烃分离—聚乙烯/聚丙烯的所有技术全部引进国外技术，方案考虑 MTO 工艺采用美国 UOP 公司的技术。

神华集团是经国务院批准成立的国有独资公司，中央直管国有重要骨干企业，也是我国规模最大、现代化程度最高的以煤为基础，集电力、铁路、港口、航运、煤制油与煤化工为一体，产运销一条龙经营的特大型能源企业，在世界 500 强企业中名列前茅。

这样一个实力雄厚巨无霸式的企业，投资的项目和选用的技术无疑将对中国煤化工工业产生巨大的影响。

2005 年 3 月 25 日，为在国家发改委立项做准备，中国石化咨询公司受国家发改委委托，在北京召开神华集团煤制油和煤制烯烃项目技术方案及技术经济专题专家研讨会。国家发改委产业和工业化司李宁副处长和中国国际咨询公司领导出席听取意见。

汪燮卿、徐承恩、杨启业三位院士和李树钧、王贤清等多位专家出席。陈俊武院士因故未参加这次会议，但他委托出席会议的洛阳石化工程公司专家陈香生和刘昱转达他的意见。

针对力主 MTO 工艺引进国外技术的意见，陈香生在随后的发言中陈述了洛阳石化工程公司方面，特别是陈俊武院士的意见，要点如下：

（1）大连化物所 DMTO 和美国 UOP 公司的 MTO 技术均处于中试阶段，工艺与催化剂水平相当，大连中试装置规模小些，UOP 公司在挪威中试装置规模大一些，但尚缺乏工程设计的基础数据。

（2）目前大连、陕西和洛阳三方合作的华县 DMTO 万吨级工业试验装置已经建成，华县试验装置将取得把大连化物所实验室数据放大 100 倍的 1.67 万吨/年规模的工业试验数据，据此可取得再放大 100 倍的百万吨/年级规模的工程设计数据。

（3）洛阳石化工程公司已经对 MTO 和炼油流化催化裂化工艺的工程设计差别有了深刻的理解，请国家发改委再等待半年，如果华县工业试验数据和实验室数据吻合，流化正常，技术经济和能耗合理，我们认为应该支持国内技术，因为无论专利费和催化剂费用都比国外低，也更为稳妥可靠。

陈香生是洛阳石化工程公司方面参与华县DMTO试验装置设计和试验的主要专家之一，他对有关进程和数据都非常熟悉，因此他的发言不仅有理有据，而且也带有强烈的感情色彩。

还有一个重要因素，这个研讨会召开前夕，正值全国人大开会期间。时任全国人大常委会副委员长的中国科学院院长路甬祥找到国家发改委的负责人，对DMTO工业装置的立项表示关切，建议等一等，等到华县的工业级试验装置鉴定以后再说。

最后，国家发改委认真听取了专家们的意见，没有批准神华集团引进美国UOP公司的MTO技术方案。

2006年12月11日，国家发改委正式下文批准采用DMTO技术的神华集团包头180万吨/年甲醇进料DMTO装置项目，并且确定为国家“十一五”期间五个现代煤化工示范工程之一。随后，神华集团向洛阳石化工程公司发出了招标邀请书。

2007年9月，大连化物所、陕西新兴煤化工科技发展公司和洛阳石化工程公司三方与中国神华集团签订了180万吨/年的DMTO技术许可合同(年产烯烃60万吨)，标志着DMTO技术从前期的万吨级工业性试验，向百万吨级工业化生产迈出关键一步。洛阳石化工程公司承担了神华集团包头DMTO工程总承包建设任务。

神华集团的包头煤化工项目，从上游到下游均为国外技术，只有中间部分的DMTO是中国技术。洛阳石化工程公司上上下下也都憋足了一股劲，公司为此还专门开了动员誓师大会。他们知道，这个工程犹如一次影响深远的战役，不仅要显示洛阳石化工程公司的实力，同时也是为国争光!

在此之前，早在2006年7月，陈俊武就开始听取工艺室刘昱等人汇报神华包头项目装置工艺包设计原则。工艺包主要包括工艺流程、工艺基础数据、工艺操作参数、关键的工艺计算、工艺设备等数据。有了工艺包，就可以据此做基础设计，然后是详细设计。

从这时候开始一直到2008年3月，在1年零8个月的时间里，除了自己单独的思考和研究，陈俊武共主持参加了有关工程技术开发和不同专业工程设计工作的大大小小的汇报会、讨论会、审查会20多次，内容既有工艺包基础设计数据，也有涉及设备、仪表、热工等多个专业的工程设计要点。

百万吨级装置首先是设备大型化，14米直径的反应器比现有的催化裂化最大的反应器还大，分布器设计难度更大。出口安装有新研制的三级旋风分离器，确保催化剂细粉不进入到急冷塔。反应产品和甲醇的换热器十分庞大，甲醇换热后温度调节应十分灵敏。换热阀门组的口径大，还要求调解灵活。甲醇进料预热和汽化的热负荷大，设计需要优化。急冷塔循环水脱微量油的系统要特殊设计，副产醋酸也要认真进行中和处理。所有这些都是以前的催化裂化工艺没有遇到过的新问题。

陈俊武这时虽已年逾八旬，仍然精力充沛，和年轻人一样每天上班甚至加班。或指出问题，提出修改意见；或分析辩证，理清思路；或一言揆要，拍板定案。有了陈俊武智慧之光的照耀，洛阳石化工程公司从领导到各专业技术人员，似乎心里都如同吃了一颗“定心丸”。

2008年3月，繁琐而艰巨的设计任务终于完成。2009年12月，神华包头DMTO装置建成，并对相关技术人员进行开车培训。

2010年7月，包头DMTO装置开始惰性剂流化试验。2010年8月，开始进料试运，DMTO技术从万吨级中间试验成功到百万吨级工业装置一次投料成功，只用了短短四年时间。2011年1月，就开始装置整改之后的商业化运行。上半年共生产聚烯烃产品27万吨，实现利润9亿元人民币。

2010年8月17日陈俊武(前左二)与刘昱(前左一)、
刘中民(前右二)、袁知中(前右一)等在包头180万吨
甲醇进料/年DMTO装置现场分析运行数据

2011年7月，中国石油与化工规划院由国家工业与信息化部授权对神华包头DMTO装置进行考核和评审，在评审报告中作出高度评价：

“神华包头煤制烯烃示范项目是国内外首个建成投产的煤制烯烃示范工程，技术装备水平在国际上处于领先水平。在原油日益紧张、能源多元化战略背景下，该项目的建成投产，对于发展石油替代能源和推进煤化工产业健康发展具有重要战略意义。”

报告还指出，该示范工程为现代煤化工健康发展提供了宝贵经验和决策依据；实现了石化产业原料多元化目标；培养锻炼了一批现代煤化工技术和管理人才。

又是一个世界第一！又是一个国际领先！

对外是第一，对内也是第一。2015年1月，甲醇制低碳烯烃(DMTO)获2014年度国家技术发明一等奖，陈俊武和刘昱名列其中。中国石化总部的领导说，陈俊武院士和他团队的荣誉，是洛阳工程公司的荣誉，也是中国石化的荣誉，要进行宣传和报道。为此《中国石化》杂志和中国石化报都作了专题报道和专访。

神华包头年 180 万吨甲醇进料/年规模 DMTO 工业示范装置

国家技术发明奖
证书
为表彰国家技术发明奖获得者，
特颁发此证书。
项目名称：甲醇制取低碳烯烃（DMTO）技术
奖励等级：一等
获 奖 者：陈俊武（中石化洛阳工程有限公司）
中华人民共和国国务院
2014 年 12 月 12 日
证书号：2014-F-306-1-01-R04

DMTO 技术获 2014 年度国家技术发明一等奖证书

刘昱在开发 DMTO 的过程中经受了锻炼，增长了才干，如今已担任洛阳工程公司的副总工程师、首席专家，2017 年被评为全国工程勘察设计大师。

大连化物所 DMTO 项目的负责人刘中民，在和陈俊武院士近二十年的交往合作中，也从副研究员一步步成长为研究员、副所长、所长，并当选为中国工程院院士。他认为这是自己最珍贵的一段人生经历。他说，MTO 的研究开发前后经历了 30 年，其中最核心的是工业化试验的成功。这得益于洛阳工程公司长期积累的催化裂化技术和经验，更得益于陈院士的具体指导和帮助。我和我的团队从陈院士这里，得到的不仅是学术上的指导，而且在如何做人做事做学问，在如何对待人生，淡泊名利等各个方面都受到极为珍贵的教益。

5　遍地花开

如果说，陕西华县的 DMTO 工业试验装置和内蒙古包头的 DMTO 工业示范装置的建设和成功运行是东风第一枝的话，那么在此基础上对 DMTO 的提升和推广就如遍地盛开的鲜花。

就在华县 DMTO 中试装置试验取得成功后不久，洛阳工程公司又和大连化物所、陕西煤化工技术工程中心共同开发了碳四以上组分裂解技术。两个技术相耦合形成了新的 DMTO－Ⅱ技术。DMTO－Ⅱ技术是在 DMTO 技术基础上的进一步创新。

陈俊武为此付出了大量的心血，先后十余次主持或参加方案的制定和讨论，以洛阳工程公司为中心，西去华县，东到大连，来往奔波。需要说明的是，这个时间段也正是他指导设计包头 DMTO 工业项目期间，项目重叠，时间交叉，就像是同时指挥两个战场作战的将军，他的紧张和忙碌可想而知。

这期间有一个应该记述的小插曲。2010 年 11 月，陈俊武又一次来到大连化物所，和刘中民团队讨论第二代 DMTO 工艺包参数。陈俊武随手用铅笔记下他们报出的一组中试数据，包括进料量、温度、剂油比、回炼量、催化剂含碳等等，然后屏神静气低头开始摆动手指，不出两分钟，就算出了大致的烯烃收率和选择性。这时化物所的几个博士们还正在电脑上分头查阅或计算，大约七八分钟后才计算出结果，与陈俊武心算的数据十分接近。博士们终于亲自目睹了传闻已久的神奇，惊讶和赞叹之后，刘中民认真地请教：“陈院士，你是怎么算出来的？教教我们好吗？”

陈俊武说：“我没有什么诀窍，不过有几点体会：一是要不断地学习、积累，有些基础性数据要牢记，不能过分依赖电脑；二是主要的公式和反应式一定要熟记；三是现场的数据，单位换算也要记忆；当然还有第四点，就是我从小就摸索和总结了心算和速算的方法。”

一番话，意味深长。才华和能力，有天赋，更多的是勤奋！

2010 年 2 月，世界首套万吨级甲醇进料的 DMTO-Ⅱ工业化试验装置于在陕西华县实现一次试运成功。

2010 年 6 月 26 日，中国石油和化工联合会组织专家在北京对 DMTO-Ⅱ技术进行成果鉴定。鉴定意见如下：

(1) 提供的技术资料齐全，数据翔实可信，符合鉴定要求。

(2) DMTO-Ⅱ技术中甲醇转化和碳四以上组分转化系统使用了同一种催化剂，均采用了流化床技术，实现了甲醇转化系统和碳四以上组分转化系统的耦合。

(3) 完成了 DMTO-Ⅱ工业性试验装置的工程技术开发、工程设计、工业性试验，取得了大型商业化 DMTO-Ⅱ设计基础数据，为建设 DMTO-Ⅱ大型工业生产装置奠定了基础。

(4) 在陕西华县建成的 DMTO-Ⅱ工业化试验装置上，累计完成了 813 小时的运行试验。本次考核所用工业批量生产的 DMTO 催化剂经过 440 多小时的运转，结果表明，该催化剂流化性能良好，磨损率较低，甲醇转化单元每吨甲醇的催化剂消耗为 0.25 公斤。

(5) DMTO-Ⅱ工业性试验装置工艺合理，运行安全可靠，技术指标先进，是 DMTO 技术的再创新。也是目前世界上第一套新一代甲醇制低碳烯烃(DMTO-Ⅱ)技术工业化试验装置，与 DMTO 技术相比，DMTO-Ⅱ技术吨烯烃甲醇消耗降低 10%以上，具有良好的应用前景。装置规模和技术指标均处于国际领先水平。科技查新表明该技术具有自主知识产权。

与此同时交叉进行的还有一项工作，就是开发 MTO 下游烯烃分离的工艺技术。2006 年 7 月，洛阳石化工程公司就召开开发这项技术的工艺包分析会。陈俊武和公司主要领导参加。

首套 DMTO 装置的烯烃分离装置委托中国石化上海工程公司依据 Lummus 公司前脱丙烷方案设计。DMTO 反应生成的低碳烯烃物料杂质含量优于石脑油裂解产物，氢含量低、无炔烃、无双烯烃、无氮氧化合物，分离流程较简单。洛阳工程公司的王雷等青年高工，经过学习钻研，掌握了能够与 DMTO 设计配套的分离工艺设计。2014 年 12 月，采用洛阳工程公司开发的烯烃分离技术建设的 100 万吨甲醇/年 DMTO 联合装置，在山东滕州联泓新材料有限公司 DMTO 装置上生产出合格产品，标志着具有自主知识产权的世界首套 100 万吨甲醇/年的 DMTO 工艺成套技术工业应用获得成功。

山东滕州联泓新材料有限公司 100 万吨甲醇/年规模 DMTO-烯烃分离联合装置

早在 DMTO 在华县工业试验期间，就有数十家国内外知名企业与大连化物所、陕西新兴煤化工公司和洛阳工程公司主动联系和洽谈，对 DMTO 的技术转让和合作表现出浓厚的兴趣。按照三方合作协议，三方对其合作开发的 DMTO 工业化成套技术共同享有全球推广及转让权。而在三方合作体中，只有洛阳石化工程公司既享有技术转让权，也具有工程设计和开发的实力。并且，在全国石化甚至煤化工行业，人们也大多都了解，洛阳石化工程公司还有个“国宝”

级的人物——陈俊武院士。

随着华县中试装置的试验成功，特别是神华集团包头工业化项目的成功运行，许多企业带着项目，也带着希望找上门来，邀请洛阳工程公司做DMTO的工程设计和开发。那些天，坐落在洛阳市区涧河岸边的洛阳工程公司的办公大楼里，来自全国各地的企业代表络绎不绝。

2014年7月2日洛阳工程公司副总工程师刘昱(左)陪同陈俊武调研中煤延长集团在靖边的180万吨甲醇进料/年DMTO装置

从2011年起，先后有宁波禾元化学有限公司180万吨甲醇/年DMTO联合装置、陕西延长集团靖边化工园区180万吨甲醇/年DMTO联合装置、宁夏宝丰焦化废气综合利用制烯烃项目、陕西蒲城180万吨甲醇/年DMTO-Ⅱ工业示范装置、山东神达/昊达项目及烯烃联合装置等多个项目开工、建成和投产。另外已经开工和在建的还有青海盐湖项目DMTO及烯烃联合装置、中煤蒙大新能源化工有限公司DMTO项目、富德(常州)甲醇制烯烃及下游衍生产品项目、青海大美甲醇制烯烃项目、陕西延安煤油气资源综合利用项目等，共计近二十家企业，烯烃总产能合计达1126万吨/年。

陕西蒲城180万吨甲醇进料/年DMTO-Ⅱ装置全景

在这些项目中，洛阳工程公司既是专利商，也是承包商，承担了其中的设计、开发和建设、开工的重任，老中青三代工程技术专家们，正在各个项目中大显身手。中国石化洛阳工程公司及其英文缩写“LPEC”的旗帜在全国各地的项目工地上高高飘扬。这支曾设计和建设了全国三分之二催化裂化装置、为中国炼油工业发展立下赫赫战功的科技劲旅，如今又成为全国开发DMTO和新型煤化工产业的主力军。

其实，还有一面旗帜，一面永远在大家心头高高飘扬的旗帜——陈俊武院士。陈俊武为DMTO的开发和推广，在将近二十年的时间里持续付出了大量创造性的劳动，他以自己的心血和智慧，浇灌着遍地盛开的鲜花，同时还以他的精神风范引领和影响着他的团队，书写了一部名副其实的科学家的老兵新传。

第十七章

低碳战略 耿耿夙愿

1 仰望苍穹

在中国的传统文化中，对“天”的关注、论述和吟唱在古代典籍中比比皆是，儒家学说中的“天道”观在中国思想文化史中占据重要地位，“天人合一”的理念至今还有积极的意义，而能“仰观天象”者，则都是具有大智慧的哲人奇士。

在这里，“天”的概念被无限放大，神秘化政治化了，古代典籍中最接近“天”的自然属性的一则文章，应是《列子》中的寓言故事：杞人忧天。

“杞国有人忧天地崩坠，身无所寄，废寝食者”。杞人被我们嘲笑了几千年，今天才突然发现，这种“忧天”的意识在我们面临大气污染，气候变暖的现实面前，是多么重要！如今，在物欲汹涌，人心浮躁的不良风气面前，很多人越来越功利，越来越短视，谁还会去关注天空，关注看不见的未来呢？

中国科学界，自有“忧天”人。令人惊奇的是，在中国“忧天”者的队伍中，竟然很早就有了陈俊武的身影。在他一边努力开发石油炼制和现代煤化工新技术，著书育人，为国家能源战略安全而紧张忙碌的同时，一边也在悄悄地仰望苍穹，研究思考。

首先要从气候变化谈起。

所谓气候变化是指18世纪工业革命以来的二百多年全球气候变暖的趋势。至于此前几千年中，由于多种因素，地球表面气候有时变暖，有时变冷，但这都是自然现象，并未受到人类活动的太大影响。

18世纪中叶世界工业革命以后的二百多年，大气温度攀升随着经济活动的扩张、GDP 的增长而加速，化石燃料消费的增加导致大气中以二氧化碳为主要因素的温室气体含量急剧上升。气象物理学的“辐射强迫”理论阐明了来自太阳的热量是如何进入大气层、地表和海洋的，阐明了温室气体含量增加会导致大气层温度的提高。2012 年，全球大气层中二氧化碳、甲烷和氧化亚氮的平均浓度已分别达到每升 393 微升、1.8 微升和 0.3 微升，比工业革命前分别高 41%、160%和 20%。

世界各国的科学家们分析了近年来地球变暖的趋势，认为和工业化引起的大气中温室气体含量的增加密切相关，同时也预测地球变暖将引发冰山消融、海平面上升、干旱、疾病等危及人类生存的灾难性后果。联合国敏锐地觉察到这一情况，1988 年组建了联合国气候变化框架组织——United Nations Framework Convention on Climate Change，简称 UNFCCC，后来又成立了从事学术工作的联合国政府间气候变化专门委员会——Intergovernment Panel on Climate Change，简称 IPCC。

政府间气候变化专门委员会汇集了来自全球各地、有科学素质的一线专家，作者和评审人员，主席和所有当选成员都是志愿者，分文不取，体现了科学界的智慧和奉献精神。他们从 20 世纪后期就对气候变化进行科学研究，此后发表的五次报告中(依次称为 FAR、SAR、TAR、AR4、AR5)逐渐深化了令人信服的论据，即人类活动的影响是主要原因。有争议和持不同意见者逐次减少，基本取得了共识。

我国的气象专家秦大河院士是 AR5 第一工作组的联合主席，2005 年 10 月新当选的翟盘茂接替他担任 AR6 第一工作组的联合主席。可见我国气象物理具有较高的学术水平，在世界上也有影响。但在第二和第三工作组的 19 名副主席中尚无中国学者的身影。

1997 年 UNFCCC 在日本京都召开会议，通过了著名的“京都议定书”，对排放温室气体数量大的发达国家(称为附件A国家)做出排放限制，从2005年2月16日开始生效，要求在2008年至2012年的第一个承诺期内，发达国家温室气体排放量应该在1990年的基础上平均减少5.2%。38个国家和欧盟中除少数国家未批准议定书外，基本兑现了承诺。但是美国并未签署这项条约。在这期间一些发展中国家(含中国)的崛起，二氧化碳排放量大为增加，2005年的哥本哈根会议第一次提出了共同而有区别的原则，对发展中国家的排放也加以限制。于是国际能源署(IEA)提出了2050年前大气温升应限制在2℃以内的主张。

陈俊武是从2001年开始关注气候变化和温室气体排放的高端战略问题的，最初纯粹出于个人兴趣。

兴趣真是一个奇妙的东西，在陈俊武早已过古稀之年，在他仍然繁忙工作着的时候，却对一个并非自己研究领域的巨大的课题产生了兴趣。究其原因，无非是两个：其一是他从小就有的“穷天地之奥秘”的志趣禀赋；其二就是一个科学家对国家和民族，甚或是对人类的高度责任感。

百忙之中，这位老人挤出了很多时间和精力对这个课题学习和思考。从某种意义上也可以说，他也是关于世界气候问题和低碳战略研究的一个志愿者。

2 关于全球气候问题几个要素的概述

对于全球气候问题，陈俊武通过广泛收集有关资料，并详细加以研究和计算，格外关注和重视以下几个要素：

（1）碳收支

全球各国家和地区每年产生的二氧化碳主要来自化石燃料燃烧和水泥生产，1990年共计排放223亿吨，2014年排放370亿吨。预测2019年美国排放52亿吨，欧盟28国33亿吨，中国127亿吨，印度34亿吨。人均年排放量世界5.0吨，美国16.4吨，欧盟28国6.8吨，中国7.2吨。

（2）历史形成的排碳债务和需求义务

发达国家工业化较发展中国家早一百多年（对很多非洲国家甚至早二百多年），提前消费或浪费了宝贵的化石燃料资源，向大气层和海洋排放了大量温室气体，累计数额十分惊人。从这角度看，发达国家是债务国，发展中国家则是债权国。减排的对象需要区别对待，发达国家应承担更多的减排义务，提供资金和技术协助发展中国家减少排放。

（3）累积排碳量是重要指标

不管哪个历史时期只要排放1吨碳（或二氧化碳），其中一定比率将进入大气层，通过辐射强迫导致大气温度升高某一数值。他们之间存在硬性关联。先期排放也好，后期排放也好，只要排放量是定值，最终温度升高也是定值。

累积排碳量和大气温度升高值的具体关联和情景分析有关，而方案的设定又与气候模型有关。大量气象学者们发表的数据说明2050年前除非全世界大幅降低碳排放（从现实情况看几乎不可能），否则控制大气温升在2℃以内难以实现。

荷兰的Ecofys研究所以《气候行动跟踪者》（Climate Action Tracker）为专题，在2014年12月提出的报告中称，由于美国、欧盟和中国近期的表态，2100年温升可能为2.9—3.1℃，年排碳500亿吨二氧化碳当量，比过去估计值降低0.2—0.4℃。如果按现行政策，2100年温升可能为3.6—4.2℃，年排碳900亿吨二氧化碳当量。陈俊武认为，这种跟踪分析，相对来说比较结合实际。

（4）峰值概念

过去中国政府对2020年的碳排放使用“单位国民生产总值的碳排放”计量方式，以相对数值取代绝对数值，鉴于国民生产总值的多变性，碳排放量有莫测高深之感！陈俊武在2011年《科技导报》第15期卷首语文章中明确建议碳排放量应有峰值，建议中国的二氧化碳排放峰值年应在2030年前，排放量不超过110亿吨，不然无法计算我国进入中等发达国家时(大约在2049年)累计排碳额度。坎昆会议后陈俊武写了《让低碳目标明朗化》一文，再次表述了自己的观点。2014年习近平主席在和奥巴马总统的共同声明中宣布中国的碳排放量将于2030年达到峰值，陈俊武对国家领导人的关注感到欣慰，他认为，有了这个目标，就能研究如何控制峰值前后排放量这一极端复杂的课题了。

（5）中国道路

陈俊武在《中国中长期碳减排战略目标研究》的专著中结合中国国情对21世纪碳排放进行了预设方案分析：暂定2050年一次能源消费总量64亿吨标准煤，根据中国非化石能源发展潜力，其比率约32%(预设方案A)或43%(更加苛刻的预设方案B)，煤炭消费为23亿吨标准煤(A)或16亿吨标准煤(B)，石油消费为8.4亿吨标准煤，天然气消费为12.0亿吨标准煤，由此测算出2050年燃料燃烧产生的排碳量分别为99亿吨(A)或81亿吨(B)。即使扣除碳捕集和封存，仍将有可观量的二氧化碳排放至大气。主要原因是中国燃煤火电比例很高，短期内难以其他能源替代。他认为这就是西方国家不甚理解的中国国情。

陈俊武认为估算的中国2050年上述排碳数据难以达到发达国家单方面期待的2050年世界二氧化碳总排放为140亿吨的目标，最终将导致控制大气温升不大于2℃的目标难以实现，只好认同更高的温升数值。这不能责怪后起的发展中国家，只得由碳排放“债务国”汲取教训。发达国家是始作俑者，其责不可不究。

3 研究进程和主要观点

陈俊武关注气候变暖问题，还有一个切入的契机，那就是他在编著《石油替代综论》一书的时候。该书从资源、生产和应用角度详细论述各种不同的石油替代技术，实现的难易程度及其相关联的技术经济分析，其中就涉及中国的能源结构和碳排放问题。

陈俊武敏锐觉察到，中国已经超越美国成为世界上二氧化碳排放的第一大国。作为一个科学家，他认为中国不能回避作为第一排放大国对地球大气温升的影响和责任。他还注意到，中国参加《联合国气候变化框架公约》的专家主要来自科学院的有关院所和中国气象局，他们主要关注和研究的是气候变化和大气温升，而对碳排放问题较少涉及。国家发改委能源局有相应的主管和研究部门，但分行业和分部门综合性地分析用能结构，分析并综合各行业和部门产生了多少二氧化碳，又如何减少排放的文章和数据都非常少。陈俊武觉得，自己作为从事能源研究的科学家，应该主动将这个事担当起来。

是的，是主动、自觉地扛起了这个担子，没有任何部门、任何领导对他下达过任务或指令。

陈俊武认为，世界排放总量应有一个最高排放量(即峰值)控制点，大排量的国家，如中国也该有个合情合理的峰值。

2001 年，陈俊武开始接触碳排放课题时，主要依据国际能源署所提方案对中国的估计数据(含 2050 年前实现温升 2℃的一些指标)，在自己所做的报告和所写的文章中对达到这一目标还持比较乐观的态度。

此后陈俊武开始广泛搜集研究有关气候变化和碳排放的资料，包括报告、评述、手册和文章。其中有联合国政府间气候变化专门委员会(IPCC)、国际能源署(IEA)、美国能源情报署(EIA)、国际能源展望(IEO)、美国能源部能源展望(AEO)、美国能源部(DOE)、英国石油公司、美国可再生能源国家实验室(NREL)，还有国内的国家发改委、国家统计局、中国煤炭网等部门的信息和资料。

在仔细研究和阅读了政府间气候变化专门委员会的第一工作组(WG1)2013 年发表的第五次评估报告后，陈俊武开始利用这些资料作为自己研究预测的依据。但是不久，政府间气候变化专门委员会的几位专家就指出，AR5 的报告未进行地区性(全球分 37 个地区)的自然界气候冲击和危机研究，因此 AR5 报告中的 RCP 预设方案不能代表不同地区性的差异。专家为此建议第一工作组需要和第二工作组合作，提出新的地区气候模型。一个名为 CORDEX 的协作项目正在开展工作，期望在下一个评估报告(AR6)中，对不同地区模型分析将更为合理和完善。

陈俊武认真研读国内能源和气候部门学者发表的碳减排论文后，发现其中的大部分数据是由数学模型推论而得，觉得有的数据和结论偏差较大，不符合中国国情。为了准确分析中国的碳排放战略，开始从能源结构和能源消费角度对中国的中长期碳排放目标进行研究。他查阅了大量国家统计数据，甚至购买了一些行业的数据库查阅资格，从历年煤炭、石油、天然气、可再生能源的生产量，电力、运输、工业、农业、居住等部门的用能量分析中国的温室气体排放量及其减排路径。

2011 年，《科技导报》第 15 期以“卷首语”的形式发表了表述陈俊武观点的文章，他认为，“这是我作为外行学者对碳排放战略研究的一次大胆尝试”。

陈俊武还与陈香生分工合作，2011 年连续在《中外能源》杂志第

5 至 11 期连续发表了总题为《中国中长期碳减排战略目标初探》的七篇论文，分别是：《中国分阶段温室气体减排目标的提出及其依据》《中国煤炭消费过程的碳排放及减排措施》《化石石油能源在交通运输等行业中的应用和碳减排》《天然气能源在中国的应用前景和碳减排分析》《非化石能源的需求与碳排放》《碳捕集和封存排放目标讨论》和《中国能源需求暨碳排放情景分析讨论》。这些论文最后整理结集以《中国中长期碳减排战略目标研究》的专著形式出版。

如果巴黎气候变化会议确定地球大气的温升不超过 2℃，中国的碳排放峰值年应该在哪一年比较合理？中国的化石能源消费量哪一年达到峰值？应该怎样递减？中国的可再生能源生产量应该怎样布局和增加？

对这些重大问题，陈俊武和陈香生、胡敏合作又写了《中国低碳经济前景刍议》上下篇——《本世纪碳排放对气候变化的严峻影响》和《中国减少碳排放的措施》，发表在《中外能源》杂志 2015 年的第 3、4 期上，受到相关专家和部门的重视。

陈俊武从用能角度结合中国国情分析后，认为中国的能源消费国情是：中国 2050 年甚至 2100 年仍会维持较高比例的煤炭份额（15%—35%）；中国可再生能源的资源有限；中国应该力争天然气使用量在 2050 年达到 9000 亿立方米；在保证安全的前提下应该提高核能等措施。基于上述严谨的分析和判断，陈俊武在 2011 年提出了“争取二氧化碳排放的峰值年出现在 2030 年，排放量争取不大于 110 亿吨”的预测。

这位自称为“外行学者”的科学家经过严谨论证提出的观点，引起了气象学家和国家有关部门的高度重视。因为这组数据恰好与 2014 年 11 月国家主席习近平和美国总统奥巴马在共同声明中宣布的数据相吻合。

2015 年 5 月，中国科学院邀请陈俊武院士参加在香山召开的气候变化研讨会议，并在大会上作了题为“中国低碳经济的前景及与

陈俊武，福建长乐人，石油炼制工程技术专家，中国科学院院士，中国流化催化裂化工程技术的开拓者，近年从事新型煤化工技术开发与咨询。曾任石油工业部第二炼油设计院总工程师，中国石油化工总公司洛阳石化工程公司经理，现任中国石化集团公司洛阳石化工程公司技术委员会名誉主任。

卷首语
Foreword
科技导报 2011,29(15)

中国中长期碳减排战略目标初探

由于气候变暖引发的低碳技术、绿色经济和低碳生活已成为社会广泛流行的话语，也是各国政界人士关注的一大课题。尽管仍存在某些学术性的争议，但均认为及时采取预防性对策十分必要。

减少以二氧化碳为主的温室气体排放数量刻不容缓。不仅长期过度排放的发达国家需要立即行动，而且发展中国家也要积极采取措施。后者要经历GDP增加而排放量上升的前期，越过“峰值”从升转降的过渡期，GDP增长率减缓而排放量持续下降的远期3个时期。中国的3个时期分别是：2005—2020年，2021—2035年，2036—2050年。

前期的任务是在保证国民经济持续发展的前提下，尽量采用有效的节能措施和改变燃料结构的途径，使碳排放强度（单位GDP的碳排放量）逐年下降。我国所做的“2020年碳排放强度较2005年下降40%—45%”的庄严承诺，已博得普遍赞赏，并成为约束性指标。2006—2010年的5年时间，GDP增长了0.7倍，二氧化碳排放增长了0.3倍（从2005年的56亿吨到2010年的73亿吨）。根据最近北京理工大学能源与环境政策研究中心发布的“十二五”预测，2015年二氧化碳排放将达到91.8亿吨。若延伸到2020年将近120亿吨！虽然符合承诺指标，但显然过高！因此建议提出补充的绝对指标，将该年排放上限定为100亿吨。这样“十二五”与“十三五”期间GDP的年增长率将控制在7%以内，符合中国当前的转变经济发展方式的实际情况。

2021—2035年的过渡期二氧化碳排放（以下简称排碳）指标宜早日研究，建议峰值年排放约110亿吨，并出现在2030年以前，争取2035年在100亿吨以下。

之所以提出以上建议指标，就是为了符合2005—2050年的累计排碳限额。学者潘家华按照公平合理的分配原则，兼顾国家历史和

2011年8月陈俊武在《科技导报》第15期发表的卷首语文章

气候变化的关系”的学术报告。

2015年11月，全世界瞩目的巴黎世界气象大会召开，中国国家主席习近平在讲话中重申了中国此前做出的承诺：中国将于2030年左右使二氧化碳排放达到峰值并争取尽早实现。陈俊武由此更加坚定了自己在碳排放领域的研究思路。

关于碳排放问题，一直秉持实事求是态度的陈俊武最近还对刘竹等作者发表的一篇《中国化石能源燃烧和水泥生产减少的碳排放评估》报告提出了质疑。2015年8月20日，这篇以中国科学院上海高等科学研究院为首，与24个国际研究机构合作的论文在著名刊物《Nature》网络版上发表的报告（以下简称“刘文”），指出中国碳排放总量13年间被高估了约10%—15%，重新核算后2000—2013年间中国的二氧化碳排放量要比原先估计的少106亿吨，认为这可给国家今后在气候变化谈判中争取到话语权。

该研究结果使各方震惊，有人认为中国碳排放过去主要依据发达国家的经验估计，从而引起测算的误差。但多数国内专业学者

(如姜克隽、藤飞等)指出该报告测算采用的“碳排放因子”数据不妥。陈俊武还发现“刘文”报告中火电、钢铁和有色行业“氧化因子”和“碳排放因子”数值很高，而煤化工和石油炼制行业采用的“碳排放因子”都偏低，值得深入探究。

《化学通讯》2015 年第 5 期有一篇针对“刘文”的评述文章，提到：(1)基于国家温室清单的参考法测算结果与“刘文”的能源表观消费量差异颇大；(2)“刘文”似乎未考虑煤炭生产结构在 1950—2012 各年之间的变化，仅用某一年度的数据计算煤炭平均排放因子，并应用于整个计算期；(3)关于水泥的生产排放，“刘文”只限于熟料，而实际还有水泥、石灰、电石、石灰石和白云石等 14 个工业过程的排放；(4)对于水泥熟料的“碳排放因子”，“刘文”仅仅基于氧化钙含量进行测算，未考虑氧化镁含量。陈俊武对这些观点基本赞同，他认为“刘文”所探讨的问题有其研究价值，但首先应对现有数据认真理解，应该请有关行业的科学技术专家仔细核实数据，然后再提话语权问题。在知名刊物上以很多作者署名发表不成熟文章，似乎过于急躁了。

用实实在在的数据说话是陈俊武毕生学术研究的一贯作风，陈俊武的严谨学风博得了石油化工界所有熟悉和了解他的领导、同事、学生们的钦佩和敬重。当今，虽然美国特朗普政府重走当年对待《京都议定书》的老路，于 2017 年 6 月宣布退出 2015 年 12 月通过的应对全球气候变化的《巴黎协议》，年逾九秩的陈俊武院士仍然一如既往地关注低碳战略和可再生能源的替代趋势，坚信科技的进步和人类的智慧可将大气温升控制在一个合适的范围之内。

第十八章

家庭故事
自蕴风范

1 多事之秋

1996年9月，仲秋时节，在紧张忙碌的工作间隙，陈俊武有一次四川之行。

陈俊武其实是个热爱旅行的人，他在中学阶段，就积累了丰富的地理知识，对祖国的山川河流和主要的城市、交通路线都颇为熟悉。此次赴川，夫人吴凝芳也和他同行。吴凝芳从小在重庆生活学习，这里是她的第二故乡，故地重游是她多年来的一个愿望。

公司领导对陈俊武的出行也很重视，对陪同的廖远威夫妇交代再三，一定要注意安全。从成都到重庆，以陈俊武的本意是要乘坐火车的，但最后却改成了汽车。这个改变的过程已无须赘述，但却成为后来一系列事变的诱因。

已是傍晚时分，奔波了一天，面包车和车上的人似乎都已经疲惫，淡淡的暮霭开始笼罩在田野上，再过几十分钟，就进入重庆市区了。

就在这时，因为要躲避一辆农用三轮车，司机猛打方向盘，正在疾驶的车子前轮突然爆胎，一下子侧翻在路坡下边，一场猝不及防的车祸瞬间发生了。

面包车侧翻的地方刚好又堆放着水泥板，坐在靠前座位上的陈俊武和吴凝芳伤势最重。情况危急，一辆客运班车刚好经过，立即停车救援，将几个伤员送往附近的永川县城医院。

这一天是9月26日，第二天就是中秋节。重庆市第一人民医院外科医生何世举来这里的医院“对口支援”，任务完成，正准备返回重庆，就在这个当口，伤员送到，若再推迟，这位医生可能就走了。有时候，人生的命运就在几个偶然的节点上，幸与不幸，或许就在短短的几分钟甚至几秒钟内。

紧张的抢救立即展开，初步的诊断是陈俊武骨盆粉碎性骨折，肠道破裂，腹腔内大出血，并可能合并感染，要立即手术，否则就会有生命危险。吴凝芳脊椎骨折，虽无危及生命，但也是疼痛难忍，不能动弹。

陈俊武失血过多，手术中紧急输血 400 毫升，这也是医院仅存的 4 袋血浆，次日凌晨就赶快寻找供血者采血补充。

消息立即传回洛阳，洛阳石化工程公司领导焦急万分，当晚就派人赶赴四川。在家的大女儿陈玲得知消息后觉得事态严重，马上给北京的大姑打了电话。陈俊武的大姐夫听说这个为国家作出巨大贡献的院士内弟出了如此严重的车祸，立即给重庆有关方面领导打了电话，要求全力抢救。

27 日上午，重庆军队系统的大坪医院接到上级指示后，副院长周英杰迅速带领多位专家和医护人员赶赴永川，重庆市委副书记金烈也及时赶到。这时陈俊武血压体温降低，已休克 10 多个小时，多次病危。陈俊武等伤员随即被转移到大坪医院。大坪医院为陈俊武夫妇迅速进行多项检查，院领导主持会议制定了周密的治疗方案。

紧接着，洛阳石化工程公司的党委书记周祖荫、经理王世钧也来到大坪，表示全力配合治疗。

陈俊武脱离了生命危险，却因骨盆骨折不能卧床，只能用一个特制的布兜兜住臀部，悬空吊挂。这样的姿势一直持续了 40 天，等到可以正常卧床的时候，却由于肌肉萎缩，下肢无力，连站立都不会了。为了恢复体能，医生安排了多种治疗，其中还有在病房里骑固定的自行车。

一个年近七旬的老人，遭遇这么大的车祸，连续经历剖腹、肠道缝合、接骨多种手术和各种治疗，这种身体的伤痛和精神的打击都巨大沉重，简直难以承受。但是陈俊武面对这场突然降临的灾难，很快调整了自己的情绪和心态，以坚韧的毅力配合治疗，加紧康复锻炼。

这是一种心理素质，也是一种定力。人们常说，不如意事常八九，但很多人也常常陷于逆境中不能自拔。在陈俊武的人生道路上，也有过许多不如意。但他都能从容面对及时排解，从来不让这些不如意干扰了自己前进的目标。

其实，早在1977年，他就遭遇过一次车祸。当时他们应邀参加洛阳炼油厂开工的“零点起步”行动，1月1日半夜出发，从孟津的扣马渡口乘船过黄河，等下午回来，就可以乘吉普车从已经通车的黄河大桥上返回。当时车上坐的人除了陈俊武，还有时任设计院院长的李子凡，副总工程师张福诒和项目负责人孙基干。车行驶到洛阳市郊安乐窝附近，也是为躲避车辆，撞上了路上的行人。车上人员全部受伤，张福诒的帽子飞到李子凡的头上，李子凡门牙磕掉两个，孙基干的颧骨骨折，演绎了惊险的现实版“张冠李戴”。陈俊武和张福诒受伤较轻，担负了报警拦车，护送伤员到医院救治的任务。

那一次车祸有惊无险，这一次车祸却是备受折磨。为了尽快恢复身体机能，他还服用一种老同学从东北寄来的偏方铁粉药末，虽苦涩难咽，他也坚持服用。另外，大女儿陈玲和亲戚们精心照料服侍，许多同事、朋友还有单位领导都来探望和慰问，中国石化总公司的闫三忠副总经理也来看望，这都给他带来了很多温暖和慰藉。

三个月后，到这一年的年底，陈俊武终于能够下床走路，虽然步履蹒跚，但总算能走出门外，看看外面的风景，也终于能痛痛快快地呼吸外面的空气，可以洗一次热水澡了。

吴凝芳的伤情却无明显好转。她是脊椎断裂，主治医生最初按骨折处理，认为并无多大问题，接骨养伤，加上理疗调理就可以恢复。吴凝芳开始可以借助两个带爪的拐杖，在室内行走。不过感觉却是极为难受，除了疼痛，还有酸、困、麻、痒，等等不适，搅得她日夜不宁，寝食难安。

1997 年 2 月，春节过后，陈俊武觉得身体已经全面恢复，不顾医生和家人希望他再休养一段的劝阻，坚决出院。令人惊奇的是，经历了这么严重的骨伤和内伤，治疗恢复以后，各项检查和自我感觉一切正常，没有留下任何后遗症状。有人开玩笑说，这是上苍眷顾佑护，为了这位国宝级的科学家能为国家再作贡献。

吴凝芳却仍无好转的迹象，她最初也在大坪医院治疗，后来转往重庆市区的西南医院。

就在陈俊武夫妇在重庆附近遭遇车祸一周之后，他们的在美国出差的小女儿陈欣在拉斯维加斯也出了车祸，也是车轮爆胎，面包车侧翻，造成骨盆裂隙性骨折。陈欣在美国作了初步检查，回到国内在北京才开始治疗。

陈欣回到洛阳，周围的人怕引起她情绪的波动，对她都封锁了消息，都说她的父母去四川了，还没有回来。两个多月后，一直到陈俊武夫妇伤情稳定，康复治疗的时候，陈欣才知道了真相。陈欣赶到重庆，见到病床上的父母，忍不住大哭一场。

陈俊武安慰着女儿，却又有一番感慨："现在的交通事故逐年增加，就我们家来说，这概率未免也太高了！"

2 家有病人

陈俊武出院以后，随即就投入紧张的工作之中。2 月底回到洛阳，3 月就到北京参加一个科技会议，另外还有他手头正在写作的书稿，对中石化高研班学员作业的审阅，以及对上海高桥石化重油催化裂化装置的建设和 1 号催化裂化装置改造的技术指导。

伤愈之后的陈俊武仍然以充沛的精力认真履行着他作为中国科学院院士和公司技术委员会主任的职责。

但是，他这时还有一个角色，就是病人的家属。他的妻子，和他一起在风雨人生中走过40年的伴侣——吴凝芳还在医院里忍受着伤痛的折磨。

从此，他在紧张工作的同时，还要负担一个重要的任务，就是为妻子求医治病。

一年以后，陈俊武从重庆接回吴凝芳。此时吴凝芳不仅仍然不能行走，各种难受的感觉也更为明显，甚至连大小便也成了问题。

先请了保姆日夜照料，再请名医，洛阳正骨医院的名誉院长，郭氏正骨的传人郭维淮来家里诊断，然后是住进正骨医院治疗。洛阳正骨医院是一所省级三级甲等医院，是在具有220年历史的平乐郭氏正骨基础上发展起来的以传统中医为基础的综合性骨科医院，在全国都享有盛誉。吴凝芳在这里治疗4个月，仍无明显效果。后来又转至北京香山一个疗养院，以理疗为主，半年之后，也无效果。

在那一段日子里，访医求药是陈俊武生活中的一项重要内容。凡是他认识的有医疗医药背景的院士，他都请教过。

高研班第三期学员宫超记得，在北京学习期间，陈院士给他们上课、辅导，日程安排得十分紧张，他又不愿麻烦别人，就利用中午午休时间去给夫人买药。

后来，陈俊武又通过朋友介绍，辗转请到北京一位神经外科专家来到洛阳，给吴凝芳又作了一次全面的检查。结论是，她的脊椎断裂后，马尾神经也受到严重损伤，但经过这么长时间，已经粘连，这时候无法再进行手术治疗，以后只能做好护理，保守治疗。

也就是说，陈俊武今后必须面对夫人下肢瘫痪的残酷现实了。

家有病人，也是对一个人的考验，考验一个人的耐心和毅力，也考验一个人的品格和操守。俗话说，床前百日无孝子。说的是，即使是为人子女，一旦父母身卧病榻，需要日夜侍奉的时候，也会逐渐失去耐心而渐生厌烦和懈怠。

陈俊武下了决心，一定要尽自己最大的努力，让夫人得到最好的照料。这里有爱情，有亲情，也有一种补偿的心理。在他们共同走过的40多年的人生道路上，他一心扑在工作和事业上，照顾家庭和子女的重担大部分都是由夫人承担。在他当选为院士的时候，曾对女儿说："这个荣誉也有你妈妈的一半！"

吴凝芳原来性格开朗活泼，退休后是公司家属大院中娱乐活动的积极分子，唱歌啊，跳舞啊，都离不开她的身影。车祸之后的生活状态让她郁闷和烦躁，免不了发些无名之火，抱怨，啰唆。陈俊武一边照顾她，一边还要安抚和劝说，做些心理上的疏导。

20年来，吴凝芳先后多次在洛阳、郑州和北京住过多家医院，每一次陈俊武都是跑前跑后亲自照料。2015年她又患了脑梗，先是在河科大一附院治疗，又到二附院做康复理疗。陈俊武每天都要到医院给她送饭，炖排骨，熬鸡汤，变着花样对她调养。在郑州大学一附院住院期间，陈俊武至少每星期都要从洛阳去看望一次。

公司旧住宅区没有电梯，为了让吴凝芳能出去见见太阳，隔些日子陈俊武就请人背她下楼。搬到洛河南岸的新住宅楼以后，有了电梯，保姆就经常用轮椅推着她在小区散步。怕一个保姆照顾不过来，从2008年起，就雇用了两个保姆。

2001年冬天，女儿陈欣骑自行车上班途中，被出租车撞倒，膝盖粉碎性骨折，住进正骨医院治疗。这时却正赶上陈俊武要出差，在他的天平上，工作从来都是第一位的，只好狠心让女儿独自住进了医院。等他从外地回来，似乎要弥补对女儿的亏欠，就天天去医院，给女儿送饭，送补养品。

正骨医院在洛阳市区东部的瀍河区，他们家在市区西部的涧西区，从家里去一趟医院要穿过涧西、西工、老城和瀍河四个城区，大约20多公里。正值年底，寒风刺骨，一个75岁的老人，提着饭盒，走 15 分钟到车站，再乘 7 路公交车到医院，来回一趟要两个多小时。

公交车上，一位给妻子和女儿经常送饭的老人。——这是一幅感人的图景。他是一位功勋卓著的科学家、院士，也是一位深情的丈夫和慈爱的父亲，他给亲人带来的不仅是可口的饭菜，还有亲情、温暖和慰藉。

鲁迅先生有诗云：无情未必真豪杰，怜子如何不丈夫？知否兴风狂啸者，回眸时看小於菟。所谓侠骨柔情，鲁迅先生的诗正是生动写照。不过这里要稍改一下，应是大师柔情。

陈欣的腿伤在洛阳正骨医院的治疗效果并不好，还落下了后遗症，后来又到北京求医。因为治疗调理的周期较长，就借住在北郊一个朋友的简易房里。为了给女儿的治疗调养创造一个舒适的环境，陈俊武一趟一趟地到德胜门外的家电市场跑，一趟又一趟，买电视机，买热水器，买电饭煲。

这些生活中的波折，琐碎，是很容易让人烦恼的，但陈俊武却总是从容面对。他似乎特别能忍受，忍受许多困难，许多操劳，许多不如意，也包括自己的病痛。

陈俊武有良好的生活习惯，作息规律，饮食有节，喜欢步行，身体素质一直很好，看上去也比他的实际年龄年轻许多。他自我感觉良好，也因此常常忘了自己的年龄，全身心投入工作。按女儿陈欣的话说，他的父亲对自己的病痛有特别强的忍耐力。

2008 年，第 29 届奥运会在北京举行。中石化系统的每一位院士都获赠一张珍贵的开幕式入场券。在此之前的一段时间，陈俊武常常出现下午发低烧的情况，服药后马上就会退烧，并没有引起他的重视。对于奥运会开幕式这样难得的机会，陈俊武觉得不应该放弃，就坚持参加了。但入场的时候，一向走路很快的他，却觉得腿脚无力，比平时缓慢了许多。等开幕式结束，出来时几乎难以行走，是奥运会志愿者用轮椅把他推出来的。

2008 年 8 月陈俊武受邀出席北京奥运会开幕式

回到洛阳检查，才发现患了严重的胸部结核性感染。这类病要在专业的结核病医院治疗，坚持按时按量服药，定期做血、尿检验和拍 CT 片复查等等。陈俊武没有住院治疗，工作也没有中断，坚持服药一年多，又观察一年多，最终痊愈。

这些年来，陈俊武也曾多次住院，他却从没有把这些疾病压在心头，既来之，则安之，正常治疗，正常休息，倒也都能很快恢复。

这二十年来，人们多看到的是一个在耄耋之年又创造出辉煌业绩的院士，却不知道在这辉煌的背后，他一直是一个在照顾病人的家属，甚至自己也曾是病人。

3 父与女

陈俊武有两个女儿，大女儿陈玲，小女儿陈欣。

陈玲、陈欣和父亲都在同一个单位工作，陈玲原来是配管室的工程师，后来随丈夫出国到加拿大定居，陈欣现在是仪表室的高级工程师。

陈玲的成长期遭遇了“文革”，动乱，搬迁，更重要的是教育的荒芜。在她的记忆中，自己小时候父亲总是出差，母亲总是值班，在竹园沟那段苦涩的日子里，她脖子上戴一串钥匙，领着妹妹，俨然是个小家长。小学、中学都没能正常学习，1976 年高中毕业后，被招工到公司的炼油实验厂当了个铆工。后来毕业于上海化工专科学校。

对于父亲，陈玲这样说——

爸爸那时候太忙，每天晚上回到家里，不是看书看资料，就是写什么东西，基本上没有管过我的学习。我开始上班是当铆工，又脏又累，爸爸当时是公司的总工程师，我想让他帮我说说，调整到仪表、设备或是电工这类工种上去。爸爸说：“路要靠自己去走，我是不会替你说这个情的！”后来他又当院长，当经理，是一把手，但我们家从来没有沾过他的什么光。一开始爸爸就给我们说：“现在社会风气不好，有人当官就是为了谋私利。但还是有不少好的，我首先要从自己做起，要讲奉献，不要讲索取。你们不要想从我这里取得什么好处，沾什么光，为一件两件小事坏了我一辈子的清白的名声！”

不过他在生活中要求不高，很平常，随便自然。他当选为院士后，我还嘲笑他，裤腿一高一低，袜子上一个大洞，也不太符合身份吧！

我觉得我爸爸真是个了不起的人，特别难得的人，我们的国家，我们的社会太需要他这样的人了。我们公司的年轻人对他都特别崇拜。

小女儿陈欣则如此评说自己的父亲——

我爸爸其实是个特别单纯的人，一个缺乏故事的人，我们家里一直也比较平静。他脑子太聪明了，工作上努力，执着，方向也看得准，他的成绩全靠自己干出来的。对于名和利，对于人事关系，他从不愿为此去花费时间和精力。他也有面对不公正和委屈的时候，但他从不去争取。这是他的人生态度，也因为他有底气和实力。

爸爸平静恬淡，他的性格不激烈，生活上要求不高，轻易都能满足，除了在工作上是勇往直前，其他方面都是随遇而安，知难而退。

他是个很正的人，对不正之风很反感。他当领导可以说是六亲不认，我们个人家庭，还有和我们家关系较好的人，和他关系密切的人都没有在他那里得到过什么好处。我在公司工作，从来就没想过靠他的影响力。

他对孩子的学习不太关心，也不怎么督促，让我们自己努力。别人的家长为孩子找资料，找辅导老师补课什么的，我很羡慕。我上小学成绩很好，初中在市区的三中，离家十几公里，来往坐公交耽误很多时间。和同学们相处的时间少了，性格也变得有些孤独，成绩下降，考洛阳一高时，差几分没考上。按说当时有门路的找找人，或交点钱都可以上，但爸爸根本不考虑这些，他却建议我上技校。后来我就上了技校，虽说以后又经过了职业教育学习，但从此与正规大学无缘。

两个女儿小时候温馨的记忆，就是盼着经常出差的爸爸回来。因为他回来总是能带给孩子们快乐和惊喜。印象最深的是好吃的东西，各地的特产，比如山东的糖酥煎饼、四川的水蜜桃、广州的荔枝、南方的芒果和新疆的马奶子葡萄等等。另外还有好看的衣服和鞋子。陈欣记得，爸爸曾给她买过红色的皮棉鞋和黑色的丁字形皮鞋。那时候，大部分人还都是穿布鞋，陈欣对这两双样式新颖的鞋特别喜欢，一直穿了很久也舍不得换。

另外就是书。家里的藏书很多，除了爸爸专业上的书，其他的门类也很多，哲学的，历史的，文学的，爸爸好像很喜欢读人物传记，这类书最少也有五六十部。他也很喜欢给孩子们买书，陈欣记得，爸爸曾给他买回来整套的诺贝尔文学奖丛书，也有数理化丛书。

陈俊武说到自己的两个女儿，觉得最大的遗憾就是疏于对她们学业的关心和培养辅导。那个时期正是他事业上最繁忙的时候，他把时间和精力全都用到工作上了，可谓顾此失彼，也可以说是一种牺牲。另外在他少年时代的记忆里，父亲也基本上不管他的学习，全靠自己。因此他也秉承了父亲的做法，听任孩子们自由成长。

但这几十年来，中国的教育体制和社会风气都发生了很大的变化。以前的学生就是靠自己的努力，相对单纯。现在的学生身后，则是一个庞大的体系，学校分等级，班级有差别，还有课外的辅导、补课，这背后又有经济实力、人脉关系等等社会因素，而家长要为此全力以赴，殚精竭虑。陈俊武全力以赴，殚精竭虑的是他的工作和事业，他为国家作出了巨大贡献，也作出了牺牲。和战场上个人的流血牺牲不同的是，他的牺牲延及家庭，延及子女。两个女儿虽然都很努力优秀，但毕竟没能进入正规的高校学习，受学历的限制，也没能在更高的层次上有更大的建树，这也是他现在常常感到歉疚的地方。

2007年3月女儿陈玲(左)、陈欣(右)祝贺父亲的八秩寿诞

4　情趣和诗意

也许在有些人看来，陈俊武的个人生活单调乏味。除了他的工作，似乎就没有别的业余活动，什么下棋打牌啊，饭局聊天啊，这一类休闲娱乐都与他无缘。

陈俊武的乐趣，全在自己的工作中。化学工程技术的开发、创新和对未知领域的探求，的确给他带来了极大的快乐。陈俊武从事的职业和工作和自己的爱好志趣一致，对于人生来说，这也算一种幸运。早在上世纪 40 年代，著名女作家陈学昭曾写过一部长篇小说：《工作着是美丽的》。据说这句话最早是来自革命导师列宁。工作着是美丽的，既是说工作状态，也是指一种工作的时候的愉悦、快乐的心境。“一箪食，一瓢饮，居陋巷，人不堪其忧，回也不改其乐”，陈俊武的乐，就是孔子赞扬过的颜回的这种乐，古已有之，一脉相承。

其实，陈俊武除了工作上的乐趣，同时也有着广泛的兴趣和爱好。比如，读书，读专业科技方面的，也读文学书籍，读中国古典名著，也读外国名著，在家里手捧一本外文版的小说，轻声朗读也是他休闲的方式。听他讲西游记和外国寓言，是两个女儿小时候的幸福时光。他还爱读人物传记，他从每个杰出人物的不寻常的道路中感受着深广的人生内涵。

他珍藏着很多世界名曲磁带和世界名画图册。紧张的工作之余，他常常倾听贝多芬、舒伯特、施特劳斯或是柴可夫斯基的名曲，在美妙的旋律中陶醉。有时候，自己还会跟着哼唱。他能用英

2012 年 9 月陈俊武在南昌书店购书

文和俄文唱很多首外国歌曲，比如美国的《老黑奴》《月光照在科罗拉多河上》，俄罗斯的《莫斯科郊外的晚上》《喀秋莎》，等等。这是他精神放松的一种方式，也是他自娱自乐的一种方式。

他还常常赏读达·芬奇、伦勃朗、罗丹或是梵高和毕加索对世界和人类精彩的描绘。他说，人是历史上一个匆匆的过客，能欣赏人类艺术的精品也是一种幸运，人生的内容丰富多彩，应该用欣赏的眼光来看待人生。

自己不怎么参加体育锻炼的陈俊武，还有一个很多人不了解的爱好，就是也喜爱看重大体育赛事节目，尤其是世界杯足球比赛。有时候，他也会像年轻人一样，半夜里起来打开电视机看球赛，入迷之际，常常忍不住足之蹈之。体育竞技场上那顽强的拼搏和激烈的竞争，使他在震撼中体会着人生的另一种况味。

陈俊武有一定的古典文学修养，对古诗词尤为喜爱。他少年时代背诵了很多古诗，触景生情的时候就常常随口吟诵。华县 DMTO 中试装置的建设和试验阶段，他曾多次乘车来往奔波在洛阳和华县之间的公路上，华县附近的罗敷是必经之地。有一次，同行的人问，这个地名好怪，怎么叫罗敷啊？陈俊武就给他们讲了罗敷的故事，并随口背诵了那首汉乐府的名篇《陌上桑》："日出东南隅，照我秦氏楼。秦氏有好女，自名为罗敷。罗敷喜蚕桑，采桑城南隅。青丝为笼系，桂枝为笼钩……"院士的古文功底和惊人的记忆力，使同车的人不由得一番惊叹！

最近中央电视台的诗词大会热播，也吸引了他的注意，每晚按时收看。他其实是想暗暗检验一下自己还能记住多少，有时候，对某一首有疑惑，就跑去找书或词典核对。

有时候，兴之所至，他还会赋诗抒情。八十岁时，他即兴写了两首诗抒怀：

其一

耄耋岁月忆平生，
几许欢欣几许情。
夙愿未酬年已暮，
挥毫弄墨任点评。

其二

耄耋老翁忆平生，
有志年华事竟成。
亦老苍天情未了，
扁舟浩海又启程。

这第二首诗的下面，还加了注释，说明"亦老苍天"句是从古诗"天若有情天亦老，月如无恨月常圆"翻新而来，这两句诗出自唐代诗人李贺的《金铜仙人辞汉歌》。两首小诗，寥寥八言，简洁凝练，却显出一种宏大的格调和气度，老骥伏枥，志在千里的豪情蕴含其中。

院士的家中，书香氤氲，宁静和谐，洋溢着一种清雅之气。

如今，陈俊武常住在洛河南岸的英才居。这里近傍洛河，凭窗眺望，洛河水碧波荡漾，洛浦公园的长堤上花木葱茏，一片翠色。

陈俊武很喜欢这个地方，因为外面的景色和他喜欢清静的性格与家中的清雅的气氛正可相谐相融。

2015 年 5 月陈俊武参观北京党中央进驻香山 66 周年
五大书记珍藏图片展

第十九章

人生风景 平凡绚烂

1 陈俊武现象

陈俊武的人生道路、事业建树、性情品格及其产生的影响，在当今社会情势下，特别值得人们认真研究和思考。

在陈俊武身上，人们发现很多有趣的现象。看似矛盾对立着的东西，在他的行为和思想上却达到了和谐的统一。如同不同色彩在画面上调和映衬而显得缤纷绚烂。

他满腹忧患，却又达观洒脱。他对社会上的不正之风和党内的腐败现象深恶痛绝，他希望每个共产党员、每个公民都能真正关心党的事业、国家的前途；他对当前我国科技队伍的流失和青黄不接的断层深为忧虑，他为此奔走呼吁，常常流露出紧迫感和危机感；他对某些盲目引进、一味崇洋的现象感到深深的不安。“现在很多人的眼里只盯着国外，自己能搞的也不搞，重复引进，浪费极大。这实际上变成了技术买办、技术鉴赏家，这很可悲！完全依靠别人，就会受制于人，对外开放，还应提倡自力更生！”陈俊武言辞尖刻，他很激愤，有时也很无奈，因此就常常将这些忧患压在心头。

然而，在个人问题上，他却是另一种截然不同的态度。几十年来人事纷纭，上上下下难免会有一些是非恩怨，褒贬臧否。他从中抽身跳出，超然物外，不计较不理会，以豁达宽阔的胸怀创造了一种静谧的心境。比如，他早在上世纪60年代就开始出国考察，那时候能够出国的人可谓凤毛麟角。但到了改革开放特别是90年代以后，大批的人都可以出国的时候，作为全国炼油工业催化裂化方面的权威，有关的出国考察、会议和进行技术交流的活动，他很少参加，从未为此采取过“争取”的行动。他不争，也不吵，不为此发声。“圣人之道，为而不争”，他实践了老子的话。

他外表不苟言笑，严肃持重，不怒而威，其实与人相处却谦虚平易，真诚热情，他虽然功勋卓著，业绩辉煌，是业界公认的权威，但从来没有以此自傲自矜。他有一句经常自警的话：“一个能正视自己的人才是值得别人尊敬的人!”他认为，自己虽说取得了一些成就，固然可以聊以自慰，但绝不应居功自傲。他多次强调，工程技术开发绝非个人单枪匹马所能为，其中凝聚着很多合作共事者和上级领导者的心血。他和同事、同行，合作者，甚至学生和晚辈们的相处，都是持完全平等的态度。讨论技术问题，他总是虚心听取别人的意见，有好多次，他主动否定自己提出的设计方案。他尊重、体谅、关心着周围的人们，尽力为他们消解着困难，分担着忧愁。多年来，他和共过事的人都建立了良好的工作关系，很多人也成为他经常联系的朋友。

他非常看重珍惜朋友之间的友谊，内心世界蕴藏着丰富而炽热的情感。他说：“良师益友帮助你走向成功，引导你端正方向，宽慰你面对失落，让你充满信心地行走在人生的道路上。身边有了他们，应该是十分幸运的。”对于自己人生之路上的“良师益友”，他总是念念不忘，到外地出差，他都尽量挤出时间去看望一下老朋友。他对那些在自己事业人生中有较大影响的领导同事和朋友，还有自己的学生和晚辈，按照“荐我者、知我者、助我者、敬我者”详细分类开列了名单以作珍藏。

但是，他却最不擅长“关系学”，他不善于迎来送往、请客送礼，厌恶拉关系托人办私事这类活动，他认为这很庸俗。但这种庸俗被大多数人并非情愿地接受以后，庸俗渐渐就成了社会风气。然而他不附和，不迁就，我行我素，特立独行。他很少赴饭局，也很少设饭局，他对于觥筹交错称兄道弟的酒席氛围很不适应。他和朋友之间的交往，多是关心问候或谈论共同关心的话题，“人生得一知己足矣，斯世当以同怀视之”，香茗一杯，对友畅谈，清风明月，高山流水。君子之交淡如水，他是这句哲语的真正实践者。

他既小气，又大方。他生活简朴，对奢侈浪费之风极为厌恶，身体力行，有时候显得很抠，很小气。1991 年，陈俊武和曹汉昌二人到石家庄炼油厂出差。利用星期天到北京图书馆查资料，晚上还要赶回石家庄，第二天是开会，然后要提前乘 41 次快车返回洛阳。因为日程安排极为紧张，没有时间买车票，要炼油厂帮助买票。但车站规定卧铺票必须买到西安以远才行。陈俊武觉得太贵了，就坚决不让买，后来他们买硬座票上车，在车上才补了硬卧。此类事例甚多，去外地出差，他常常为省点坐出租车的钱，省点住宾馆的钱而计较。但他又很大方，每年的“七一”，他都要多交 100 元党费。从国外回来，他总不忘给同事们带些小礼物；凡在外和别人一起吃饭，抢着买单付账的总是他，他说，都不要和我争，我比你们工资高嘛！人们发现，凡是花公家的钱，国家的钱，他都特小气，花自己的钱，帮助别人的钱，他却又特大方。

他追求着卓越和杰出，同时却又保持着平凡和普通。在他人生的旅途上，他一直都在追求着卓越和杰出。19 岁时，他就为自己写下“你不战胜环境，环境就要战胜你”“内在的高度自制，外在的勇往直前”的警策之语。在学习、工作、事业上，他争强好胜，奋力进取。从学校到社会，他都是出类拔萃的佼佼者。在他人生的道路上，沿途尽是光荣的鲜花；在每一个驿站，他都留下成功的标记。早在 1956 年，他就被石油部评为“石油工业先进工作者”，1959 年，他就出席全国先进生产者代表大会(又称群英会)；从那时候起一直到他耄耋之年又获国家技术发明一等奖，近 60 年来可谓获奖无数，在事业上，他已经登上了辉煌的峰巅，声名赫赫。

但他觉得显赫的名声是一种牵累，他只想平凡淡泊，做一个普通人。谦虚低调、平凡普通，是他一直坚守的人生原则。他不希望媒体多宣传自己，多次逃避甚至拒绝记者的采访。很多他为之付出心血，作出巨大贡献的科技项目，报成果的时候，发奖的时候，却不见他的名字，就连他主持的重大攻关项目“大庆常压渣油催化裂化技术”，申报国家奖的时候，他也不署自己的名字。

他当选院士后，要为他配备专职秘书，但他拒绝了，他还是坚持做一个普通人。他觉得普通人的生活自由而充实。他对自己可以享受的一些所谓的特别照顾，持排斥态度。从某种意义上，也可以看作他对社会上流行的特权现象的一种批判态度。陈俊武严于律己，当普通人的故事很多。也贯穿于他人生历程的各个阶段，比如，他可以乘硬座车，从洛阳到大庆，在拥挤的车厢里呆两天两夜；他可以满身油污，和工人师傅们一起在设备里爬上爬下；他可以在哈尔滨晚间住普通的浴池，在白城车站住五毛钱一晚的大车店；他可以独自买票挤车，可以在路边的食摊随便吃上一碗面条稀饭；他可以坐在李屯的马路边，当着来往的行人，让农村的剃头师傅理发……在很长的时间里，他步行上班，乘班车上班，出行也多是挤公共汽车。他喜欢平常人的生活。他很少坐出租车，他觉得在公交车上可以看这个城市的风貌，听异乡他域陌生的口音。到没去过的城市，他会先买一张交通图，按图觅路，看看建筑，瞧瞧店铺，七转八拐地兜上一圈，像体验生活的巴尔扎克。经过几十年风雨沧桑的岁月磨洗历练，他的学识更为渊博，也更为睿智，但却仍然保持着可贵的质朴和童真，没有世故和圆滑。

“真味是淡”“绚烂之极，归于平淡”，也许就是对他人生境界的一种写照。

早在公司前身抚顺设计院建院初期，陈俊武就是全国劳模，就是全院学习的先进典型。2016 年 10 月，在中石化洛阳工程公司成立 60 周年之际，公司隆重授予陈俊武院士“特别贡献奖’，又一次号召全体职工向陈俊武学习，并专门在景德镇为他定制了一个绘有“五朵金花”和DMTO装置实景照片的奖杯。

在一个单位，一个系统，持续不断地向一个先进人物学习达60年之久，这是个奇迹。历届领导，几代职工，对他的评价高度一致，可谓众口一词，全是敬佩和称赞。

公司现任总经理周成平说：“陈俊武院士的人格魅力赢得了全公司干部职工和全行业科技人员衷心的尊敬和爱戴。”

公司现任党委书记王国良说：“陈俊武院士对事业的不懈追求和高洁的人生境界不仅是我们公司，也是石化行业的一面旗帜和珍贵的精神财富!”

公司的老专家和青年科技人员，在座谈会或撰文盛赞陈俊武的时候，常常会用一个词：高山仰止。

他不仅仅是学识渊博，成就辉煌，实际上他一直是在修德修身，自我完善，这是圣贤之道。陈俊武的身上，既有传统文化的美德，知行合一，言行如一，真实自然，不伪不秀，颇具君子之风；又有优秀共产党员的品格，始终严于律己，奋斗进取，一直高擎着理想主义的旗帜，两者融合，形成了他高尚的精神境界和独特的人格魅力。

陈俊武现象，已成为一种意蕴深厚的人生风景。

2 生日纪事

陈俊武对过生日这件事，向来都很淡漠。几十年来的工作状态，大半时间是出差在外，有时候太忙，常常就把自己的生日忘了。遇到在家的时候，一般也是和家人在一起吃顿饭，至多不过买个蛋糕，淡化低调，从不张扬。

1996 秋天的那场车祸，牵动着公司上上下下很多人的心。1997 年 2 月，陈俊武伤愈归来，这无疑也是全公司的大喜讯。而 3 月 17 日，正好又逢他 70 岁生日，可谓喜上加喜。于是公司领导和他的学生们便张罗着要隆重祝贺他的 70 大寿。但生日那天，陈俊武却正在北京参加一个重要的科技会议。

从北京回来，听说公司要给他祝寿，他先是婉言谢辞，推辞不成，就提出两个要求：一不要吃饭，二要搞得简朴。

3 月 26 日下午，祝贺陈俊武院士七十华诞座谈会在洛阳石化工程公司科技交流中心五楼大厅举行。大厅布置得素雅庄重，墙上金色的“寿”字映着桌上摆放的一盆盆鲜花，更显得喜气氤氲。公司的主要领导、各部门负责人、院士的部分同事和学生代表参加了座谈会。

公司经理王世钧、党委书记周祖荫首先向陈俊武表示生日祝福，并代表公司献上一个鲜花芬芳的花篮。在热烈的掌声中，一个大蛋糕被送到陈俊武面前，随着“祝你生日快乐”欢快的乐曲，全体与会者起立向院士鼓掌致贺。

王世钧经理和周祖荫书记先后致辞，并朗诵了他们的贺诗。

王世钧的贺诗是：“淡名泊利芳草碧，呕心沥血杜鹃红。祝愿陈老康且寿，大德大年不老松。”周祖荫书记和松静浩副书记的贺诗是：“石化有君石化幸，风范楷模泽后生。七十华诞春正好，奋翼乘风望鹏程。”

贺诗用红纸书写贴在墙上，诗句质朴凝练，感情真挚，真实表达了洛阳工程公司全体员工的共同心声，引起大家的共鸣。与会者纷纷发言，盛赞他的功绩和品德，向他表示生日的祝福，衷心祝愿他健康长寿。

陈俊武在热烈的掌声中讲话。他说，我们公司的发展，石化工业的发展，靠的是大家的共同努力，我个人只是做了我应该做的工作。当然，我也不否认我个人的努力和贡献，回首往事，我可以说是人生无悔。如果说我取得了一些成绩，除了个人的努力，与国家的发展为我提供了机会和舞台很有关系，与我选择的研究方向和国家的发展需要相一致也很有关系。他表示，我虽年已七十，但身体状况还不错，还有许多事要做，我不能辜负诸位的美意，还要继续朝前走。

一个多小时简朴的座谈会结束了，就像轻轻吹过一阵春风，带着清新之气和温馨之情，陈俊武就这样第一次在公众场合度过了自己的生日。七十大寿，是人生的重要驿站，过了这个驿站，他也算进入古稀之年了。但是他的胸中还燃烧着激情，装满了计划，他要继续朝前走。

斗转星移，倏忽 10 年过去，2007 年 3 月，陈俊武已年届 80 岁了。

古代称 80 岁是“杖朝之年”，意思是说八十岁的人德高望重，年龄大有资格了，可以拄着拐杖行走于朝廷。但对陈俊武来说，80 岁的他却仍然是工作之年，奉献之年。不过，按照中国科学院的规定，他从此进入了“资深院士”的行列。

十年来，陈俊武著书立说，培养人才，当咨询专家，为国家重大项目把关，指导开发 MTO 技术，来往奔波，功绩卓著。因此，为这位年高德劭的老科学家祝贺八十大寿，不仅是洛阳石化工程公司的心愿，也受到洛阳市委政府和有关部门的关注。

2007 年 3 月 16 日中午，庆贺陈俊武院士八秩华诞活动在洛阳华阳酒店举行，这一天上午，洛阳石化工程公司还在公司内部举办了座谈会。

大厅里三条长桌布置成 T 字形，中间的墙壁上，巨大的“寿”字和郑州大学、中共洛阳市委送来的贺联分外醒目。

庆贺活动由公司党委书记郑怀杰主持，中国科学院的代表宣读了路甬祥院长写的贺信，中国石化集团、河南省科协、郑州大学的

2007 年 3 月洛阳石化工程公司召开"殷殷石化情　八秩报国心"陈俊武精神座谈会

代表和洛阳市副市长杨萍分别致辞讲话。他们为院士送上生日祝福，高度评价他高尚的品德和为国家石化工业发展作出的巨大贡献。

中国石化石油化工科学研究院院长龙军托人给他送来了一份特殊的礼物：用陈俊武在北大上学期间的照片、成绩单和有关资料，精心装订成的一个精美的纪念册。这是龙军花费了很大精力搜集整理的，对此陈俊武深为感动。

陈俊武最后致辞，向大家的祝贺表示感谢，同时也以他一贯简洁的风格坦陈心迹。他再次强调机遇对个人成就的重要作用，还以舞台表演为喻，说表演者基于自身素质(才智加训练)，得到导演的赏识和在大舞台演出的机会，才能演出有声有色的节目，而自己就是这样一位幸运的表演者。他说，时光荏苒，我已经进入八十高龄；蓦然回首，不觉已是耄耋之年。我工作近六十载，获得中国科学院院士称号也已十五春秋，迄未告退。虽身心尚健，思维尚敏，但逐渐老化的自然规律不可抗拒。人贵自知，如果今后五到十年仍可为国家社会作出力所能及的贡献，我也就心满意足了。

他还将自己撰写的回忆录性质的小册子《未了的石油情结》赠送给各位来宾。他对自己80年的人生历程高度概括为：三十五岁前读了些书，七十岁前做成了几件事，八十岁仍为石油前景操劳，如此而已！他在前言中说“每当回首往昔，眺望未来，我总是心潮起伏，思绪万千”，信手挥笔，又吟成一首小诗：

耄耋世纪喜逢新，
老树春风倍感亲。
潇洒余生难企盼，
油源探秘有仁人。

看来，他仍不准备卸鞍下马，过悠游闲适的潇洒日子，他还要继续在科学的道路上跋涉探秘！

2016年3月，又到了陈俊武该过生日的时节。这一年，他虚岁九十。按照中国的传统习俗，每逢十的生日就叫大生日，过大生日，都是按虚岁，俗称过九不过十。这一次，公司决定按照传统习俗，在这一年就给陈院士举办庆贺九十大寿的活动。

3月16日，“庆贺陈俊武院士90岁生日暨公司技术发展座谈会”在公司五楼会议室举行。这次活动严格遵照中央八项规定精神，低调简朴，对外不发邀请，参加者多为公司内部人员。但也有闻讯赶来的外地来宾，比如中国科学院大连化学物理研究所副所长、中国工程院院士刘中民，中国石化管理干部学院副院长周志明；中国石化集团公司高级专家许友好，神华宁煤集团煤制油公司总经理刘万洲等人，很明显，这些人大都与陈俊武近年来从事的工作有关。

座谈会开始之前，首先播放了公司为祝贺陈俊武九十岁生日而拍摄制作的专题片《跨世纪的对话》。这个片子别开生面，对院士采访的都是公司内部的科技人员，有和院士共过事的老专家，更多的是他的学生和晚辈。以院士简短的讲述作为主线，再配以访谈、图片和解说，反映了陈俊武90年的人生历程和辉煌业绩，朴实无华，真实感人。

座谈会由党委书记王国良主持，公司总经理周成平首先作主题发言。他对陈俊武的业绩成就和品德情操高度评价热情赞誉："陈院士以他的一言一行影响和教育了一代又一代公司职工，陈俊武精神成为公司企业文化的强大精神内核，是公司巨大的精神财富。"

这次座谈会还有一个背景，这一年适逢洛阳公司成立 60 周年。发言者从不同角度谈和院士交往的经历，谈他的功绩、贡献和精神境界，质朴家常，热烈亲切。

庆贺陈俊武院士(右三)90 岁生日暨公司技术发展座谈会

陈俊武在大家热烈的掌声中致词，他说："回忆逝水年华，事业因有所为而有所成，也因有所未为而有所失。雪泥鸿爪，人生如斯。一生未得休闲固然是有所遗憾，但毕竟是有得有失，无怨无悔。"

来宾中的徐惠，他是催化裂化高研班第一期的学生，算是陈俊武的弟子中的高足，退休前是中国石化科技开发部的副主任。其实这次自发来为老师贺寿的高研班学生还有七八个人，因为没有受邀请参加上午的座谈会，都在和公司大院一墙之隔的牡丹大酒店房间里等着参加下午的催化裂化高研班师生座谈会。

这一天下午，另外一个座谈会在牡丹大酒店举行，参加者全是陈俊武高研班的学生。这完全是民间活动了，气氛轻松，学生们纷纷发言，忆往昔岁月，叙师生之情，谈事业发展。这些学生中，多位是中国石化、石油系统的“大亨”。

当然，学生们也纷纷向陈俊武表示生日的祝福。这祝福包含着敬仰和感恩，也包含着师生之间深深的情谊，他们别出心裁，把这种发自肺腑的祝福凝聚成100个“福”字，刻写在一只大海螺壳上，作为生日贺礼奉送给老师。

一群头发已开始花白的学生簇拥着一位90高龄的老师，谈笑风生，这是多么温馨感人的一幅人生图景！因为无论对老师还是学生来说，这都是一个幸福的时刻。更为有意味的是，他们兴致勃勃谈论的话题，仍然是如何使他们的事业向明天和未来延伸。

2016年3月16日陈俊武(右三)90岁生日时与高研班学生们一起座谈

尾声　面向未来的春天

2017年3月，伴随着万物复苏，草木萌发的春天的脚步，陈俊武的又一个生日来到了，这一年，他90周岁。

对于如何庆贺老师的这个生日，他的催化裂化高研班的弟子们早在去年就开始了谋划，他们准备给院士送一份“特殊的礼物”。生日前夕，他的原高研班的学生们从四面八方先后抵达，云集洛阳。

3月16日上午，为祝贺陈俊武九秩华诞的一个小型座谈会在洛阳工程公司四楼会议室举行。中国石化管理干部学院的领导、老师和专家，还有原来高研班的几个学生参加。大家向陈俊武汇报：为秉承发扬陈俊武当年的教育理念，从去年陈院士的生日时就开始酝酿筹划，根据中国石化集团公司主管领导的批示，中断了16年之久的催化裂化高研班继续在中国石化管理干部学院举办。领导支持，学员增加，师资力量也更为雄厚，名称则改为专家班。专家班由催化裂化扩展到加氢和重整业务领域。和陈俊武共同担任《催化裂化工艺与工程》第三版主编的许友好教授任班主任，原来高研班的一期学员徐惠担任指导小组副组长，二期学员刘晓欣为专家班顾问。

这似乎是一个汇报会，也好像是个研讨会，尽管大家是为了祝贺陈俊武的90周岁生日而来，谈论的内容却是中国石化工业的前景，是技术的传承和创新，关于催化裂化，关于重整和加氢，还有关于催化裂化专著内容的修订。

这次活动的主要组织者和联络人是被称为高研班“秘书长”的石

家庄炼油厂副总工程师刘晓欣，她代表学生们送给陈院士的生日礼物是一本纪念册。里面辑录了原来催化裂化高研班和近期专家班全体学员的名录、照片和陈俊武在各个时期的工作照。硬皮精装，封面上是淡雅的山水背景和一株苍劲的古松，“恭贺陈俊武先生九十大寿”的红字下面，署款为“催化裂化高研班暨专家班学员”，日期则为院士的90岁生日日期：2017年3月17日。

这不是一本普通的纪念册，其实更像是一支不同年龄层次的石化科技队伍整装列队，接受老师的检阅。这里面凝聚着学生们对老师深厚的感情，也蕴藏着岁月的痕迹和美好的记忆。

刘晓欣（前右一）与徐惠（后右一）向陈俊武（中）
赠送催化裂化高级研修班学员纪念册

陈俊武显得很高兴。他一连说了好几个“高兴”。他说，很感谢大家，为这个活动做了这么多工作。俗话说人生七十古来稀，我今年已90岁了，并且这些年还做了几件事，我真的很高兴。我们是师生，其实也算是战友。我现在年纪大了，希望年轻人们努力。我们中国人有自己的优势，很聪明，一点也不比别人差。现在天地广阔，年轻人只要肯下功夫，一定会有大的成就。

当然，这天还有令他高兴的事：新任中共河南省委常委、组织部长孔昌生亲自来拜访看望，向他祝贺生日，祝福健康；郑州大学院士工作站的代表也来向他祝贺生日，并转送了中国科学院院长白春礼先生署名的生日贺信。信中说：“您不懈奋斗，与时俱进的科学精神，教育和激励了一大批科学技术工作者”，祝他生日快乐，健康长寿！

2017年3月16日郑州大学院士工作站转交中国科学院白春礼院长祝贺陈俊武90华诞的生日贺信

这天晚上，列入高研班纪念册名录中的人员，绝大部分如期到达洛阳，完成集结。其中有早期高研班的三期学员、近期专家班学员及石化管理干部学院领导、老师和特邀的专家共140多人，浩浩荡荡，如同一支士气高昂的队伍。

3月17日上午，由中国石化管理干部学院组织的“催化裂化高研班及专家班洛阳现场教学”活动在洛阳工程公司办公楼学术报告厅举行。9时，当陈俊武院士进入大厅时，全场起立，热烈的掌声经久不息。

这是一次有特殊背景特殊意义的授课。台下听课的学生们的年龄可跨越几代人。

前排就座的是他早期高研班的学生们，他们中有一期学员，中国石油咨询中心副主任蒋凡、中国石化北海分公司总经理陈尧焕、中国石化科技开发部原副主任徐惠等人；二期学员，中国石油炼油与化工分公司总工程师邢颖春、中国石化海南炼化分公司党委书记蔡智、中国石化石家庄炼化分公司党委副书记齐洪祥、副总工程师刘晓欣等人；三期学员，中国石化石家庄炼化分公司总经理叶晓东、中国石化洛阳分公司副总经理施俊林、中国石化炼油事业部节能环保处处长宫超等人。他们中大多已人过中年，有的人已经退休，有的人头发已经开始花白或稀疏。

而最新一期专家班座席上则是一片年轻的面孔，洋溢着一片青春的光彩。他们中很多人是今天第一次见到这位科学大师，但大都听说过台上这位头发花白、面容清癯的老人骄人的业绩。

陈俊武授课的题目是：催化裂化装置专家应该具备的概念和能力。惯常的谦虚平易的态度，惯常的逻辑缜密、清晰准确的讲述，他的嗓门不高，略带磁性的声音在大厅里回响。

一位 90 岁高龄的老科学家，在他的生日这一天，在这个春意盎然的上午，给台下的从 20 多岁到 60 多岁的新老学生们上一堂共同的大课，这一切都让人感到意味深长。

陈俊武为中国石化管理干部学院催化裂化、加氢、重整专家班学员讲课(2017 年 3 月 17 日洛阳)

陈俊武扶了扶眼镜，亲切又满怀期望地看着台下的学生们，就像看到赛场上一支正传递着接力棒的队伍，也像看到一条没有尽头，向未来延伸的大道。

大厅外面，和煦的阳光正普照着早春的大地。遍布古都洛阳全城的牡丹，春芽初露，正孕育着簇簇花蕾，再过些天，就又是万紫千红的花季了。

附录一　陈俊武生平大事年表

1927年3月17日，出生于北平。

1932年，就读于北平洁民小学。

1938年9月，就读于北平崇德中学。

1939年7月，由于崇德中学停办，转辅仁大学附属中学就读。

1943年，转入北平盛新中学就读。

1944年，考入北京大学工学院(原为独立的北平大学工学院，北平沦陷后改称北京大学工学院)。1945年抗日战争胜利后学校改称临时大学补习班第五分班，1946年称北洋大学北平部，1947年回归北京大学。

1948年，从北京大学毕业，8月在台湾铁路局材料处任实习生。

1949年5月，自动离职返回故乡福州亲戚家等待解放。8月17日福州解放，10月从福州出发，乘卡车穿过闽西北，在上饶转乘火车，经上海、北京，赴沈阳。

1949年12月中旬，陈俊武与母亲在沈阳和姐姐陈舜瑶团聚。

1949年12月下旬，到抚顺矿务局报到，分配到工业处工作。

1950年2月，到抚顺矿务局第二化学厂工作。

1950年3月，到抚顺市干校学习。5月返回第二化学厂。在以工业处褚志远处长为主任、老专家顾敬心为副主任的修复工作委员会的领导下工作。工厂后更名为人造石油厂，成立东北石油管理局后，按东北工厂的排序又更名东北石油三厂。

1950—1952年，在石油三厂从事车间技术工作，提出并实施了两项有意义的技术创新，受到工厂和抚顺市的表彰，成为抚顺市劳动模范和石油部先进生产者代表。

1953年，担任石油三厂生产总值班，1954年担任设计室副主任，负责编制工厂发展规划。

1956年10月，石油部决定成立石油工业部抚顺设计院，东北各炼油厂设计室的技术人员一并调到该院。陈俊武任工艺室副主任，黎煜明总工艺师兼任主任。1957年，在北京设计院从事合成油工艺设计的彭世浩、梁健等人调到抚顺，充实了实力。

1958年，大搞政治运动，抓"右派分子""大鸣大放"，接着又搞"大跃进""大翻番"运动，影响了抚顺院的正常设计工作。陈俊武由于当时和有关设计人员随捷克专家做山西大同煤制油厂的前期设计项目，工作尚能正常进行。

1960年，随着大庆油田的发现，煤炼油设计项目停止运作。我国和捷克的合作终止。

1961年，石油工业部指派陈俊武和洪伯宁以观察员身份去波兰和罗马尼亚参加以苏联和东欧为主的经济互助委员会技术交流活动，了解到一些炼油技术发展动向。回国后正逢敖明模、何振鹏两位总工程师从古巴考察归来。两路人员分别向主管炼油的石油部领导汇报，得到领导的重视。部领导敏感地察觉到这是一个向国外学习的机遇，提出要建设以"流化催化裂化装置"为首的炼油技术的"五朵金花"，决定派有关技术人员去古巴深入考察学习。

1962年2月，石油工业部在北京成立了新技术组，顾敬心院长自告奋勇请缨担任组长，新技术组由石油部副部长张定一(当时兼任石油部北京设计院长)和顾敬心具体领导。抚顺设计院陈俊武、张福诒、徐贻璜、谢泰嵩等设计人员及北京设计院何宇、李树钧、袁宗虞、戴家齐等一同在新技术组工作。

1962年8月，经国家科委批准的赴古巴考察组有石油工业部5人。何宇、李树钧、陈俊武、杜克勤等同志日夜努力工作，尽可能收集包括炼油技术为主的技术资料，其中不少是国外石油公司的内部参考资料，对提高我国炼油工业技术水平起到了重要作用。

1963年，在参照国外考察资料并结合国情的情况下，在抚顺开展了石油二厂流化催化裂化装置的施工图设计。各专业齐头并进，陈俊武从中穿针引线，和专业骨干研讨疑难问题。

1964年，陈俊武去石油二厂现场，为从未接触过流化催化裂化的年轻生产技术人员办学习班。

1964年，根据石油部领导的意见，选派一批有炼油生产经验的工人去古巴炼油厂学习流化催化裂化装置的操作和维修，包括车间主任2人，班长5人，设备仪表维修4人，要求陈俊武再次随同前往考察和学习。为此在北京突击学习西班牙语，短暂的西班牙语学习时间，使陈俊武在古巴现场与古方人员交流及帮助外语水平不高的同志现场学习起到了有益作用。

1964—1965年，陈俊武有半年时间在古巴炼油厂学习，正巧流化催化装置已正常投产，了解了大量的操作数据和现场情况。

1965年初回国，参加抚顺石油二厂流化催化裂化装置开工方案讨论和制定总体开工方案。陈俊武任开工值班工程师，3月起通过水联运、油联运、正式热进油等步骤，5月初得到合格产品，实现了“四个一次”开汽成功。

1965年5月起，在石油二厂车间值班，9月去大庆炼油厂参加另一套流化催化裂化装置开工，10月返回抚顺。

1966年，在“文化大革命”严重干扰的情况下，陈俊武奉石油部张定一副部长指示去胜利炼油厂协助120万吨/年催化裂化装置的开工(北京设计院总体设计，抚顺设计院指导催化裂化部分)。胜利炼油厂催化裂化开工不顺利，催化剂日跑损30吨，被迫停工。陈俊武奉命带领调查小组去大庆、抚顺等地的流化催化裂化装置调查测试，提出了初步解决方案。

1968年，在胜利炼油厂流化催化裂化装置上做单器热态流态化测试试验，判断当时催化剂跑损量仍然大的原因是中间两组旋风分离器安装不当所致，封闭这两组旋风分离器后解决了催化剂跑损难题。

1968 年，处理好胜利炼油厂催化裂化装置催化剂跑损问题后回到抚顺设计院，进入“第二学习班”脱产进行“政治学习补课”，直至 1969 年初。

1969 年，参加苏家屯农场劳动，返院后从事一般的技术工作。

1969 年底，奉石油工业部军管会指示，抚顺设计院立即搬迁到河南省宜阳县西端张坞公社的竹园沟内。在山沟窑洞和简易板房办公。陈俊武主要工作是到宜阳火车站协助搬家来的人员到竹园沟安家。这年开展了石油工业部批准的大庆 701“一顶二”新技术开发，分别在锦州、大庆兵团和吉林等地建设。

1971—1972 年，在石油工业部领导的关怀下，设计院以建设炼油实验厂名义向洛阳市郊区(李屯村，南留村)靠拢，建设临时性简易住宅。同时以建设炼油设计研究院的目标，把荆门的炼制研究所和锦西的设备研究所迁到洛阳，形成了创新型的设计-研究-工业试验一体化开发机制。同时在附近建设家属宿舍。至此洛阳石化工程公司崭露雏形。

1976 年 12 月，当选为河南省政协第四届委员会委员。

1980 年，炼油实验厂的建设对洛阳设计院的技术创新起到了重要作用。提升管催化裂化和掺渣油催化裂化的工业示范在国内炼油行业起到了领先和示范作用(期间石油科学研究院在牡丹江炼油厂也做了类似试验)。同轴式催化裂化工艺的示范作用尤为突出。

1980 年，兰州炼油厂决定在对苏联援建的移动床催化裂化装置改造时，采用同轴催化裂化技术，1982 年兰州炼油厂 50 万吨同轴催化裂化装置建成，产品质量和收率优良。

1982 年，石油工业部孙晓风副部长组织新技术攻关，陈俊武负责的渣油催化裂化攻关项目是重要的攻关任务之一，该技术首先在石家庄炼油厂工业化应用。

同期，重点抓的攻关项目还有上海高桥炼油厂的新型催化裂化技术，它采用高速床和密相床烟气串联技术，集中了当时开发的多项新技术，于1989年投产成功。

1983年4月，当选为河南省政协第五届委员会委员。

1983年8月，作为中国石油学会常委，被推荐出席在伦敦召开的第十一届世界石油大会，这是陈俊武首次参加国际学术会议。

1983年，陈俊武和刘铭芳两人被评为石油工业部先进科技工作者。

1984年1月，洛阳炼油设计院正式确名为中国石化总公司洛阳炼油设计研究院。6月9日，陈俊武被任命为洛阳炼油设计研究院院长，王世钧任党委书记，孙凤臣任顾问，彭世浩任总工程师。

1984年4月，陈俊武和余礼源被授予洛阳市劳动模范称号。

1984年7月，中共洛阳市委批准中共中国石化总公司洛阳炼油设计研究院委员会由王世钧、周祖荫、陈俊武、侯宪元等7人组成，王世钧任书记。

1984年9月，陈俊武负责领导设计的洛阳炼油厂500万吨/年一期工程简易投产成功。

1984年，陈俊武主编的《中国流化催化裂化二十年》一书作为内部出版物出版。

1985年5月，陈俊武荣获中华全国总工会五一劳动奖章。

1985年9月，陈俊武负责指导公司设计的兰州炼油厂50万吨/年同轴式提升管催化裂化装置，继1984年获得获国家优秀设计金奖后，又获得国家科技进步一等奖。

1985年11月11日，陈俊武被中国石化总公司任命为洛阳石化工程公司经理，侯宪元等6人为副经理，王世钧和周祖荫分别任党委正、副书记。

1986年10月6日，召开庆祝洛阳石化工程公司建立三十周年大会，上级单位老领导刘少男、任向文、兰田方，洛阳市委书记王德忱，原院领导顾敬心、徐震、杨洁、庄润霖、张明学、顾汉贵、李占标、金元汉、黎煜明等热情赴会。陈俊武在会上做了《回顾公司三十年成就及对炼油工业发展的积极贡献》的报告。

1987年7月14日，陈俊武陪同中国石化总公司总经理陈锦华来洛阳石化工程公司视察，并汇报工作。

1988年3月18日，陈俊武陪同中国石化总公司副总经理李毅中来洛阳石化工程公司视察，并汇报工作。4月23日，陈俊武陪同中国石化技术经济委员会李人俊视察，并汇报工作。

1989年3月，陈俊武任洛阳石化工程公司技术开发中心主任，陈香生、彭世浩任副主任。

1989年3月，洛阳石化工程公司召开中国共产党第八次党员代表大会，王世钧、陈俊武、周祖荫等被选为党委委员。

1989年4月6日，陈俊武在洛阳石化工程公司职代会上作《坚持功效挂钩，贯彻按劳分配，有效地发挥经济杠杆作用》的报告。

1989年，中国石化人事部明确王世钧协助陈俊武主持全面工作。

1989年10月28日，召开西洛透平开发公司董事会，陈俊武被推举为名誉董事长。

1990年3月，中国石化人事部任命王世钧为洛阳石化工程公司公司经理，陈俊武任公司技术委员会主任。

1990年8月25日，陈俊武被国家建设部评为国家工程勘察设计大师(列入百名大师名录)。

1990年12月7日，经中国石化总公司批准，陈俊武任洛阳石化工程公司技术委员会主任，彭世浩、汪景砺、张立新任副主任。

1991年末，陈俊武当选为中国科学院学部委员。

1992年1月，陈俊武给洛阳石化工程公司工艺室掌握催化裂化技术较好的4名人员试办小范围的学习班，为举办中石化催化裂化高级研修班积累了经验。

1992年5月，在中国石化管理干部学院的支持和柳芬的促进下，试办有特色的催化裂化高级研修班，由于学习周期较长，学员选拔严格，经2—3年的学习(含不脱产自学)，学员绝大部分均成为炼油厂生产的技术骨干。陈俊武亲自为研修班授课，中国石化管理干部学院柳芬任专职管理干部，曹汉昌为助教。第一批学员12人，轮流在各炼油厂开班，第一期在大连炼油厂的旅顺招待所上课。

1992年10月，陈俊武当选为河南省出席中共十四次代表大会的党员代表。

1992年11月20日，洛阳市政府对1986—1991年重点建设工程优秀项目有功单位及人员进行表彰，洛阳石化工程公司承担的洛阳炼油厂500万吨/年原油加工工程被列入重点建设优秀项目。记大功人员有陈俊武，记功人员有郝承明、汪景砺、孙基干等，还有多位先进工作者。

1993年1月，记录陈俊武人生经历和主要成就业绩的长篇报告文学《灿烂人生》在《莽原》杂志第1期上发表。

1993年5月，河南省文联、《莽原》杂志社和洛阳石化工程公司联合在洛阳召开“学习科学家陈俊武暨《灿烂人生》作品讨论会”。

1994年3月，在中国石化召开的第六次科技进步会议上，中国石化总公司总经理盛华仁向闵恩泽、陈俊武院士颁发重大贡献奖，中国石化总公司党组决定开展向两位院士的学习活动。

1994年5月4日，陈俊武捐赠个人所得4万元奖金，在洛阳石化工程公司设立青年优秀科技论文奖励基金。

1994年，在全省重点工程建设项目工作会议上，洛阳石化工程公司现场设计工作组被授予省工程建设先进集体，陈俊武、张宝贵、孙基干被评为省重点工程建设先进工作者。

1995年4月，陈俊武和林宝章被授予中国石化劳动模范称号。

1995年7月，举行中国催化裂化产业化30周年报告会，陈俊武和张福诒分别做了专题报告。

1995年10月，陈俊武获1995年度"何梁何利基金"科学技术进步奖。

1997年10月12日，陈俊武、王国良、张福诒在北京参加第十五届世界石油大会。

1997年11月，陈俊武、曹汉昌主编的《催化裂化工艺与工程》获中国石化科技进步一等奖，12月，获第八届全国优秀科技图书二等奖。

1998年3月30日，陈俊武被评为河南省科技功臣。

1999年8月3日，陈俊武在洛阳石化工程公司总师座谈会上做题为"世纪之交的忧思，技术振兴的建议"专题发言。

1999年9月1日，陈俊武指导设计的高桥石化公司I套催化裂化掺炼渣油改造工程获中国石化优秀工程设计金质奖。

2000年1月31日，陈俊武指导开发的ROCC-V型重油催化裂化技术获中国石化科技进步一等奖。

2001年7月1日，陈俊武被授予"全国优秀共产党员"称号。

2001年10月26日，洛阳石化工程公司举办庆祝成立45周年活动，同时举办了"公司成立45周年成就展"和"陈俊武院士创新、治学、育人回顾展"。

2002年12月，陈俊武当选为第九届河南省政协委员。

2003年8月15日，洛阳石化工程公司举办青年成才报告会，陈俊武向300多位青年同志讲述自己的成长和成才体会。

2003年，陈俊武向洛阳石化工程公司团员青年做题为《宏观视野看能源》的科普报告。

2004年6月15日，闫少春调任洛阳石化工程公司经理，郑怀杰任公司党委书记，侯宝东改任调研员，陈俊武任科技委员会名誉主任。

2004年8月，洛阳石化工程公司与大连化学物理所、陕西新兴煤化工科技发展公司三方签署DMTO工业试验合作协议。陈俊武负责指导万吨级试验装置的技术开发和工程设计。

2006年2月20日，陈俊武指导技术开发和设计的华县万吨级DMTO工业试验装置投料试车。中国石油和化工协会组织专家于6月17日—23日对装置进行了72小时连续运行考核。2006年2月—6月装置累计运行1100小时。8月，工业试验技术成果新闻在北京人民大会堂发布。

2006年10月16日，洛阳石化工程公司隆重庆祝成立五十周年，公司新老领导、老专家、老同事共聚一堂，陈俊武等为十个优秀献礼项目颁奖。

2007年3月16日，洛阳石化工程公司召开陈俊武精神座谈会，祝贺陈俊武八十寿辰。

2007年6月21日，洛阳石化工程公司技术委员会成员调整，陈俊武任名誉主任，闫少春、朱华兴等分别任正、副主任。

2009年2月4日，陈俊武以“石油替代战略问题综合论述”为题，向洛阳石化工程公司领导和技术骨干作技术讲座。

2010年1月29日，中国石化高级副总裁王志刚来洛阳看望陈俊武等老专家和劳动模范代表。

2010年，洛阳石化工程公司调整技术委员会成员，陈俊武任名誉主任，朱华兴任主任，王龙延和胡敏任副主任。

2010年5月13日，陈俊武到陕西省华县的万吨级DMTO-Ⅱ型工业示范装置现场调查，该新技术于6月26日通过了中国石油和化学工业联合会组织的专家鉴定。

2010年8月8日，陈俊武亲自指导技术开发和工程设计的180万吨甲醇/年DMTO工业化示范装置在包头一次投产成功。

2011年1月13日，中国石化高级副总裁戴厚良等代表中国石化党组来洛阳石化工程公司看望陈俊武。

2011年3月，陈俊武等主编的《石油替代综论》获中国石化科技进步二等奖。

2011年，陈俊武在《科技导报》第15期发表题为《中国中长期碳减排战略目标初探》的卷首语，提出中国中长期碳排放峰值年应该在2030年，二氧化碳排放量上限不宜超过110亿吨，争取控制在100亿吨的目标，与2014年国家正式发布数据吻合，得到初步验证。

2011年10月25日，DMTO技术被授予2011年度中国石油和化学工业技术发明特等奖。

2011年11月6日，全国人大常委会原副委员长盛华仁在洛阳调研时会见陈俊武，中国石化高级副总裁戴厚良参加会见。

2012年4月16日，中共中央政治局常委、全国人大常委会委员长吴邦国来洛阳石化工程公司视察，公司领导和陈俊武等陪同。

2012年10月12日，陈俊武在洛阳工程公司替代能源技术及炼油新技术研讨会上做关于“石油替代中长期战略目标”的报告。

2013年7月17日，中国石化高级副总裁章建华到洛阳工程公司调研，并看望了陈俊武。

2013年，河南省勘察设计协会授予DMTO工程技术开发项目一等奖。

2014年8月18日，DMTO工艺技术通过国家科技发明奖一等奖复审，陈俊武和刘中民、刘昱等参加了中国科学院大连化学物理所现场与北京科技部主审现场的视频答辩。

2014年9月25日，DMTO工艺技术通过国家科技发明奖一等奖最后一轮评审。

2014年10月28日，山东神达100万吨甲醇/年总承包DMTO和烯烃分离装置以及配套工程顺利投产。

2015年1月9日，国家科学技术奖励大会在北京人民大会堂举行，DMTO技术成果获2014年度国家通用项目技术发明奖唯一的一项一等奖。

2015年2月11日，中国石化董事长傅成玉来洛阳工程公司看望陈俊武、周祖荫等，并与刘昱等交谈。

2015年5月20日，《催化裂化工艺与工程》(第三版)出版座谈会在北京召开，纪念我国第一套催化裂化装置开工50周年。陈俊武、徐承恩、杨启业、汪燮卿、何鸣元等院士以及来自中国石化、中国石油、中国海油的30多位炼油专家参加座谈，陈俊武在座谈会上做了专题报告，中国石化高级副总裁戴厚良参与座谈并讲话。

2015年7月20日，中石化洛阳工程公司技术委员会成员调整，陈俊武任名誉主任，周成平任主任，朱华兴任常务主任，胡敏和李和杰任副主任。

2015年7月，第八届全国石油和化工行业优秀报刊评选《炼油技术与工程》为期刊一等奖。陈俊武指导设计和开发的蒲城DMTO-Ⅱ项目获全国化学工业优质工程奖。

2016年3月16日，洛阳工程公司召开庆贺陈俊武90岁生日暨公司发展座谈会，观看了《跨世纪的对话——中国科学院院士陈俊武访谈录》。随后各地前来为陈俊武祝寿的各期高研班学员代表和陈俊武进行了座谈。

2016年3月26日，陈俊武将六年来指导郑州大学从事能源替代研究的18万元报酬全部捐献，设立郑州大学研究生优秀论文奖励基金，并举行了2016年度研究生优秀论文奖颁奖仪式。

2016年4月，受陈俊武邀请，20世纪70年代支持洛阳工程公司从竹园沟迁往洛阳郊区李屯并建设炼油实验厂的老领导王德瑛夫妇前来公司访问，并与老职工共叙旧情。

2016年4月18日，中国石化决定继续举办催化裂化高级研修班，石化管理干部学院组织预备班学员来洛阳工程公司举办现场教学，学习陈俊武精神，陈俊武为学员做了专题报告。

2016年6月，陈俊武在北京参加中国科学院院士大会期间，原中国石化老领导盛华仁在中国石化工程部李国清主任陪同下，专程到北京京西宾馆看望。

2016年10月16日，洛阳工程公司举办庆祝公司成立60周年专题座谈会和展览，授予陈俊武特别贡献奖，并颁发绘有“五朵金花”和 DMTO 装置照片的特制奖杯。

2017 年 3 月 17 日，河南省科协领导专程来洛阳送交中国科学院院长白春礼 3 月 14 日签署的贺信，白春礼代表中国科学院和学部主席团祝贺陈俊武九十寿辰，衷心感谢陈俊武为我国化学事业所做出的重要贡献。

2017 年 3 月 17 日，中国石化炼油事业部和管理干部学院组织催化裂化、加氢、催化重整三个高级研修班的学员专程来洛阳现场教学，开展学习陈俊武精神的活动，陈俊武作了题为“石化炼油装置专家应该具备的概念和能力”的报告。早期高研班的十多名学员也现场聆听讲座并祝贺陈俊武九十寿辰。

（陈俊武　整理编写）

附录二　陈俊武主要论著目录

主要专著

1　陈俊武，曹汉昌．第五章　催化裂化[M]//侯祥麟主编．中国炼油技术．北京：中国石化出版社，1991：109-151.

2　陈俊武，曹汉昌．催化裂化工艺与工程[M]．北京：中国石化出版社，1995.

3　张立新，杨启业，陈俊武．中国渣油催化裂化工艺的发展[G]//侯祥麟主编．中国炼油技术新进展．北京：中国石化出版社，1998：27-32.

4　陈俊武，曹汉昌．催化裂化工艺与工程[M]．第二版．北京：中国石化出版社，2005.

5　严陆光，陈俊武．中国能源可持续发展若干重大问题研究[M]．北京：科学出版社，2007.

6　陈俊武，李春年，陈香生．石油替代综论[M]．北京：中国石化出版社，2009.

7　陈俊武，陈香生．中国中长期碳减排战略目标研究[M]．北京：中国石化出版社，2012.

8　陈俊武，许友好．催化裂化工艺与工程[M]．第三版．北京：中国石化出版社，2015.

9　陈俊武．做人做学问作贡献[G]//方正怡，方鸿飞主编．院士怎样读书与做学问：下册．上海：上海科学技术文献出版社，2017：1-5.

中文期刊主要学术论文

1 陈俊武. 石油炼制过程碳氢组成的变化及其合理利用[J]. 石油学报，1982(4)：90-102.

2 陈俊武. 流态化技术在我国炼油工业应用二十年来的发展[J]. 石油学报(石油加工)，1985，1(2)：1-6.

3 陈俊武，王惠民. 渣油催化裂化的热平衡和取热工艺[J]. 石油学报(石油加工)，1987，3(1)：8-15.

4 陈俊武. 残炭前身化合物的结构及其在炼油过程中的作用[J]. 炼油设计，1992，22(1)：1-11.

5 陈俊武. 加氢过程中的结构组成变化和化学氢耗[J]. 炼油设计，1992，3：1-19.

6 陈俊武. 为我国炼油技术的进步尽心尽力[J]. 中国科学院院刊，1992，4：335-336.

7 陈俊武，曹汉昌. 炼油过程中重质油结构转化宏观规律的探讨：Ⅰ. 原料和产品的化学结构及其氢含量[J]. 石油学报(石油加工)，1993，9(4)：1-11.

8 陈俊武，曹汉昌. 炼油过程中重质油结构转化宏观规律的探讨：Ⅱ. 重质油结构的转化[J]. 石油学报(石油加工)，1993，9(4)：12-20.

9 陈俊武，曹汉昌. 重质油在加工过程中的化学结构变化及其轻质化[J]. 炼油设计，1994，24(6)：1-15.

10 陈俊武，曹汉昌. 催化裂化过程中物料化学结构组成变化规律的探讨(上)[J]. 石油炼制与化工，1994，25(8)：1-7.

11 陈俊武，曹汉昌. 催化裂化过程中物料化学结构组成变化规律的探讨(下)[J]. 石油炼制与化工，1994，25(10)：34-40.

12 陈俊武. 石油加工技术的进展[J]. 北京石油化工学院学报，1995，3(1)：1-4.

13 陈俊武. 工程设计与技术进步[J]. 炼油设计，1997，27(4)：

1-4.
14 陈俊武．展望21世纪的烃加工[J]．炼油设计，1999，29(1)：1-7.
15 陈俊武．21世纪油气工业发展刍议[J]．中国过程科学，2000，2(4)：21-24.
16 陈俊武，张科．我国炼油工业应实行改造与新建并举的方针[J]．国际石油经济，2001，5：14-15.
17 陈俊武．燃料能源的相互转化及其利用效率(上)[J]．石油规划设计，2001，12(2)：3-6，38.
18 陈俊武．燃料能源的相互转化及其利用效率(下)[J]．石油规划设计，2001，12(3)：1-3.
19 陈俊武．影响催化裂化汽油组成的化学反应问题[J]．当代石油石化，2003，11(7)：1-7.
20 陈俊武．催化裂化在炼油厂中的地位和作用展望：催化裂化仍将发挥主要作用[J]．石油学报(石油加工)，2003，19(1)：1-11.
21 陈俊武．催化裂化工艺的前景展望[J]．石油学报(石油加工)，2004，(20)5：1-5.
22 陈俊武．炼油与化工一体化有效利用原油资源——从多种化学反应剖析多产石化产品途径[J]．现代化工，2004，24(8)：1-5.
22 陈香生，刘昱，陈俊武．煤基甲醇制烯烃(MTO)工艺生产低碳烯烃的工程技术及投资分析[J]．煤化工，2005，33(5)：6-11.
23 严陆光，陈俊武，周风起，等．我国中远期石油补充与替代能源发展战略研究[J]．电工电能新技术，2006，25(4)：1-7.
24 严陆光，陈俊武，周风起，等．我国中远期石油补充与替代能源发展战略研究(续)[J]．电工电能新技术，2006，26(1)：

1-12.
25 孙培勤，臧哲学，孙绍晖，陈俊武．生物质高压液化生物油的研究进展[J]．现代化工，2008，28(3)：28-26.
26 邓云彪，孙培勤，孙绍晖，陈俊武．生物质直接液化脱除 CO_2 实验研究[J]．化学工程与装备，2008，2：109-111.
27 孙培勤，臧哲学，孙绍晖，陈俊武．生物油的分离与分析研究进展[J]．可再生能源，2008，26(5)：35-40.
28 陈俊武，陈香生．煤化工应走跨行业联产的高效节能之路(上)[J]．煤化工，2008，36(6)：1-3.
29 陈俊武，陈香生．煤化工应走跨行业联产的高效节能之路(中)[J]．煤化工，2009，37(1)：1-3.
30 陈俊武，陈香生．煤化工应走跨行业联产的高效节能之路(下)[J]．煤化工，2009，37(2)：6-8.
31 严陆光，赵忠贤，吴承康，陈俊武，等．关于大力加强新疆煤与煤层气开发利用的建议(上、)[J]．电工电能新技术，2009，28(3)：1-5.
32 严陆光，赵忠贤，吴承康，陈俊武，等．关于大力加强新疆煤与煤层气开发利用的建议(下)[J]．电工电能新技术，2009，28(4)：1-5.
33 陈俊武，李春年．石油替代途径的宏观经济评估[J]．宏观经济研究，2009，1：3-9；26.
34 陈俊武，陈香生．试论石油替代的战略与战术[J]．中外能源，2009，14(5)：30-40.
35 陈俊武．中国中长期碳减排战略目标初探[J]．科技导报，2011，29(15)：3.
36 刘作龙，孙培勤，孙绍晖，陈俊武．生物质气化技术和气化炉研究进展[J]．河南化工，2011，28(1)：21-24.
37 陈俊武，陈香生．中国中长期碳减排战略目标初探(Ⅰ)：中国分阶段温室气体减排目标的提出及其依据[J]. 中外能源，2011，16(5)：1-9.
38 陈俊武，陈香生. 中国中长期碳减排战略目标初探(Ⅱ)：中国煤炭消费过程的碳排放及减排措施[J]. 中外能源，2011，16(6)：1-11.
39 陈俊武，陈香生. 中国碳减排中长期战略目标初探(Ⅲ)：化石石油能源在交通运输等行业中的应用和碳减排[J]. 中外能源，2011，16(7)：1-13.
40 陈俊武，陈香生. 中国碳减排中长期战略目标初探(Ⅳ)：天然气能源在中国的应用前景和碳减排分析[J]. 中外能源，2011，16(8)：1-13.
41 陈俊武，陈香生. 中国中长期碳减排战略目标初探(Ⅴ)：非化石能源的需求与碳排放[J]. 中外能源，2011，16(9)：1-13.
42 陈俊武，陈香生. 中国中长期碳减排战略目标初探(Ⅵ)：碳捕集和封存排放目标讨论[J]. 中外能源，2011，16(10)：1-17.
43 陈俊武，陈香生. 中国中长期碳减排战略目标初探(Ⅶ)：中国能源需求暨碳排放情景分析讨论[J]. 中外能源，2011，16(11)：1-19.
44 陈俊武. 能源替代：重点是动力燃料[N]. 北京：中国石化报，2012-07-23(1，4版).
45 陈俊武. 回顾中国石油炼制工业的技术进步和技术创新[J]. 化工学报，2013，64(1)：28-33.
46 陈俊武. 石油替代路径多符合国情最关键[N]. 北京：中国石化报，2014-12-15(3版).
47 陈俊武. 石油替代战略的综合分析[J]. 石油学报(石油加工)，2015，31(2)：218-227.
48 陈俊武，陈香生，胡敏. 中国低碳经济前景刍议(上篇)[J]. 中外能源，2015，20(3)：1-8.

49 陈俊武，陈香生，胡敏．中国低碳经济前景刍议(下篇)[J]．中外能源，2015，20(4)：1-15.

50 陈俊武．让金花灿烂开放[J]．中国石化，2015(9)：60-62.

51 陈俊武，陈香生．试论本世纪末全球实现二氧化碳净零排放的难度[J]．中外能源，2016，21(6)：1-7.

外文期刊主要学术论文

1 CHEN Junwu，CAO Hanchang and LIU Taiji. Catalyst Regeneration in Fluid Catalytic Cracking，in Advances in Chemical Engineering Vol 20：Fast Fluidization[M]//Edr. KWAUK Mooson ，Academic Press，1994：389-430.

2 MIN Enze，ZHAO Xuebin，CHEN Junwu. Major Advances of Catalytic Cracking Technology in Petroleum Refining Industry / Advances in Science of China，Chemistry(Edr. TANG Youqi). Beijing，Science Press，Vol 3，1997：109-128.

3 CHEN Junwu. Development of fluidization technology in China's oil refining industry/in Fluidization X(Proceedings of the Tenth Engineering Foundation on Fluidization) Plenary Lecture/Edrs. KWAUK Mooson，LI Jinhai and YANG Wenching. Beijing，May 20 - 25，2001：27-38.

4 CHEN Junwu. The Structure of Carbon Residue Precursors and Their Roles in Petroleum Processing/Chief Editor：HOU XiangLin . Proceedings of the International Conference on Petroleum Refining and Petrochemical Processing，Volume 1 . Beijing China ：September 11 -15，1991，International Academic Publishers：447-453.

5 ZHANG Lixin，YANG Qiye，CHEN Junwu. Development of Resid Fluid Catalytic Cracking Technology in China[G]//HOU XiangLin Editor - in - Chief. Advances of Refining Technology in China.

Beijing: China Petrochemical Press, 1997: 39-48.

6 CHEN Junwu. Reaction Engineering in Fluid Catalytic Cracking[G]//HOU Xianglin Editor in Chief. Advances of Refining Technology in China. Beijing: China Petrochemical Press, 1997: 26-39.

学会与协会主要学术论文

1 陈俊武. 催化裂化工艺总结[C]//中国石化工程师进修班学习教材. 北京, 1987.

2 陈俊武. 催化裂化工业基础[C]//中国石化工程师进修班学习教材. 北京, 1988.

3 陈俊武. 国外催化裂化技术发展动向[C]//中国石化工程师进修班学习教材. 北京, 1988.

4 陈俊武. 关于重油催化裂化的技术分析(从化学角度分析炼油工艺)[C]//催化裂化协作组第二届催化裂化论文集, 1991.

5 陈俊武. 催化裂化工艺的发展趋势与前景[C]//催化裂化协作组第四届催化裂化论文集, 1993.

6 陈俊武. 炼油厂技术经济指标的研究(Ⅰ)——综合商品率和轻质油收率[G]//中石化科技委论文选, 1997: 44-48.

7 陈俊武. 工程设计与技术进步[C]//中国石油学会第三届石油炼制学术年会论文集, 济南, 1997: 19-21.

8 陈俊武. 炼油厂技术经济指标的研究(Ⅱ)——投入产出和经济效益[G]//中石化科技委论文选, 1999: 274-282.

9 陈俊武. 催化裂化——立足当前放眼未来[C]//催化裂化协作组第七届催化裂化论文集, 上海, 2000: 22-23.

10 卢捍卫, 陈俊武. 催化裂化在炼油厂中的地位和作用[C]//催化裂化协作组第九届催化裂化论文集, 广州, 2000: 35-43.

11 陈俊武. 炼油厂技术进步中的工程问题[C]//中国石油学会第四届石油炼制学术年会论文集. 北京: 中国石化出版社,

2001：36-42.
12 陈俊武．渣油加氢脱硫与重油催化裂化的优化组合［C］//2001 年中国石油炼制技术大会论文集，2001.
13 陈俊武．清洁燃料与加氢工艺［G］//中石化科技委论文选，2001：223-227.
14 陈俊武．从化学变化论渣油加氢脱硫和重油催化裂化的优化组合［G］//中国石化集团公司科技委员会论文集，2002：326-332.
15 陈俊武．影响催化裂化汽油组成的化学反应问题［G］//中国石化集团公司科技委员会论文集，2003：263-278.
16 陈俊武．有效利用加工工艺实现炼油化工的紧密结合［G］//中国石化集团公司科技委员会论文集，2004：236-242.
17 陈俊武．催化裂化工艺的前景展望［C］//催化裂化协作组第十届催化裂化论文集，乌鲁木齐，2004：35-38.
18 陈俊武．石油和天然气——当代的重要资源［C］//解放军总参参谋部“百名院士讲坛文集”．洛阳，2004.
19 陈俊武．让煤制氢供应全国——建设“西氢东送长输管线”刍议［G］//中国石化集团公司科技委员会论文集，2005：327-333.
20 陈俊武．石油能源替代问题刍议［C］//中国石油学会第五届石油炼制学术学术年会论文集．北京：中国石化出版社，2005 年：29-31.
21 赵琼瑛，陈俊武，陈素明，等．催化裂化工艺技术人员培训模式的研究［C］//2005 年中国石油炼制技术大会论文集，2005.
22 陈俊武，费维扬，陈香生，等．稳妥有序地发展新疆煤化工产业［G］//中国科学院学部咨询专家组．新疆地区煤和煤层气开发利用研究(中国科学院学部咨询报告)，北京，2008 年 10 月：77-94.
23 陈俊武．我国低碳经济战略下的煤化工产业［C］//中国化工学会 2010 年石油化工学术学术年会论文集．石油化工，2010，39(9)增刊：13-17.

24 陈俊武，陈香生．按低碳技术的原则积极稳妥有序地发展现代煤化工产业[G]//中国科学院学部咨询专家组．大力加强低碳经济关键技术的研究和创新(中国科学院学部咨询报告)[C]，北京，2011 年 11 月．

25 陈俊武，陈香生．不同替代原料路线生产烯烃、芳烃和运输燃料[C]//中国化工学会 2012 年石油化工学术学术年会论文集．石油化工，2012，41(9)增刊：74-76.

26 陈俊武．煤制油物料转换和能量转化效率探讨——碳氢元素转化分析[C]//中国化工学会 2014 年石油化工学术学术年会，南京，2014-09-18.

报纸杂志专访

1 张文欣．灿烂人生——陈俊武之路[J]．莽原，1993(1)：7-31.

2 张文欣．灿烂人生——记学部委员陈俊武[N]．北京：中国石化报，1993-06-30(4 版)及 1994-02-08(2 版).

3 学习科学家陈俊武暨《灿烂人生》作品座谈会纪要[N]．洛阳：洛阳日报，1993-06-28(6 版)及 1993-06-30(7 版).

4 洛阳石化工程公司团委．陈俊武院士和工程系统青年座谈纪实(洛阳石化工程公司内部宣传教育材料)，1994 年 5 月．

5 郭彦民，李建永．用创造性劳动谱写人生乐章——陈俊武与青年座谈问与答[N]．北京：中国石化报，1994-07-09(3).

6 张文欣．不懈的追求——记中国科学院院士陈俊武[N]．北京：人民日报，1996-06-05(10 版).

7 张文欣．灿烂的黑色血液/院士风采[M]．福州：海峡文艺出版社，1999.

8 张拴，孙钦良．炼塔上的丰碑[N]．洛阳：洛阳日报，2002-06-

27(1，3 版).
9 陈香生．陈俊武院士的几件小事[N]. 北京：科学时报，2007-05-21(1，2 版).
10 史丰蕾．石油老了新能源太年轻[N]. 北京：中国能源报，2009-08-10(C8).
11 李建永．能源替代是大势所趋——访中国科学院院士陈俊武[J]. 北京：中国石化，2012(6)：41-43.
12 姜诚. 新型煤化工产业应以什么取胜[J]. 北京：中国煤化工，2013(2)：10-13.
13 孔凡涛．发展甲醇经济要把握好一个度[N]. 北京：中国化工报，2014-08-27(5 版).
14 王玲，陈俊武：剪不断的煤化工情缘[J]. 北京：高科技与产业化，2014(9)：38-43.
15 白春礼主编．陈俊武/二十世纪中国知名科学家学术成就概览(化学卷第四分册)[M]. 北京：科学出版社，2014：380-388.
16 许帆婷，李建永，田源．DMTO：30 年耕耘结硕果[J]. 中国石化，2015(4)：9-13.
17 许帆婷，田源，李健永．技术发展仍然在路上——专家谈 DMTO 技术[J]. 中国石化，2015(4)：20-24.
18 孙自豪，李建永．6 年讲学费全部捐学生[N]. 洛阳：洛阳日报，2016-03-28(2 版).
19 孙自豪，李建永．既开风气也为先[N]. 洛阳：洛阳日报，2016-04.
20 李建永，孙自豪．搞科研是我最大的乐趣[N]. 北京：中国石化报，2016-04-13(1 版).
21 李建永，石杏茹．大师陈俊武[J]. 中国石油石化，2016(12)：70-73.
22 石杏茹．煤化工要做战略性技术储备——访中国科学院院士陈俊武[J]. 中国石油石化，2016(11)：20-23.
23 郝幸田. 赤诚铸就辉煌——记中国能源战略科学家、中石化洛阳工程有限公司陈俊武院士[J]. 企业文明，2016(8)：21-24.
24 徐沛宇. 陈俊武口述历史：我国炼油催化裂化技术起步的故事[J]. 能源，2016(8)：102-105.
25 李东周，马守贵. 陈俊武院士：以身许国七十载[N]. 北京：中国化工报，2016-08-10(3版).
26 黄晓芳. 中国科学院院士陈俊武：始终站在国家最需要的地方[N]. 北京：经济日报，2016-08-10(3版).
27 沉浮. 陈俊武：一生求索未得闲[N]. 北京：中国科学报，2016-07-27(3版).
28 张一鸣. 九十岁院士陈俊武带给中国炼化的启示[N]. 北京：中国经济时报，2016-07-25(3版).
29 吴莉. 踏平千山有余勇——记中国科学院院士陈俊武[N]. 北京：中国能源报，2016-07-25(13版).
30 宋阳. 煤化工技术：作为战略储备很有必要——专访中国科学院院士陈俊武[N]. 北京：中国经济导报，2016-07-24(3版).

主要发明专利

序号	专利名称	申请号	授权或公告号
1	流化床催化剂的两段氧化再生方法	89109293.5	CN1023711C
2	催化裂化催化剂脱金属和钝化联合工艺	90108655.X	CN1018840C
3	催化转化再生催化剂的汽提方法和设备	00107162.9	CN1136999C
4	一种烃类流化催化转化方法	00107163.7	CN1098330C

续表

序号	专利名称	申请号	授权或公告号
5	一种烃类流化催化转化工艺	00108519.0	CN1100850C
6	烃类流化催化转化反应产物的急冷塔及急冷方法	00108832.7	CN1100851C
7	多级串联紧凑型气固快速分离及沉降方法及装置	01100418.5	CN1175916C
8	一种降低汽油烯烃的方法及其装置	02139065.7	CN1171977C
9	一种提升管催化裂化方法与装置	200410060430.9	CN1226388C
10	一种由含氧化合物生成低碳烯烃的方法及装置	200710111668.3	CN101318868B
11	一种卧管式第三级旋风分离器	200720092965.3	CN201132137Y
12	一种气体进料分布器	200820006211.6	CN201154303Y
13	一种含氧化合物转化为烯烃反应的进料温度调节方法	200810049273.X	CN101514134B
14	含氧化合物制烯烃工艺反应生成气预处理方法及设备	200810049467.X	CN101544529B
15	一种碳四及更重组分的转化方法	200810140897.2	CN101633593B
16	一种甲醇转化制取低碳烯烃气体的分离方法	200810231483.0	CN101747128B
17	一种低碳烯烃气体的分离方法	201010188717.5	CN102267850B
18	一种降低含氧化合物制烯烃装置能耗的方法	201110253681.9	CN102951982B
19	一种降低含氧化合物制烯烃装置能耗的方法	201110253698.4	CN102951983A

续表

序号	专利名称	申请号	授权或公告号
20	一种低碳烯烃气体的分离方法	201210034135.0	CN103242123A
21	一种含氧化合物生产烯烃装置	201210244573.X	CN103539610A
22	一种利用含氧化合物制取烯烃的装置	201210244617.9	CN103539611A
23	一种含氧化合物制取低碳烯烃的方法	201210244657.3	CN103539598A
24	一种含氧化合物制烯烃方法	201210244740.0	CN103539616A
25	碳四及更重组分的转化方法	201210257540.9	CN102924210A
26	一种含氧化合物制低碳烯烃反应器	201220342436.5	CN202683184U
27	一种含氧化合物生产低碳烯烃的装置	201220342678.4	CN202688230U
28	一种含氧化合物制低碳烯烃装置	201220342679.9	CN202754917U
29	一种碳四及更重组分的转化工艺	201210257538.1	CN1029242009A
30	一种催化裂化装置	201410147885.8	
31	一种催化裂化方法	201410147959.8	

（陈香生　整理）

后　　记

和陈俊武院士结缘，是我人生的一件幸事。

1992年夏，河南省文联主办的大型文学刊物《莽原》邀约我写一篇以陈俊武院士为主人公的报告文学，这一年年初，他刚刚当选为中国科学院学部委员(后来改称院士)。这篇题为《灿烂人生》的长篇报告文学在1993年第1期《莽原》上发表，后来也引起了一些反响。

那次采访和写作，对我来说是一次经历淘洗和感奋的精神之旅，陈俊武院士的辉煌业绩和高尚的人生境界，就像是一座精神高地和一片道德绿洲，深深地吸引着我感动着我。在我的心目中，陈院士是一个功勋卓著的科学家，一个像老师和长辈一样的人，但他一直是以平易、谦虚和热情对待我这个后学和晚辈。心灵和情感上的契合和共鸣，使我们之间建立了忘年之交的友谊。我们真的是“一见如故”，后来就一直保持着比较密切的交往。我曾多次到他家里拜访，为了回访，他甚至在春节时坐公交车到我家“寒舍”来看望。在很多年里，岁末年初，我收到的第一张新年贺卡，必是院士寄来的；我60岁生日时，院士写来贺信，还亲自撰写了嵌入我名字的贺联……过往岁月中的许多细节，都令我感动和铭记。

也许正是有这样的背景，2015年夏天，当《陈俊武传》的写作项目启动时，中石化洛阳工程有限公司和陈俊武院士选择我作为作者。其实，为陈院士写一本传记，也是我多年来的一个愿望。因为我当时手头还有其他写作任务，这项工作真正开始是在去年的夏天。

当我又一次走进坐落在涧河岸边洛阳石化工程公司这座熟悉的

大楼的时候，心中充满了亲切和感慨。因为当年的采访和写作，我曾无数次来到这里。这里有许多我的熟人和朋友，公司历届领导中，很多人后来也和我多有过从，《灿烂人生》刚刚发表时，公司还宣布我为“荣誉职工”。

这些也许是有利的条件，但我知道，自己作为石化工程技术领域的门外汉，这次写作仍然是一次巨大的挑战。

最初的一段时间，我和陈院士每天都有一次长谈，相对轻松自由的随时互相交流的气氛，是我喜欢的采访方式。这大约也是他第一次这样长时间地、集中地、详细地讲述他的家世和人生的经历。在此之前，陈院士自己已经编列撰写了详细的提纲和素材资料，这也为我的采访和写作创造了有利的条件。

写陈俊武院士的传记，必然要涉及大量的石油化工方面的基本概念、工艺技术和生产过程，作为行业以外的作者，这是我重点关注的地方。因此我在采访的时候尽量要问清楚，弄明白，虚心请教。当然，我自己也大量“恶补”，浏览阅读了很多石化和炼油工程技术方面的资料。按说，就石化行业和炼油工程技术的基本知识方面，我也不完全是“白丁”了，早在20多年前采访写作《灿烂人生》的时候，我就认真做过一番科普的“功课”。当年洛阳石化工程公司有位高工曾评价《灿烂人生》是“外行能看得明白，内行挑不出毛病”，这次写陈院士的传记，我仍把这句话作为一个重要标准。

人物传记的写作，在真实性的基础上，既要写事，也要写人。按我的理解，写人是第一位的，不仅要写人物的人生历程，主要事迹，还应揭示人物的性格、情感和丰富的内心世界。这就需要大量的细节，而所谓的文学性和可读性就体现在这里。但作为一部写中科院院士的传记，其中最主要的内容应是他的业绩和成就，是写事。这些事其实很多都涉及石化工艺技术和生产过程，说实在话，这类内容在文学性表述上会受到局限。因此，在全面、真实、准确地叙写事功的前提下，尽量注意增强文学色彩，也是我在写作中的一个努力的方向。

一个标准，一个方向，至于效果如何，只能交由石化系统的专家和广大读者评判了。在此，我也诚恳期待着各位的批评意见。

2017年6月传记作者张文欣在陈俊武办公室讨论书稿

中国科学院院士团队，可谓群星灿烂，聪慧、好学、敬业、勤奋、坚韧，是这个特殊人群的共性特征。但陈俊武院士的人生道路更有着自己鲜明的个性。比如，在中科院院士中，他是极少数没有出国留学经历，从新中国第一代工程师中成长起来的，也是极少数从工程技术领域入选的。另外，从他的家族历史中，可以清晰地理出一条现代科技在中国近现代萌生和发展的脉络。我力图在叙述和描写中尽量对这些内容和线索予以关注，以增加作品的厚重感，并希望能引起读者更多的思考。

在采访和写作的过程中，我又一次深深感受到陈俊武院士严谨、认真、谦虚和实事求是的作风。他对文稿的审读极为细致，可谓字斟句酌，特别对一些涉及自己荣誉和功绩的内容尤为严格，再三表示要强调集体的力量，团队的成绩。

2017年3月，恰逢陈院士的90周岁生日。中国石化管理干部学院安排在洛阳组织了一次现场教学活动，陈院士的原催化裂化高研班的学生们也汇集洛阳。这对我来说也是一次极好的机会。我当时因为生病正在住院治疗，但闻讯后带病参加了全部活动，还采访了有关人员。那几天，我总是忙碌一天后才回到医院输液。但连续几天的辛劳却使我收获颇丰，不仅获得了非常珍贵的素材，活动的内容正好也可以作为这部传记较为自然合适气韵贯通的结尾。这，应该也算是生活的馈赠吧。

这次采访和写作，虽然辛苦和紧张，但我心中一直充满了愉悦。我又一次感受到陈俊武院士的辉煌业绩和人格力量对中石化系统特别是洛阳工程公司所产生的巨大影响。这是一种极为珍贵的精神资源。而中国科学院、中国工程院和中国石化集团公司等组织的院士传记写作项目，正是开发、利用这种珍贵精神资源的富于远见的重大举措，意义深远，功德无量。作为石化行业以外的作者，我借此机会，向这个项目的决策者和组织实施者，向中国石化出版社表示敬意和感谢！

在《陈俊武传》的采访写作过程中，中石化洛阳工程有限公司党委和各有关部门给我提供了很多便利的工作条件，从各方面都给予了大力支持和帮助。王国良书记还亲自安排，热情向我介绍情况，李建永、陈香生等在采访考察、资料收集、照片整理拍摄、技术把关、协调联络等诸多方面都为我提供了大量热情的帮助。公司原党委书记周祖荫等老同志亲自陪同我采访，远在上海的张韩和萧凤芝夫妇还热情为我的初稿校对并提出修改意见，等等，对所有帮助过我的朋友们，恕我不再一一列举名字，在此一并表示诚挚的感谢！

张文欣

2017年9月8日于洛阳

致　　谢

除了陈俊武院士本人为传记编写提供了大量珍贵资料并亲自撰写了全书详细提纲外，以下同志也为相关章节提供了翔实的资料或接受采访，他们是：

陈香生　梁龙虎　刘　昱　李建永　王国良　周成平
周祖荫　李国清　姚　舜　郭彦民　李德志　汤红年
史继森　成章平　张　璞　吴永祥　陈　欣　陈　玲
许友好　徐　惠　樊启明　宫　超　刘晓欣　陈　洋
李占宝　王正则　贺　斌　郭银彩　李延辉　孙基干
萧凤芝　张　韩

在此谨致谢忱！